AUTOAYUDA

Wayne W. Dyer

Evite ser utilizado

Traducción de
Manuel Bartolomé

⨃ DEBOLSILLO

Título original:
PULLING YOUR OWN STRINGS
Traducido de la edición original de Funk & Wagnalls,
publicada por Thomas Y. Crowell Company, Nueva York, 1978
Diseño de la portada: Departamento de diseño de Random House Mondadori
Fotografía de la portada: © AGE Fotostock
© 1978, Dr. Wayne W. Dyer
© 1979 de la edición en castellano para todo el mundo:
  Grupo Editorial Random House Mondadori, S. L.
  Travessera de Gràcia, 47-49. 08021 Barcelona
© 1979, Manuel Bartolomé López, por la traducción
Primera edición en U.S.A.: enero, 2006
Reservados todos los derechos
ISBN: 0-307-34803-2

Distributed by Random House, Inc.

A Susan Elizabeth Dyer

---

ante ti puedo pensar en voz alta

ÍNDICE

PROLOGO

Buena parte de lo que aquí se expresa corresponde a mi propio desarrollo individual como persona adulta obligada a tomar decisiones y orientada hacia la acción.

En mi calidad de profesora y consejera de sordos, he trabajado con muchos jóvenes a los que perjudicaba más la falta de confianza en sí mismos que la incapacidad física y con los que hablé acerca de la importancia de sentirse «responsable» de uno mismo antes de pasar a responsabilizarse, a hacerse cargo de una situación. Luego, mis alumnos fueron asumiendo poco a poco la penosa tarea de aceptar riesgos por su cuenta, desde acciones prácticas como pedir en el restaurante los platos que deseaban tomar, en vez de esperar a que lo hiciese por ellos un compañero dotado de oído, hasta acontecimientos psicológicos internos como la decisión de una estudiante de bachillerato elemental que resolvió matricularse en el curso de preparación universitaria, erigiéndose en primer miembro de su familia aspirante a tales alturas académicas. El desafío que afronta la muchacha es grande, pero también lo es ahora su confianza.

Muchos de nosotros, con facultades normales, nos hemos situado en desventaja mental y nos hemos dejado convertir en víctimas a través de los sistemas de creencias. Nos ponemos limitaciones en la búsqueda de seguridad, sin darnos cuenta en ningún momento de lo fácil que le resulta al prójimo confinarnos todavía más, utilizando contra nosotros las restricciones que nos imponemos. Un ejemplo extraído de mi propia vida lo constituye la superación de las alergias que padecía.

En mi condición de adulta, seguir cultivando la alergia significaba hacer honor a la etiqueta infantil de ser «delicado», que me había supuesto una barbaridad de atenciones en el seno de una familia activa. El oportuno gangueo me libraba también de no pocas situaciones azarosas, como las inherentes a los deportes al aire libre (hierba, árboles, polen), para cuya práctica me sentía atléticamente inepta, o las derivadas de las reuniones sociales, en fiestas muy concurridas, donde mi reacción alérgica al humo de tabaco era en realidad un producto de la timidez. El médico que atendía mis alergias no dedicó un solo instante a la exploración de sistema alguno de mantenimiento psicológico. Se conformaba con cumplir mi programa de visitas semanales a su consultorio.

En cuanto empecé a determinar que conseguir la independencia suponía dejar de ser delicada y dejar de ser víctima de mis temores de rechazo, se acabaron las inyecciones y se inició el contacto con el fútbol americano y con nuevas amistades.

Todos los días me salen al paso diversos desafíos. Entre los ejemplos cotidianos figuran enfrentamientos con las autoridades de las escuelas públicas, al objeto de lograr las mejores plazas para los estudiantes sordos; relaciones comerciales, en el plano de la reclamación, con proveedores cuyo servicio deja mucho que desear; contentamiento de familiares que albergan perspectivas para mí distintas a las que alimento yo... y el desafío del yo que soy, para convertirme en el yo que quiero ser.

Este libro me está dedicado y muchos de sus ejemplos los he aportado yo. Todos sus mensajes son para mí... ¡y también para usted! ¡Lea, cultívese, disfrute!

SUSAN DYER

INTRODUCCION

FILOSOFIA DE LA REDENCION

Un niño llegó a casa, del colegio, y preguntó a su madre: «Mamá, ¿qué es un *elefante patibulario*?»

La madre se quedó perpleja y quiso saber a qué venía semejante pregunta.

El pequeño Tommy repuso: «Oí que mi maestro le decía al director que yo era un *elefante patibulario* en el aula».

La madre de Tommy llamó al colegio y pidió una explicación. El director se echó a reír. «No, señora, no. Lo que el maestro de Tommy me dijo, acabada la clase, fue que el chico era un *elemento revolucionario* en el aula.»

Este libro se ha escrito para las personas a las que les gustaría ser dueñas absolutas de su propia existencia... incluidos los inconformistas, rebeldes y «elefantes patibularios» del mundo. Está destinado a quienes no albergan predisposición alguna a hacer las cosas automáticamente de acuerdo con los planes de los demás.

Para vivir su propia vida del modo que prefiera, uno tiene que ser un poco rebelde. Ha de manifestarse deseoso y resuelto a arreglárselas por sí mismo. Es posible que resulte un tanto perturbador para quienes se empeñen, en beneficio propio, en dominar la conducta de uno... pero si la voluntad de usted es firme, en seguida comprobará que ser su propia persona, no permitir que los demás piensen por usted, constituye un estilo de vida alegre, digno y satisfactorio por completo.

No necesita convertirse en un insurrecto, sólo erigirse en un ser humano que le dice al mundo y a cuantos lo habitan: «Voy a ser yo mismo y resistiré los intentos de todo aquel que pretenda impedirlo».

Una conocida canción popular nos informa:

> La vida es cosa estupenda...
> mientras yo empuñe las riendas.
> Y sería un tío botarate...
> si alguna vez las soltase...

Lo que este libro propone es precisamente que no suelte usted sus propias riendas. Va destinado a quienes se consideran lo bastante fuertes como para no dejarse manipular por los demás, a quienes anhelan redimirse. Redimir equivale a poner término a un vejamen, abuso, molestia, adversidad, etcétera. Es una obra para quienes desean conseguir su libertad personal, ansiándola con mayor vehemencia que cualquier otra cosa. Especialmente, es un libro para quienes tienen en el alma algo que va a la deriva, para quienes desean desplazarse por este planeta sintiéndose emancipados y libres de todo entorpecimiento.

Muchas personas se contentan con la actitud pasiva de dejarse gobernar, postura más cómoda que la de hacerse cargo de la propia existencia. Si usted no tiene inconveniente en que los demás accionen los resortes, este libro no es para usted. Se trata de un manual que propugna el cambio y establece las premisas y normas para que ese cambio se produzca. Expone una serie de ideas muy controvertibles y provocativas.

Serán numerosos los que estimen contraproducentes estos puntos de vista y me acusen de alentar a la gente a la rebeldía y el desprecio de la autoridad establecida. No voy a andarme con rodeos: opino que, a menudo, debe mostrarse usted enérgico, e incluso agresivo, para evitar convertirse en víctima.

Sí, creo que con mucha frecuencia tiene que manifestarse irrazonable, «insubordinado», frente a las personas dispuestas a manipularle. Actuar de otro modo representaría permitir que abusaran de usted, y el mundo está repleto de personas a las que les encantaría que usted se comportara del modo más conveniente para ellas.

Una clase especial de libertad está a su disposición, si desea aceptar los riesgos que comporta alcanzarla: la libertad de recorrer sin trabas los terrenos vitales que usted desea, de adoptar *todas* sus decisiones conforme a sus preferencias. El quid del asunto debe estribar en que a los individuos les asiste el *derecho* a determinar la forma en que quieren desarrollar su vida y en que, en tanto el ejercicio de este derecho no vulnere los mismos derechos del prójimo, cualquier persona o institución que interfiera ha de considerarse un ente avasallador. Este libro está destinado a quienes tienen la sensación de que su vida personal se encuentra excesivamente controlada por fuerzas sobre las que, en cambio, ejercen escaso control.

La vida de cada persona constituye un caso único, aislado del caso de las otras vidas, en un sentido auténticamente empírico. Nadie puede vivir la vida de usted, experimentar lo que usted experimenta, introducirse en su cuerpo y tener las vivencias del mundo que usted tiene y tal como usted las tiene. Ésta es la única vida de que usted dispone y es demasiado preciosa para permitir que los demás se aprovechen de ella. No deja de ser lógico que sea *usted* quien determine cómo va a funcionar, y su funcionamiento debe aportarle la alegría y la satisfacción de accionar sus propios mandos personales antes que el dolor y la desdicha de ser víctima de la dictadura de terceros. Este libro se ha elaborado con vistas a ayudar a todos sus lectores o lectoras a conseguir ese dominio absoluto sobre la propia vida.

Virtualmente, todo el mundo padece en mayor o menor medida un dominio ejercido por los demás, que resulta desagradable y que, desde luego, bajo ningún concepto merece la pena mantener, ni mucho menos defender, como bastantes de nosotros hacemos inconscientemente. La mayoría de las personas saben lo que es verse desgarradas, manipuladas y obligadas a adoptar comportamientos y creencias en contra de su voluntad. El problema de esas tiranías se ha agudizado y extendido hasta tal punto que la prensa nacional ha tomado cartas en el asunto y periódicos en todos los lugares del país publican ya secciones destinadas a echar una mano a las personas sometidas a vejámenes y abusos. «Columnas de acción», «hilos rojos» y otros «servicios públicos» tratan de ayudar a la gente en la travesía por el proceloso océano burocrático de los formulismos, núcleo dictatorial importantísimo, y se esfuerzan en conseguir resultados. Programas locales de televisión disponen de abogados del consumidor y «defensores del pueblo» que se encargan de realizar el trabajo sucio. El gobierno ha creado oficinas de protección y muchas comunidades cuentan con agencias que intentan combatir las formas de arbitrariedad más localizadas.

Pero aunque todo esto es laudable y meritorio, sólo araña la superficie del atropello generalizado y es en gran parte ineficaz, porque carga el acento sobre la inculpación de los avasalladores o presenta otra cabeza de turco para que sustituya a la víctima. Pasa por alto el punto importante: que las personas son víctimas de desafueros porque *esperan* que se abuse de ellas... y luego, cuando sucede, no se sorprenden.

Es casi imposible abusar de las personas cuya predisposición a dejarse atropellar es nula y que están apercibidas para protestar y oponerse a quien desee sojuzgarlos de una u otra manera. El problema de convertirse en víctima reside en *usted*, no en todos los demás congéneres que han aprendido el modo de tocar los resortes de usted. Este libro se proyecta sobre usted, que es la persona a quien corresponde oponer resistencia, más que sobre cualquier otra persona en la que se delegue la tarea de esa resistencia. Está escrito con una sola finalidad: ser útil al lector. Me digo: «Si no pueden utilizarlo, que lo dejen». He incluido algunos casos reales, con el fin de proporcionarle ideas más concretas acerca del modo de evitar las numerosas trampas para víctimas que deseo eluda usted, y se sugieren también aquí determinadas técnicas y estrategias muy específicas que le ayudarán a abandonar profundamente arraigados hábitos de víctima. Figuran asimismo en el libro diversos exámenes para permitirle evaluar su propio comportamiento de víctima y, a guisa de remate, he preparado un índice de cien pruebas, al que puede usted remitirse para ulterior verificación y guía de sus progresos.

Cada uno de los capítulos que suceden a este prólogo de introducción está coordinado en torno a un importante principio o línea-guía para evitar convertirse en víctima. Todos ellos contienen directrices antivíctima, ejemplos acerca de cómo los dictadores del mundo trabajan para impedirle a usted emplearlas, y tácticas y ejemplos especiales que le respaldarán en la labor de ayudarse a sí mismo.

De forma que todos y cada uno de los capítulos le guiarán a través de un camino preciso, indicándole en cuantos pasos dé usted cuál es la conducta correcta de persona redimida.

Confío en que obtendrá un enorme provecho de la lectura de este libro. Pero si cree que la presente obra va a liberarle por sí misma, entonces es usted víctima de sus propias ilusiones, antes incluso de empezar a leerla. A usted, y sólo a usted, le corresponde decidir la aceptación de las sugerencias y transformarlas en un comportamiento constructivo, cabal y satisfactorio hasta realizarse íntegra y personalmente.

Le pedí a un buen amigo y poeta de gran talento que escribiera una composición especial acerca de la circunstancia de ser juguete de los demás, tal como se presenta en este libro. Gayle Spanier Rawlings resume concisamente el mensaje de la redención en la poesía «Maneja tus hilos».

Maneja tus hilos

Enlaces invisibles
nos mantienen unidos
a nuestros miedos,
somos el títere
y el titiritero,
las víctimas somos
de nuestra ilusión.
Hilos de seda mueven,
agitan y entrechocan
nuestras piernas y brazos.
Y bailamos al son
de nuestros miedos,
cuerpos acurrucados
en niños que se esconden

debajo de esa roca,
tras aquel tronco de árbol,
aquí y allá, fingiendo
que no empuñan los mandos.
Tira de los cordeles,
recupera tu cuerpo
y al ritmo de la vida
corta todos los hilos,
la mano extiende luego
a lo desconocido,
cruza las tinieblas,
que te acaricie el viento,
los brazos alza al cielo
y haz con ellos dos alas

que remonten el vuelo.

GAYLE SPANIER RAWLINGS

Las palabras de Gayle transmiten la belleza de ser libre. Que tenga usted la suerte de aprender a elegir su régimen personal de salud y dicha, así como a practicar, aunque sólo sea en parte, esa deliciosa conducta de ascenso más o menos vertiginoso.

...Toda experiencia ha demostrado que la humanidad está más dispuesta a sufrir, siempre que los males sean tolerables, que a mejorar su situación aboliendo las formas a que está acostumbrada...

DECLARACIÓN DE INDEPENDENCIA
4 DE JULIO DE 1776

1

NIEGUESE A SER VICTIMA

> *No existe lo que se dice un*
> *esclavo bien adaptado.*

No necesita volver a ser víctima. ¡Nunca más! Sin
embargo, para proceder en lo sucesivo como persona
redimida, tendrá que analizarse a fondo y aprender a
discernir las innumerables ocasiones en que tocan sus
resortes y le manipulan otras personas.

Su postura de antivíctima entrañará para usted mucho más que el simple esfuerzo de aprenderse de memoria algunas técnicas de actitud enérgica y aceptar después
unos cuantos riesgos, cuando los demás intriguen con
vistas a manejarle o regir su comportamiento. Es probable que haya observado ya que la Tierra parece ser un
planeta sobre el que la inmensa mayoría de los habitantes humanos que lo ocupan realizan constantes intentos
para dominarse unos a otros. Y han desarrollado instituciones únicas, altamente perfeccionadas para el cumpli-

miento de esa reglamentación. Pero si usted es uno de los seres que se ven gobernados en contra de su voluntad o de su cabal discernimiento, entonces es usted una víctima.

Resulta del todo factible evitar las trampas para víctimas que, inexorablemente, surgen en la vida, sin tener que recurrir al sistema de tiranizar su propia conducta. Para conseguirlo, puede usted empezar por establecerse un nuevo inventario de lo que espera alcanzar en el curso de su breve visita a este planeta. Le recomiendo que principie por aspirar a convertirse en persona redimida y a examinar de modo minucioso su conducta de víctima.

¿QUÉ ES UNA VÍCTIMA?

Cada vez que se encuentra en una situación en la que ha perdido el control, los mandos de su vida, le están avasallando. La palabra clave es CONTROL. Si no empuña usted las riendas es que alguien o algo ajeno le está manipulando. Pueden abusar de usted mediante un número infinito de modos.

Tal como lo entendemos aquí, una víctima no es «ante todo» una persona de la que se aprovechan a través de determinada actividad criminal. A usted pueden robarle o estafarle de manera mucho más lesiva cuando, durante su existencia cotidiana, cede sus controles emocionales o de comportamiento, inducido por la fuerza de la costumbre.

Ante todo, víctimas son las personas que desenvuelven su vida de acuerdo con los mandatos de los demás. Se ven realizando cosas que en realidad preferirían no hacer o manipuladas para desarrollar actividades que representan para ellas una carga enorme de innecesario sacrificio personal y que, en consecuencia, incuban soterrado resentimiento. Ser víctima sometida, tal como empleamos aquí el término, significa ser gobernado y compulsado por fuerzas ajenas a uno mismo; y aunque es incuestionable que esas fuerzas están omnipresentes en nuestra cultura, EN MUY RARAS OCASIONES PADECERÁ USTED TAL TIRANÍA, A MENOS QUE LO PERMITA. Sí, las personas se avasallan *a sí mismas* de múltiples maneras, a través de la ocupación diaria de conducir su vida.

Las víctimas operan casi siempre desde una base de debilidad. Se dejan dominar, se someten a los demás, porque a menudo consideran que no son lo bastante listas o lo bastante fuertes como para estar al cargo de su propia vida. De modo que prefieren entregar los mandos a alguien «más listo» o «más fuerte», antes que correr los riesgos que entraña una resuelta autonomía.

Uno es víctima cuando su vida no funciona en beneficio propio. Si se comporta usted de alguna manera contraproducente, si se siente desdichado, desplazado, dolido, angustiado, temeroso de su propia identidad o en alguna otra situación análoga que le inmoviliza, si no actúa de manera autoenaltecedora o si tiene la sensación de que fuerzas ajenas a sí mismo le están manipulando, entonces es usted una víctima... y sostengo que nunca merecerá la pena defender su propia sumisión de víctima. Si está usted de acuerdo, preguntará ya: ¿Qué hay del alivio de la opresión? ¿Qué me dice de la libertad?

¿QUÉ ES LA LIBERTAD?

A nadie le sirven en bandeja la libertad. Su libertad ha de producírsela usted mismo. Si alguien se la brinda, no tendrá absolutamente nada de libertad, sino que será la limosna de un benefactor que, invariablemente, pedirá algo a cambio.

La libertad significa no tener obstáculo alguno para gobernar la propia vida del modo que uno elige. Ni más ni menos, todo lo que no sea eso constituye una forma de esclavitud. Si no se ve exento de trabas a la hora de elegir sus opciones, si no puede vivir conforme a *sus* propios dictados ni hacer lo que le plazca con su cuerpo (siempre y cuando su voluntad no dificulte la libertad de otra persona), en ese caso no dispone usted del mando de que estoy hablando y, en esencia, se encuentra sometido a una dictadura.

Ser libre no significa rechazar las responsabilidades respecto a sus seres queridos y a sus compañeros. Realmente, incluye la libertad de elegir las opciones que se ofrecen para ser responsable. Pero en ninguna parte figura la orden taxativa de que uno sea lo que los demás quieren que sea, cuando los deseos ajenos entran en conflicto con lo que uno quiere para sí. Usted puede ser responsable *y* libre. La mayoría de las personas que traten de decirle que no puede y que cuelguen sobre su intento de liberarse el sambenito de «egoísmo» resultará que ejercen cierto grado de autoridad sobre la vida de usted y que, al pretender convencerle, lo que en realidad estarán haciendo es protestar de la amenaza que surge para las influencias que les había permitido cultivar sobre usted. Si logran que usted se sienta egoísta, habrán contribuido a que se sienta también culpable y le inmovilizarán de nuevo.

El filósofo clásico Epicteto escribió en sus *Disertaciones*, acerca de la libertad: «Ningún hombre es libre si no es dueño de sí mismo».

Vuelva a leer esta cita cuidadosamente. Si no es usted dueño de sí mismo, entonces, de acuerdo con esta definición, no es usted libre. Para ser libre, no le resulta imprescindible ser públicamente poderoso ni ejercer influencias sobre otras personas, como tampoco es necesario intimidar a los demás, ni pretender el sometimiento de nadie para demostrar el propio dominio.

Las personas más libres del mundo son aquellas que están dotadas del sentido de su paz interior: Simplemente se niegan a dejarse desequilibrar por los caprichos del prójimo y son serenamente eficaces en la tarea de regir su propia vida. Esas personas disfrutan de libertad a partir de definiciones establecidas, conforme a las cuales deben actuar según ciertas pautas porque son padres, empleados, ciudadanos o, incluso, adultos; disfrutan de la libertad de respirar el aire que prefieren, en cualquier localización, sin preocuparse lo más mínimo de lo que, acerca de sus elecciones, puedan opinar los demás. Son personas responsables, pero no se dejan dominar por las interpretaciones egoístas del prójimo respecto a lo que es la responsabilidad.

La libertad es algo en lo que usted debe porfiar. A medida que vaya adentrándose en la lectura de este libro, se percatará de que lo que a primera vista pueden parecer insignificantes fruslerías, en cuanto a dictadura impuesta por los demás, son en realidad esfuerzos para apoderarse de sus riendas y llevarle en alguna dirección que acabará con su libertad, aunque sea brevemente, aunque sea sutilmente.

Usted elige la libertad para sí en el instante en que empieza a desarrollar un sistema completo de actitudes y comportamientos en virtualmente todos los momentos de su existencia. De hecho, la liberación, más que la esclavitud a las circunstancias, se convertirá en costumbre interna cuando usted ponga en práctica una conducta en la que predomine la libertad.

Acaso el mejor modo de conseguir la libertad en la vida estribe en tener presente esta norma: Cuando se trata de dirigir su propia existencia, no deposite su TOTAL confianza en nadie que no sea usted mismo. O, como Emerson dice en *Independencia*: «Nada puede aportarle paz, salvo usted mismo».

En mis relaciones profesionales con pacientes, a lo largo de muchos años, he escuchado con frecuencia los siguientes lamentos: «Pero ella me prometió seguir hasta el final, y me dejó plantado». «Yo sabía que no era conveniente dejarle llevar ese asunto, sobre todo teniendo en cuenta que no significaba nada para él y lo significaba todo para mí.» «Me han vuelto a dejar en la estacada. ¿Cuándo aprenderé?» Tristes lamentaciones de quienes permitieron que otras personas abusaran de ellos, así o asá, y, consecuentemente, se incautaran de su libertad.

Toda esta disquisición sobre libertad no implica, de ninguna manera, que deba usted aislarse de los demás. Por el contrario, las redimidas suelen ser personas a las que les encanta divertirse en grupo. Se desenvuelven a gusto, tienen inclinaciones gregarias y se manifiestan más seguras en sus relaciones *porque* se niegan a permitir que los manipuladores rijan su vida. No necesitan adoptar posturas hoscas ni tener tendencia a la discusión, ya que han aprendido a sentir desde *dentro* que «ésta es mi vida, la experimento yo solo y mi período de permanencia en la Tierra es muy limitado. No puede adueñarse de mí ninguna otra persona. Debo estar alerta para rechazar cualquier intento que se realice para arrebatarme el derecho a ser yo mismo. Si usted me aprecia, ha de quererme por lo que soy, no por lo que usted quiere que sea.»

Pero, semejante «libertad saludable», ¿cómo puede extraerse de un pasado repleto de hábitos de víctima cultivados por las tendencias avasalladoras de su sociedad y de su pasado?

ABANDONE SUS HÁBITOS DE VÍCTIMA

De niño, usted se veía oprimido a menudo, en virtud simplemente de su talla en el seno de la familia. Accionaban sus mandos de modo continuo y, aunque usted se quejaba en secreto, sabía también que muy poco le era posible hacer para empuñar las riendas. Se daba cuenta de que no podía mantenerse y de que si no se ajustaba al programa trazado por las personas mayores existentes en su vida, poquísimas alternativas aceptables se le ofrecían. Con sólo que estuviese fuera de casa veinte minutos, podía comprobar hasta qué punto estaba desamparado. De forma que pasó por el camino de la obediencia y aprendió a aceptar su realidad. Lo cierto es que el hecho de tener otras personas ordenándole lo que debía hacer era una disposición razonable, toda vez que a usted no le resultaba factible llevar a la práctica ninguna de sus «fantasías optativas». Y aunque trabajaba con vistas a alcanzar algo de independencia, se conformaba casi siempre con dejar que los otros pensaran por usted y le dirigiesen la vida.

De adulto, es posible que conserve aún alguna de esas costumbres, residuo de la infancia, que entonces tenían cierto sentido práctico, pero que ahora le convierten a usted en víctima fácil. Quizás se vea atropellado por una «persona mayor» y hasta es posible que esté tan acostumbrado a aceptarlo que permita que eso suceda simplemente como secuela del hábito.

Salir de las trampas para víctimas en que usted está inmerso supone, sobre todo, crearse nuevos hábitos. Las costumbres saludables se aprenden del mismo modo que las insanas, a través de la práctica... después de que uno se dé cuenta de lo que va a practicar.

Aunque no tiene por qué salirse siempre con la suya en todo lo que intente, sí puede al menos confiar en no verse trastornado, inmovilizado o angustiado por cuanto suceda en su vida. Al decidirse a erradicar sus turbaciones internas, eliminará usted un importante hábito de víctima, que en todos los casos es autoimpuesto.

Eliminar las trampas para víctimas mediante las cuales el prójimo le domina y controla, o en las que usted se siente innecesariamente frustrado a causa del modo en que resultan sus decisiones, comporta un programa de cuatro puntos: (1) aprender a analizar sus circunstancias vitales, (2) desarrollar un sólido conjunto de perspectivas y actitudes de persona redimida, (3) tomar conciencia de las más frecuentes clases de tiranía que se dan en su vida y en nuestra cultura y (4) crear una serie de principios que le guiarán hacia las estrategias detalladas con las que elaborar una filosofía de la vida basada en la inalterable idea de que no va a convertirse en víctima. Los puntos, 1, 2 y 3 se examinan brevemente en este primer capítulo. Del punto número 4 se se trata en los restantes capítulos, que presentan sucesivas directrices para asumir su nueva tesitura de persona redimida, dispuesta a no volver a ser víctima.

ANALICE LAS CIRCUNSTANCIAS QUE SURGEN EN SU VIDA

Estudiar previamente toda situación de atropello potencial, antes de decidir las medidas que pueden tomarse para contrarrestarlo, es de importancia capital con vistas a no convertirse en víctima. Cada vez que se disponga a intervenir en una interacción social, debe mantener los ojos bien abiertos, a fin de estar preparado antes de que la posible pieza dramática de la arbitrariedad empiece a desarrollarse sobre usted.

Analizar la situación significa estar alerta y crear un nuevo estilo de inteligencia que, con toda naturalidad, le evite ser objeto de abusos. Representa justipreciar las necesidades de las personas con las que trata y proyectar por anticipado el rumbo de acción más conveniente para alcanzar sus propios objetivos... una trayectoria que deberá permitirle congeniar con las personas dispuestas a respetar sus criterios. Antes de que abra usted la boca o aborde a alguien en una situación susceptible de convertirle en víctima, puede usted prever la clase de conducta arbitraria que tal vez haya de afrontar. El «análisis» efectivo es crucial para que dé usted esquinazo a diversas circunstancias en las que puede verse comprometido en acciones que le puedan ser perjudiciales.

Por ejemplo, George va a devolver un par de pantalones defectuosos. Observa al dependiente de la sección correspondiente y se percata de que es un hombre adusto y además parece preocupado. Lo único que le interesa a George es que le devuelvan el dinero y no desea en absoluto un enfrentamiento desagradable con un vendedor cansado o irritable. George comprende que, una vez concluida la molesta o, peor aún, infructuosa entrevista con el dependiente, le resultará todavía más difícil convencer al encargado, puesto que éste no querrá desautorizar al subalterno, cuya misión consiste en cumplir rígidamente la política del establecimiento en lo que se refiere a la norma de «no se admiten devoluciones». El empleado, por su parte, puede convertirse en la primera víctima, en la víctima principal, por no haberse esforzado lo suficiente para que se observen las reglas de la empresa respecto a una política para cuyo respaldo le pagan.

De modo que George se limita a ir derecho al jefe, al que corresponde la facultad de hacer excepciones en dicha política, de considerarlo oportuno. Es posible que, al final, George no tenga más remedio que preguntar en voz alta si la política de los almacenes consiste en cometer desafueros con sus clientes, pero si juega bien sus cartas, lo más probable es que consiga que le devuelvan el dinero, sin tener que recurrir a ninguna clase de comportamiento agresivo.

El último capítulo del presente libro expone numerosas circunstancias cotidianas típicas, análogas a ésta, y ofrece diversos enfoques para solventarlas, tanto desde la postura de víctima como desde la de redimido.

Estudiar las situaciones que se presentan en la vida significa no sólo mantenerse ojo avizor, sino también disponer de una serie de planes previstos y llevarlos a la práctica metódicamente. Si falla el plan inicial, el Plan A, entonces se recurre, sin perder la ecuanimidad, al Plan B, luego al Plan C, etcétera. En el ejemplo que acabo de citar, caso de que el encargado no se muestre dispuesto a la devolución del dinero, George puede sacar a relucir el Plan B, que acaso implique hablar con el propietario, escribir una carta a las esferas directivas, tal vez elevar el tono de voz (sin dejarse paralizar por la cólera), fingir extraordinaria irritación, ponerse a chillar histéricamente, representar el número de una crisis nerviosa en mitad de la tienda, suplicar o cualquier otra cosa o escena.

Sea cual fuere su plan, lo que nunca debe hacer usted es comprometer su propia valía, apostándola en el juego del éxito o el fracaso. Se trata, simplemente, de cambiar de engranaje cuando usted lo considere necesario, sin obligarse emocionalmente. El objetivo de George es ni más ni menos que lograr un reembolso. El de usted puede consistir en hacerse con unas localidades o en que le preparen el filete tal como le gusta. Cualquiera que sea su objetivo, se trata sencillamente de algo que usted quiere alcanzar y el hecho de que fracase o se salga con la suya en un día determinado no constituye en modo alguno reflejo de su valor o felicidad como persona.

Analizar sus vivencias le resultará más fácil si mantiene atento el oído a su empleo personal de palabras y frases, tanto en lo que se refiere a las ideas íntimas como a las expresiones verbales, que casi siempre le advertirán de que está usted pidiendo que le avasallen. He aquí algunas de las frases más corrientes que tendrán que cambiar por otros pensamientos mejores, si es que de verdad va a tomarse en serio la tarea de abandonar la columna de víctimas.

— *Sé que voy a perder*. Esta clase de postura mental o estado de ánimo le garantizará una plaza casi segura en la hoja de inventario de víctimas disponibles que lleve cualquiera. Si se decide a creer que «ganará», no podrá tolerar la idea de perder.

— *Me domina la angustia cada vez que tengo que enfrentarme con alguien.* Si lo que usted espera es angustiarse, raramente se decepcionará. Cambie esa idea por esta otra: «Me niego a permitir que alguien me angustie y no voy a angustiarme yo mismo.»

— *El chico no tiene nunca una oportunidad.* Usted no es ningún chico, a menos de que se convenza de que sí lo es. Esta clase de idea demuestra que usted se ha colocado en el bando perdedor, frente a la persona a la que considera grande. Acometa toda situación persuadido de que su perspectiva es la de alcanzar la meta que se ha propuesto.

— *Demostraré a esos hijos de Satanás que no pueden tratarme a patadas.* Esto quizá parezca fuerte, pero es la clase de actitud que casi indefectiblemente le conducirá a llevar la peor parte. El objetivo de usted no es demostrar nada a nadie, sino conseguir un beneficio concreto que un sojuzgador trata de arrebatarle. Cuando usted convierte en un fin eso de «demostrarles», ya está permitiéndoles que le controlen. (Véase en el Capítulo 5 lo referente a mostrarse discretamente efectivo.)

— *Espero que no se suban por las paredes cuando se lo pida.* Su preocupación acerca de la posibilidad de que «ellos se suban por las paredes» patentiza que, una vez más, se encuentra usted sometido al control ajeno. En cuanto la gente se da cuenta de que manifestándose indignados usted se deja intimidar, aprovecharán la circunstancia para avasallarle siempre que se les presente la ocasión.

— *Si les digo lo que hice, probablemente pensarán que soy un estúpido.* Aquí tenemos el caso de que usted concede más importancia a la opinión ajena que a la suya propia. Si los demás pueden manipularle porque saben que usted no desea que le consideren un estúpido, casi siempre le mirarán con expresión de «es usted estúpido», a fin de tiranizarle.

— *Me temo que, si hago lo que quiero hacer, heriré*

sus sentimientos. Otra locución cuyas consecuencias le llevarán, en la mayoría de los casos, a acabar bailando con la más fea. Si los demás tienen conciencia de que pueden manipularle por el procedimiento de mostrarse dolidos, eso es precisamente lo que harán cada vez que usted se salga de la fila o declare su independencia. El 95 por ciento de los sentimientos heridos son pura estrategia por parte de las personas «dolidas». La gente utilizará el sistema de los sentimientos heridos una y otra vez, si usted es lo bastante cándido como para creérselo. Sólo las víctimas rigen su vida sobre la premisa de que deben de tener siempre cuidado para no herir los sentimientos de los demás. Esto no es un permiso para ser reiteradamente desconsiderado, sino nada más que un entendimiento básico de que, por regla general, las personas dejan de sentirse heridas en sus sentimientos en cuanto comprenden que esa táctica no les sirve de nada y es inútil emplearla para manipularle a usted.

— *No puedo llevar esto yo solo: Tendré que buscar a alguien que no le importe hacerlo por mí.* Con reacciones como ésta no aprenderá usted nada, no llegará a ninguna parte y posiblemente le impedirán desarrollar su personalidad de persona redimida. Si deja que los demás lleven a cabo las batallas que le correspondan a usted, lo único que conseguirá es eludir mejor sus propios compromisos y fortalecer el miedo de ser usted mismo. Por otra parte, cuando las personas que dominan el arte de aprovecharse del prójimo descubran que usted teme enfrentarse a sus propios desafíos, se limitarán a evitar el contacto con el «hermano mayor» y se impondrán sobre usted una y otra vez.

— *La verdad es que no deberían hacer eso, no es justo.* Aquí mide usted las cosas por un rasero particular, de acuerdo con el modo en que le gustaría que fuese el mundo, prescindiendo de la forma en que es. Las personas, sencillamente, *obran* de manera injusta y usted, aunque no le guste e incluso se lamente de tales comportamientos, no intentará hacer nada para impedirlo. Olvídese de sus juicios moralistas acerca de lo que los demás no deberían hacer y, en su lugar, manifieste: «*Están obrando así* y yo voy a contrarrestarlo con esta medida o con esta otra, para asegurarme de que reciben un buen escarmiento y no les quedan ganas de volver a intentarlo».

Los ejemplos expuestos no son más que unas cuantas ideas, muy corrientes, a través de las cuales se convierte usted mismo en víctima y que siempre le conducirán por la senda de la ruina personal.

Mediante el sistema de analizarse a sí mismo y analizar su cultura, uno puede (1) prever eficazmente los acontecimientos; (2) eliminar dudas propias; (3) realizar planes A, B, C, etcétera; (4) negarse resueltamente a permitir que le angustien o paralicen los progresos que está efectuando, y (5) perseverar hasta emerger con lo que estaba buscando. Cerciórese de que, al adoptar esta estrategia, avanza usted por el buen camino, rumbo a la supresión de por lo menos el setenta y cinco por ciento de los principios susceptibles de convertirse en víctima y, en cuanto al resto de las ocasiones, cuando no logre alcanzar sus objetivos, del comportamiento desarrollado puede extraer las enseñanzas oportunas y seguir adelante, evitando en el futuro las circunstancias de callejón sin salida. En ningún momento debe sentirse herido, dolido, deprimido o afligido, cuando las cosas no salgan del modo que preferiría que saliesen, porque ésa es, en definitiva, la fundamental reacción de la víctima.

LAS PERSPECTIVAS DEL REDIMIDO

Hablando en términos generales, sea usted lo que aspira a ser y sólo se convertirá en redimido, en persona que ha dejado de ser víctima, cuando abandone la expectativa de verse tiranizado. Para conseguirlo, tiene que empezar por crearse una postura de aspiración y confianza en ser feliz, saludable, de operar a pleno rendimiento y de no dejarse avasallar, basada en sus aptitudes *reales* y no en ideas sublimadas acerca de su capacidad, que personas o instituciones sojuzgadoras le hayan imbuido engañosamente. Un buen principio estriba en considerar cuatro zonas amplias y críticas en las que es posible que le hayan inducido a subestimar su competencia.

SUS APTITUDES FÍSICAS. Si es usted un adulto de criterio maduro, puede de veras aspirar a conseguir cualquier cosa con o mediante su cuerpo; virtualmente, nada se interpondrá en su camino y, frente a situaciones extremas, su cuerpo puede revelar aptitudes rayanas en lo «sobrehumano». En el libro *Your Hidden Powers* («Sus poderes ocultos»), el doctor Michael Phillips refiere el caso de una «dama de edad que viajaba en automóvil con su hijo, a través del estado. En determinado lugar de una región bastante desierta, el coche tuvo una avería y el hijo de la señora lo levantó con el gato y se introdujo debajo del vehículo. El gato resbaló y el coche descendió y aprisionó al muchacho contra el caliente asfalto. La mujer se dio cuenta de que, a menos que aquel peso se retirara del pecho de su hijo, éste moriría asfixiado en cuestión de minutos.» La señora no disponía de tiempo para dedicarlo al temor a no ser fuerte, o para desfallecer, y, como dice el doctor Phillips: «Casi sin un segundo de vacilación, se aferró al parachoques y mantuvo el automóvil levantado durante el espacio de tiempo suficiente para que el hijo saliera de debajo. En cuanto el muchacho se apartó del vehículo, las repentinas fuerzas de la señora desaparecieron y el coche volvió a caer sobre la carretera. Semejante hazaña significaba que, durante por lo menos diez segundos completos, la mujer había sostenido algunos cientos de kilos; proeza nada pequeña para una señora que pesaría cincuenta y cinco o cincuenta y seis kilos, si llegaba.» Son innumerables las historias de tales logros. Pero la clave para comprenderlas consiste en que usted puede realizar tareas aparentemente sobrehumanas cuando confía en hacerlo o cuando no se para a pensar en que no le es posible llevarlas a cabo.

Mediante las actitudes o expectativas acerca de su propia salud física, uno puede evitar la tiranización. Es posible trabajar con vistas a eludir la perspectiva de padecer enfriamientos, gripe, presión sanguínea alta, lumbago, jaquecas, alergias, erupciones cutáneas, calambres e incluso enfermedades más serias como afecciones cardíacas, úlceras y artritis. O puede usted decir ahora mismo, mientras lee estos párrafos: Me siento mal, y usted, sencillamente, no puede evitarlo. A lo que le respondería: ¿Qué trata de defender? ¿Por qué tiene que sostener que esas cosas no son más que naturales, cuando, como consecuencia de *su propio sistema de defensa,* se encontrará usted enfermo o inmovilizado?

¿Cuáles son sus conclusiones al defender tal postura? Lo único que tiene que hacer es empezar a creer que, si deja de esperar que su vida esté acosada por la mala salud, que si se toma en serio la idea de modificar sus perspectivas, tal vez, sólo tal vez, algunas de ellas desaparecerían. En el caso de que eso no le funcione, tendrá exactamente lo que tiene ahora: indisposiciones, dolores de cabeza, resfriados, etcétera. Como un hombre muy sensato dijo en cierta ocasión: «En vez de arrancarme el dedo de un mordisco, miro hacia donde señala». Sus propias actitudes pueden convertirse en la mejor medicina del mundo, si aprende a hacerlas trabajar para usted, en lugar de utilizarlas en el sentido contraproducente que tan típico es en nuestra cultura. En su obra *Psychosomatic Medicine, Its Principles and Application* («Medicina Psicosomática. Sus principios y aplicación»), el doctor Franz Alexander habla del poder de la mente:

«La circunstancia de que el cerebro gobierne al cuerpo constituye, pese a que la biología y la medicina lo pasen por alto, el hecho más fundamental que conocemos acerca del proceso de la vida».

SU CAPACIDAD INTELECTUAL. Uno de los más alarmantes proyectos de investigación que se hayan realizado nunca en el terreno educativo demuestra el peligro que representa permitir que fuerzas exteriores limiten sus perspectivas en cuanto al estudio y adquisición de conocimientos. En el decenio de 1960, a un profesor le entregaron una lista con las puntuaciones obtenidas por los alumnos de una clase en la prueba de cociente intelectual y, respecto a otra clase, una lista en la que la columna de cociente intelectual se había rellenado con el número del armario correspondiente a cada estudiante. El profesor dio por supuesto que los números de los armarios reflejaban la puntuación del cociente intelectual de los alumnos de la segunda clase, y lo mismo hicieron los alumnos, cuando las listas se expusieron en la pizarra, al principio del semestre. Al cabo de un año, se comprobó que, en el caso de la primera clase, los estudiantes con altas puntuaciones de cociente intelectual habían obtenido mejores resultados, a lo largo del curso, que los alumnos con puntuaciones bajas. Pero, en la segunda clase, ¡los estudiantes con número de armario más alto consiguieron calificaciones significativamente más elevadas que los que tenían número de armario más bajo!

Si a usted le dicen que es tonto y se deja convencer de ello, se manifestará de acuerdo con esa idea. Se verá sojuzgado por sus propias expectativas de bajo rendimiento mental y, si convence usted a otros, se encontrará en doble peligro.

Dentro de usted reside un genio, y a usted le compete aspirar a que muestre su brillante superficie o persuadirse a sí mismo de que está desdichadamente mal pertrechado por la naturaleza en todo lo referente a la materia gris. De nuevo, el acento se carga sobre lo que usted espera de sí mismo. Puede creer que va a serle difícil aprender algo nuevo y entonces le resultará todo lo difícil que había augurado. Puede decir, por ejemplo, que no tiene confianza alguna en aprender un idioma extranjero y, casi con toda seguridad, no lo aprenderá.

En realidad, sin embargo, la asombrosa capacidad de almacenaje de un cerebro del tamaño de un pomelo, estimada más bien por lo bajo, es de diez mil millones de unidades de información. Por si desea averiguar qué es lo que usted *sabe*, Michael Phillips le sugiere el siguiente ejercicio: Siéntese, armado de papel y pluma, y escriba todo lo que recuerda, incluidos nombres de personas que conozca o de las que tenga noticia, experiencias de la infancia, argumentos de libros y películas, descripciones de empleos y trabajos que haya desempeñado, aficiones que tenga, y así sucesivamente». Pero valdría más que dispusiera de una barbaridad de tiempo para demostrarse a sí mismo este punto, ya que, como Phillips dice a continuación, «Si escribiese usted veinticuatro horas diarias, necesitaría un mínimo calculado en dos mil años».

El potencial que lleva incorporado, sólo en la memoria, es algo prodigioso. Puede adiestrar su cerebro, sin excesivo ejercicio, para recordar todos los números de teléfono que utilice en un año determinado, acordarse de cien nombres de personas a las que haya conocido en fiestas y que acudan a su mente meses después, explicar detalladamente cuanto le haya sucedido en el curso de la semana anterior, catalogar todos los objetos de un cuarto tras una visita de cinco minutos y grabarse en la memoria una larga lista de hechos tomados al azar. Lo cierto es que usted se convierte en una persona poderosa cuando emplea su cerebro y sus poderes mentales, pero sus perspectivas pueden ser muy distintas, como resultado de dejarse dominar por los siguientes sistemas de autosumisión: «Realmente, no soy muy listo». «Nunca consigo recordar nada, ni nombres, ni números, ni idiomas, ni lo que sea.» «Las matemáticas no se me dan nada bien.» «Leo muy despacio.» «No logro sacar estos rompecabezas.»

Las frases expuestas más arriba reflejan una actitud que le impedirá alcanzar cualquier cosa que pudiera gustarle conseguir. Si las cambia por expresiones de confianza y por el convencimiento de que puede aprender la forma de llevar a cabo lo que elija, no acabará usted siendo la víctima en un lastimoso juego de «autoderrota individual» consigo mismo.

Sus aptitudes emocionales. Tiene usted la misma capacidad inherente para el genio emocional que para la excelencia física mental. Una vez más, todo depende de la clase de perspectivas de que disponga. Si espera sentirse deprimido, inquieto, angustiado, temeroso, enojado, culpable, preocupado o padecer alguna de las otras conductas neuróticas que he detallado en *Tus zonas erróneas,* * entonces logrará que esas condiciones formen parte regular de su vida. Las justificará diciéndose frases como: «Estar deprimido es natural» o «Es humano enojarse». Pero no tiene por qué ser humano; es neurótico menoscabar su existencia con traumas emocionales y usted puede eliminar por sí mismo de su horizonte esa clase de reacciones. No hay razón para que existan esas zonas erróneas en su vida, si usted empieza a vivir minuto a minuto y a plantar cara y poner en tela de juicio algunas de las pamemas que sueltan muchos operarios psicológicos de la salud mental. Es usted quien ha de elegir sus opciones y si borra de sus perspectivas los trastornos y la inestabilidad empezará a disponer de las características de una persona en pleno funcionamiento.

* Ediciones Grijalbo, Barcelona, 1978.

SUS APTITUDES SOCIALES. Si usted se considera poco seguro de sí, torpe, incapaz de expresarse bien, tímido, introvertido, etcétera, tiene ante sí unas expectativas bastante malas en el terreno social, a las que sucederá una conducta social apropiadamente defectuosa. De manera análoga, si usted se encasilla en una categoría social de clase baja, media o alta, lo probable es que adopte el estilo de vida propio de esa clase, acaso para toda la vida. Si mantiene el criterio de que el dinero difícilmente acudirá a sus manos, esa postura oscurecerá toda oportunidad que se le presente para cambiar su situación financiera. Se conformará con ver cómo los demás mejoran la suya y dirá que tienen suerte. Si se dice que no encontrará sitio para estacionar, cuando conduzca el coche por la ciudad, entonces no lo buscará con el interés debido y, desde luego, se encontrará en condiciones de lamentarse: «Ya te advertí que esta noche no debimos venir a la ciudad». Sus perspectivas en cuanto al modo en que se desenvolverá en el seno de su estructura social las determinará en gran medida el modo en que desarrolle su existencia. Piense como si fuera rico si lo que desea es dinero. Empiece a imaginarse su propia persona como un ser creador, que se expresa con claridad y eficiencia o que se manifiesta como lo que usted quiere ser. No se desanime por los fracasos iniciales; considérelos simples experiencias de las que extraer enseñanza y continúe con su vida. Lo peor que puede ocurrirle a quien se fije una nueva serie de expectativas sociales es quedarse donde está... y si usted ya está allí, ¿por qué no confiar en trasladarse a algún sitio mejor?

ALGUNOS AVASALLADORES TÍPICOS

Una vez haya acomodado sus perspectivas de forma que encajen con sus aptitudes reales, tendrá que aprestarse a tratar con los sojuzgadores dispuestos a impedir que cumpla usted sus objetivos. Aunque es posible que usted se deje avasallar virtualmente por cualquiera, en un estamento social determinado, algunos factores de nuestra cultura son fastidiosos de manera particular. Las seis categorías de dictadores que se reseñan a continuación figurarán reiteradamente en los ejemplos que se incluyen en el resto del libro, del mismo modo, poco más o menos, en que los problemas relacionados con ellos surgirán en su propia existencia cotidiana.

1. LA FAMILIA. En una reciente conferencia, pedí a las ochocientas personas que constituían el auditorio que relacionasen las cinco situaciones más corrientes en que se consideraban víctimas de atropello. Recibí cuatro mil ejemplos de situación típica de víctima. El *ochenta y tres por ciento* estaban relacionados con la familia de las víctimas. Imagínese, algo así como el ochenta y tres por ciento de las arbitrariedades que sufre usted pueden deberse a su ineficacia en el trato con los miembros de su familia que acaban por dominarle o manipularle. ¡Y sin duda usted hace lo mismo con ellos!

Las típicas coacciones familiares que se citaban eran: verse obligado a visitar parientes, efectuar llamadas telefónicas, llevar en el coche a alguien, aguantar a padres molestos, hijos incordiantes, parientes políticos o familiares irritados, verse postergado por los demás, quedar convertido en prácticamente un criado, no ser respetado o apreciado por otros miembros de la familia, perder el tiempo con desagradecidos, carecer de intimidad por culpa de las expectativas familiares, etcétera, etcétera.

Aunque la célula de la familia es ciertamente la piedra angular del desarrollo social, la institución principal en la que se enseñan valores y actitudes, es también la institución donde se expresa y aprende la mayor hostilidad, inquietud, tensión y depresión. Si visita usted un establecimiento mental y habla con los pacientes, comprobará que todos o casi todos ellos tienen dificultades en el trato con miembros de sus respectivas familias. No fueron vecinos, patronos, profesores o amigos las personas que crearon problemas de relación a los perturbados, hasta el punto de que hubo que hospitalizarlos. Casi siempre fueron miembros de la familia.

He aquí un brillante pasaje del último libro de Sheldon B. Kopp, *If You Meet The Buddha on The Road, Kill Him! The Pilgrimage of Psychotherapy Patients* («Si encuentras a Buda en el camino, ¡mátalo! La peregrinación de los pacientes de la psicoterapia»).

> Desconcertó enormemente a los demás miembros de la familia de don Quijote y de su comunidad enterarse de que el hombre había optado por creer en sí mismo. Se mostraron desdeñosos hacia su deseo de cumplir el sueño que albergaba. No relacionaron el principio de locura del caballero con el aburrimiento mortal de la monótona existencia en aquel ambiente de mojigatería beata. La remilgada sobrina, el ama conocedora de lo más conveniente para cada uno, el obtuso barbero y el ampuloso cura, todos sabían que la lectura de aquellos libros perniciosos que llenaron la debilitada cabeza de don Quijote, atiborrándola de ideas absurdas, fue la causa de su desequilibrio mental.

Kopp traza luego una analogía entre don Quijote, entrado en años, y la influencia de las familias modernas sobre personas seriamente perturbadas.

> Su hogar me recuerda el seno de las familias de donde a veces salen jóvenes esquizofrénicos. Tales familias ofrecen a menudo apariencia de estabilidad hipernormal y bondad moralista. En realidad, lo que ocurre es que han desarrollado un sistema elaboradamente sutil de indicaciones para advertir

a cualquier miembro que inconscientemente esté a punto de hacer algo espontáneo, algo que pueda romper el precario equilibrio familiar y dejar al descubierto la hipocresía de su supercontrolada pseudo-estabilidad.

Su familia pueda constituir una parte inmensamente provechosa de su vida, y lo será si usted obra en el sentido idóneo. Pero la otra cara de la moneda puede resultar un desastre. Si permite que su familia (o familias) empuñen las riendas de usted, pueden tirar de ellas tan fuerte, a veces en distintas direcciones, que le destrozarán.

Eludir la condición de víctima le obligará a aplicar las directrices que propugna este libro, del modo más específico, a los miembros de su familia. Tiene usted que ponerse en su sitio, pararles los pies a los miembros de su familia que creen que usted les pertenece, a quienes usted se considera obligado a defender simplemente a causa de un parentesco sanguíneo o quienes se consideran con DERECHO a decirle cómo debe regir su vida, sólo porque son sus deudos.

No estoy alentando la insurrección dentro de su familia, sino apremiándole a que se esfuerce al máximo para aplicar normas de redimido, poniendo todo su empeño al tratar con las personas que serán las menos receptivas a su independencia, o sea, sus allegados: esposa, antigua esposa, hijos, padres, abuelos, parientes políticos y familiares de todas clases, desde tíos y primos hasta miembros adoptivos de la familia. Este amplio grupo de deudos será el que ponga verdaderamente a prueba la postura ante la vida de ente liberado de la condición de víctima y, si sale usted triunfante aquí, el resto será coser y cantar. Las familias resultan tan duras de pelar, porque en la mayoría de los casos sus miembros consideran que se pertenecen recíprocamente, como si hubiesen invertido los ahorros de su vida unos en otros, igual que si se tratara de otras tantas acciones o valores... lo que les permite emplear el veredicto de CULPABLE cuando llega el momento de ocuparse de miembros insubordinados que se convierten en «malas inversiones». Si permite que su familia le tiranice, ándese con cien ojos para comprobar si utilizan o no el concepto de culpabilidad a fin de que se mantenga dentro del orden y siga «el mismo camino que siguen los demás».

A lo largo de este libro se dan numerosos ejemplos de eficaz conducta de antivíctima familiar. Debe armarse usted de la resolución de no permitir que los demás le posean, si va a enseñar a su familia la forma en que quiere que le traten. Créalo o no, al final captarán el mensaje, empezarán a dejarle en paz y, lo que es más sorprendente, le respetarán por su declaración de independencia. Pero antes, querido amigo, procure estar sobre aviso, porque le advierto que intentarán todos los trucos imaginables para conseguir que usted siga siendo víctima de ellos.

2. EL TRABAJO. Aparte de las coacciones de la familia, es harto probable que se sienta avasallado por las exigencias de su trabajo. Jefes y patronos suelen creer que las personas que trabajan a sus órdenes han cedido automáticamente todos sus derechos humanos, para convertirse en objetos. De modo que muy bien cabe la posibilidad de que en el trabajo se sienta usted manipulado e intimidado por el personal supervisor o por ordenanzas y reglamentos interiores.

Es posible que odie usted su ocupación profesional y se considere víctima por el mero hecho de tener que pasar ocho horas diarias desempeñándola. Tal vez se vea obligado a permanecer lejos de sus seres queridos, por culpa de sus compromisos laborales. Acaso se comprometa a sí mismo y se comporte como no le gustaría hacerlo... si pudiese elegir otro trabajo distinto. Quizá tiene dificultades para congeniar con supervisores o compañeros de trabajo con los que no está de acuerdo. La excesiva lealtad a su trabajo —a base de renunciar a cosas como la libertad personal y las responsabilidades familiares— abre otra enorme avenida hacia la opresión en situaciones laborales.

Si sus expectativas en cuanto al trabajo se ven frustradas o reducidas, si se considera atropellado por el cargo que desempeña y las responsabilidades que conlleva, tómese un breve respiro para preguntarse qué está haciendo en un *empleo* que abusa de usted como *persona*.

Cierto número de mitos profundamente arraigados en la ética conspiran para tiranizarle en el trabajo. Uno de ellos es que, pase lo que pase, uno ha de aferrarse al empleo que tiene, ya que, si a uno le *despiden,* no encontrará otro. La misma *palabra* hace que lo de despido suene a algo así como caer asesinado de manera vengativa. Otro mito es el de la inmadurez vocacional para cambiar regularmente de empleo, mucho menos de carrera.

Esté atento a la aparición de esta clase de creencias ilógicas. Si uno las acepta, pueden conducirle en derechura a la condición de víctima en el trabajo. El reloj de oro al término de una ejecutoria de cincuenta años en la empresa no constituye ninguna compensación, si durante todo ese medio siglo se ha estado usted teniendo aversión a sí mismo y a su trabajo.

Son centenares las vocaciones en las que podría emplearse. Para ser eficiente no necesita sentirse *obligado* por su actual experiencia o formación, sino que debe saber que está capacitado para desempeñar multitud de tareas, simplemente porque está deseoso de aprender y es flexible y entusiasta. (Para un tratamiento más completo de la tiranía laboral, véase el Capítulo 7.)

3. **FIGURAS CON AUTORIDAD Y PROFESIONALES LIBERALES.** Las personas que poseen títulos ostentosos u ocupan puestos de autoridad hacen que resulte fácil el que usted mismo se someta a la arbitrariedad. Médicos, abogados, profesores, políticos, altos cargos administrativos, grandes figuras del espectáculo y de los deportes, etcétera, han conseguido elevarse hasta una posición de exagerado prestigio en nuestra cultura. Es posible que se encuentre acobardado en presencia, sobre todo, de «superpersonas» que tratarán de aprovecharse de usted cuando requiera sus servicios especializados.

A la mayoría de los pacientes les resulta violento tratar con los médicos el tema de los honorarios, de modo que se limitan a pagar la factura, sea cual fuere su importe, y se consuelan con el recurso íntimo del pataleo. Muchos afrontan operaciones quirúrgicas innecesarias, porque les avergüenza demasiado la idea de solicitar el diagnóstico de un segundo o un tercer cirujano. El desagradable síndrome de víctima vuelve a presentarse. Si usted no puede tratar con las personas el precio que le van a cobrar por los servicios profesionales que van a proporcionarle, simplemente porque los ha encumbrado tanto por encima de usted que no le es posible imaginarse que condesciendan a escucharle, entonces es que se ha colocado solo en situación de que abusen de su persona cada vez que crea estar adquiriendo tratamiento médico, consejo legal, educación, etcétera. Al conceder títulos especiales como «doctor», «profesor» o «caballero» a esos personajes se coloca usted continuamente en posiciones de inferioridad. El único resultado es que se siente sometido, y muy bien pueden avasallarle, puesto que no le es posible tratar con ellos en un plano de igualdad.

Si quiere eludir las trampas victimarias que utilizan las figuras con autoridad, ha de empezar por considerar a esas figuras como simples seres humanos, no más importantes que usted, que realizan tareas para las que se han cualificado tras mucho estudio y por las que, en consecuencia, reciben altos honorarios. Recuerde que si ha de elevarse la importancia de alguien, es la de la persona a la que se sirve, la que paga el flete. No se puede conceder a otra persona una estima más alta que la que se otorga uno a sí mismo y esperar que le traten como un igual. Si a usted no le tratan como un igual, es una víctima obligada a mirar con respeto al interlocutor, pedir permiso, aguardar en la cola, confiar en que el supervisor le trate con benevolencia, en que alguien que no está dispuesto a discutir sus honorarios se abstenga de cobrarle más de la cuenta, de engañarle, o le atienda con impaciente aire protector.

Pero todo esto ocurre porque usted permite que suceda. Las figuras con autoridad o los profesionales liberales importantes le respetarán si usted les exige respeto y, aunque los trate con la debida cortesía que requiere su competencia profesional, no reacciona usted nunca con temor hacia su status «superhumano» ni permite que le avasallen de cualquier otra manera.

4. BUROCRACIA. En Estados Unidos (y en cualquier país moderno), la maquinaria institucional es un opresor gigantesco. La mayoría de las instituciones no sirven demasiado bien al público, sino que lo utilizan de diversas formas altamente despersonalizadas. Particularmente abusiva es la burocracia monopolista del gobierno y de las empresas de servicio público no comerciales, por ejemplo. Organizaciones como éstas son monstruos complejos, de múltiples tentáculos, con infinidad de sistemas y formulismos, departamentos y empleados a los que el asunto les tiene sin cuidado o, si les importa, se ven tan impotentes para solucionar las cosas como las personas a las que tratan de servir.

Ya sabe lo complicado que puede ser el intento de renovar un permiso de conducir o pasar un día en una oficina judicial de tráfico. Probablemente haya efectuado todos los trámites de una evaluación fiscal que duró meses o años e implicó la intervención de una serie inacabable de niveles burocráticos, para enterarse, al final, que no tenía usted la menor probabilidad. Ya sabe lo que cuesta lograr que se corrija un error en el recibo de la luz o del teléfono, por mucho que la equivocación salte a la vista. Conoce usted perfectamente la inmensidad enrevesada que, para la torpe maquinaria administrativa, representa conseguir que un ordenador electrónico suspenda sus envíos de cartas amenazadoras referentes a una factura que, para empezar, nunca se debió extender. Es posible que haya sufrido también la experiencia de las largas, larguísimas colas en las oficinas de desempleo, la falta de consideración de los funcionarios, las preguntas idiotas, los interminables impresos que han de rellenarse y presentarse por cuadruplicado, todo ello sin que se tenga en cuenta para nada lo que está usted soportando como ser humano. Sin duda habrá oído usted tristes y plomizas historias que relatan entrevistas de personas corrientes con administradores de la Seguridad Social o inspectores de Hacienda. Tiene noticia del funcionamiento de nuestro glorificado sistema judicial, que tarda años en dictar sentencia en casos tan sencillos como los de divorcio, y está usted enterado de hasta qué punto pueden mostrarse desapasionadas las personas con las que tenga que tratar a causa de un simple quebrantamiento de algún artículo del Código de Circulación.

La burocracia de nuestro mundo puede resultar mortífera para los ciudadanos que se apresten a manejarla. Sin embargo, la llevan ciudadanos que, por algún motivo, adoptan personalidad burocrática en cuanto toman asiento detrás de la mesa de despacho.

Uno puede poner en práctica determinadas estrategias frente a los grandes verdugos erigidos en burocracia, pero la propia burocracia es extraordinariamente difícil de cambiar, por no decir imposible. Uno tiene que extremar de veras su vigilancia, si quiere eludir las rechinantes mandíbulas.

La estrategia más efectiva consiste en abstenerse siempre que sea posible, que no deja de serlo, de participar siquiera en las maniobras tiránicas de la burocracia. Hay que comprender que muchas personas necesitan ligarse a instituciones a fin de sentirse importantes. En consecuencia, uno nunca debe dejarse dominar por la cólera. Ha de considerar sus relaciones con esos organismos como duelos que no tienen nada que ver con uno. Henry David Thoreau propugnaba: «¡Sencillez, sencillez, sencillez! Le aconsejo que deje sus asuntos como están, que no haga una montaña de un grano de arena». Pero los monstruos que nuestra sociedad ha creado en nombre del servicio al pueblo distan muchísimo de ser cosa sencilla. Nuestros burócratas no sólo se burlarán del hombre al que le gustaría vivir dos años en un estanque, sino que le remitirán cartas, le informarán de las razones por las cuales no puede permanecer allí e insistirán en que adquiera permisos de pesca, de caza, de ocupación y de uso y disfrute de aguas.

5. LOS EMPLEADOS DEL MUNDO. Si ha dedicado usted algún tiempo a la observación del modo en que funciona nuestra cultura, habrá percibido, a través de la mera descripción de la labor que desarrollan, que muchos empleados (no todos) existen para avasallarle a usted mediante un sinfín de procedimientos.

En la mayoría de los casos, cuando usted presenta quejas o reclamaciones ante algún empleado, lo único que hace es gastar saliva en balde. Los subalternos están allí para encargarse de que *usted* se ciña a la política de la empresa, para que se cumplan normas y reglamentos establecidos precisamente para impedir que usted eluda el modo ordenado de hacer las cosas.

Muy pocos empleados, si es que hay alguno, ponen empeño o tienen interés en tratar al cliente con equidad.

A un dependiente que le ha vendido un artículo defectuoso le tiene sin cuidado que usted recupere su dinero y, en el fondo, le importa un comino que vaya usted a comprar a otro establecimiento. Al impedir que usted hable con alguien en situación de ayudarle, los empleados a menudo están cumpliendo con su deber, aparte de que se distinguen porque emplear el «poder» de la empresa para imponerse sobre el parroquiano les produce bastante satisfacción. A los empleados les encanta decir: «Es nuestra política, lo siento», «Lo lamento de veras, pero tendrá que escribir una carta, presentar la reclamación por escrito». O bien: «Póngase en esa cola», «Vuelva la semana próxima», «Retírese ya».

Tal vez el mejor sistema para tratar con los empleados del mundo sea recordar siempre estas cinco palabras: ¡UN EMPLEADO ES UN DESGRACIADO!

No, la persona que está detrás de la función de empleado, no; el término «desgraciado» tiene aquí las connotaciones despectivas que corresponden a los sinónimos de pobre diablo, estúpido, egoísta y hasta sicario mandón, pero en realidad esa persona es intrínsecamente única, maravillosa e importante y sólo adopta carácter de desgraciado cuando se reviste del papel de encargado a sueldo de hacer cumplir una política destinada a someterle a usted. Evite a los subalternos y trate con personas que puedan servirle. Si dice usted a los dependientes de unos grandes almacenes que no volverá a comprar nada allí, ¿cree que realmente les importa? Claro que no. Consideran su empleo como un medio para obtener un salario y la circunstancia de que a usted le guste o no aquel establecimiento tiene escasa trascendencia para ellos. En absoluto se trata de un punto de vista acerbo... ¿por qué tiene que importarles a los empleados? Su misma función exige que les tenga sin cuidado, y se les paga para impedir que usted infrinja la política de la empresa, lo que a los patronos les costaría dinero, tiempo o esfuerzo. Pero usted no está obligado a tratar con los dependientes, so pena de que disfrute viéndose atropellado.

Por todos los medios, muéstrese respetuoso con las personas que desempeñan la profesión de empleado. Quizás usted se gana así la vida (como hice yo durante muchos años). Pero cuando llegue el momento de actuar con eficacia y conseguir lo que cree usted que merece, obteniéndolo de unos grandes almacenes, una compañía de seguros, una tienda de comestibles, una oficina gubernamental, del casero, del colegio, etcétera, entonces emprenda la tarea con la actitud inicial de que no va a dejarse avasallar por subalternos de ninguna clase, a los que ha de considerar como barricadas en el camino hacia su meta.

6. UNO MISMO. Sí, usted. A pesar de todas las personas incluidas en las cinco clasificaciones anteriores y de la infinita cantidad de otros dictadores y categorías de los mismos que podríamos citarle, *usted* es el único capaz de decidir si va a sentirse lastimado, perjudicado, deprimido, furioso, preocupado, temeroso o culpable respecto a algo o alguien de este mundo. Aparte el trastorno que sufra cuando los demás no se comporten con usted del modo que preferiría, puede tiranizarse a sí mismo de cientos de maneras diversas. He aquí algunos de los casos más típicos de autoabuso con los que usted puede enfrentarse:

— *Su formación.* Se está avasallando a sí mismo si, a pesar de que ya no le gusta su profesión, sigue todavía desempeñando las tareas para las que se preparó. Si tiene usted cuarenta años y trabaja de abogado o de mecánico *sólo* porque a los diecisiete años decidió que eso era lo que debía hacer, entonces es usted víctima de una formación que en principio se supuso iba a proporcionarle la libertad de una opción laboral que originalmente no tenía. ¿Con cuánta frecuencia confía usted en el juicio de alguien de diecisiete años, en lo que se refiere al modo en que debe regir su vida? Bien, pues, ¿por qué continuar ajustado a unas decisiones tomadas a diecisiete años, cuando usted ya no tiene diecisiete años? Sea lo que desea ser hoy. Adquiera una nueva formación, si no es feliz consigo mismo ni con su trabajo.

— *Su biografía.* Puede usted ser víctima de su propia historia si hace cosas de determinada manera simplemente porque siempre las ha hecho así: por ejemplo, si está casado, si se mantiene en el matrimonio sólo porque ha invertido en él veinticinco años de su vida, aunque hoy se siente desdichado. Es posible que resida en algún lugar simplemente porque siempre vivió allí, o porque sus padres vivieron allí. Quizá tenga la impresión de que va a perder una parte de su vida si se «aleja» de una gran parte de su pasado.

Pero haya sido usted lo que haya sido hasta la fecha, eso ya pasó. Si aún consulta lo que hizo en el pretérito para decidir qué puede o qué no puede hacer actualmente, es muy probable que esté cometiendo arbitrariedades contra sí mismo por el procedimiento de excluir reinos enteros de libertad presente sólo porque nunca dio un rodeo para disfrutar de ellos en el pasado.

— *Su ética y valores.* Cabe muy bien la posibilidad de que haya adoptado usted una serie de creencias éticas que le consta no dan resultado en su caso y que trabajan innecesariamente en contra suya, pero que de todas formas sigue acatando y cumpliendo, porque definen qué es lo que ha llegado usted a esperar de sí mismo. Acaso esté convencido de que debe excusarse por hablar o pensar en sentido contrario. O tal vez crea que mentir *siempre* es malo. Puede que haya adoptado alguna ética sexual que le impide disfrutar de su sexualidad. Sea cual fuere el caso, nada le impide examinar su postura moral, sobre una base regular, y negarse a continuar sometiéndose a sí mismo mediante el mantenimiento de unas creencias que sabe que no le resultan.

— *Su conducta hacia su cuerpo*. Puede alcanzar un alto nivel de autodestrucción respecto a su cuerpo y convertirse en la víctima definitiva: un cadáver. El cuerpo que tiene es el único que siempre tendrá, por lo tanto, ¿a qué viene hacer cosas que no son saludables, atractivas y maravillosas? Al permitir que su cuerpo engorde, comete usted desmanes contra sí mismo. Al consentir en que su cuerpo se haga adicto a pastillas tranquilizantes, al alcohol o al tabaco, se convierte usted eficazmente en víctima autoexplotada. Al no conceder a su cuerpo oportunos períodos de descanso, al someterlo a la tensión y el esfuerzo excesivo, se deja usted avasallar a sí mismo. Su cuerpo es un instrumento poderoso, bien templado y altamente eficaz, pero usted puede maltratarlo de mil formas, simplemente desestimándolo o alimentándolo con comestibles de baja calidad y sustancias que lo envicien, con lo que, a la larga, lo destrozará.

— *Su autorretrato*. Como ya hemos visto en relación con sus aptitudes, su propia autoimagen puede contribuir a que usted resulte avasallado en la vida. Si cree que no le es posible hacer nada, que carece de atractivo, que no es inteligente, etcétera, etcétera, logrará también que los demás le vean así, usted actuará así e incluso *será* así. Laborar en pro de una imagen saludable es de importancia decisiva, si va usted a evitar la condición de víctima humillada, con reacciones tan previsibles como la que se produce cuando el médico le golpea la rodilla con un martillito.

EN CONCLUSIÓN

Si emplea la imaginación, encontrará innumerables sistemas para abusar de sí mismo. Pero si aplica la imaginación de forma constructiva puede, de igual modo, descubrir los medios adecuados para eliminar su condición de víctima. A usted le corresponde decidir.

2

OPERACION DESDE LA FORTALEZA

El miedo como tal no existe en este mundo. Sólo hay pensamientos temerosos y conductas elusivas.

¿QUÉ CALIFICACIÓN LE CORRESPONDE? EXAMEN DE VEINTIUNA PRUEBAS

¿Actúa usted típicamente desde posiciones de debilidad o desde posiciones de fortaleza? La primera y principal norma para no convertirse en víctima es: No operar nunca desde la debilidad. Exponemos a continuación un cuestionario de veintiuna preguntas (preparado conforme a las clases de avasalladores comunes que se tratan en el Capítulo 1), mediante el cual puede usted determinar si obra regularmente desde la debilidad o desde la fortaleza.

FAMILIA

Sí *No*

1. ¿Suele encontrarse «secundando» lo que los demás miembros de su familia quieren hacer, y sintiéndose mortificado por ello?

2. ¿Es usted la persona designada para actuar de chófer, «ser el último mono» o amoldar su vida a los planes que *ellos* tracen?

3. ¿Le cuesta trabajo decir NO a sus padres, esposa o hijos y expresar sus razones acerca de ello?

4. ¿Teme usted a menudo decir a sus parientes que no desea hablar por teléfono, sin presentar excusas satisfactorias?

TRABAJO

Sí *No*

5. ¿Se abstiene de pedir ascensos y respaldar su solicitud con justificaciones de peso?

6. ¿Rehúye el enfrentamiento con sus superiores cuando tiene diferencias de opinión con ellos?

7. ¿Se encuentra usted realizando tareas inferiores y se siente molesto y humillado por esa función?

8. ¿Trabaja siempre hasta muy tarde, cuando se lo piden, incluso en ocasiones en que ello interfiera algo importante en su vida particular?

Sí	No		
—	—	9.	¿Le resulta penoso llamar al dentista o al médico de cabecera por su nombre de pila?
—	—	10.	¿Paga usted la cuenta, «sin más», aun a sabiendas de que le han cargado en exceso?
—	—	11.	¿Le cuesta trabajo decir a alguien con *status* lo que opina usted, después de que ese alguien le haya defraudado?
—	—	12.	¿Se limita a aceptar las notas con que le califique un profesor, aunque esté convencido de que merece algo mejor?

BUROCRACIA

Sí	No		
—	—	13.	¿Acaba usted aguardando en la cola cuando va a tramitar algo a una oficina del gobierno?
—	—	14.	¿No solicita ver al jefe de negociado cuando se considera víctima de alguna arbitrariedad?
—	—	15.	¿Evita enfrentarse a los burócratas que sabe usted hablan con hipocresía y se manifiestan evasivos?

LOS EMPLEADOS DEL MUNDO

Sí	No		
—	—	16.	¿Hace usted lo que le dicen cuando los dependientes le informan de que ha de

atenerse a las normas establecidas en políticas tales como la de «no se admiten devoluciones»?

— — 17. ¿Le cuesta un gran esfuerzo decir a los dependientes, en su propia cara, que se siente usted atropellado?

— — 18. ¿Se conforma usted, en los restaurantes, con ocupar mesas que no le gustan y no pide que le asignen otra mejor?

UNO MISMO

Sí *No*

— — 19. ¿Evita las conversaciones con desconocidos?

— — 20. ¿Se siente usted poco dispuesto a dar limosna a los mendigos, elude la charla con los excéntricos que pueda encontrarse en la acera, desea escabullirse, etcétera?

— — 21. ¿Pide usted permiso para hablar o para hacer cosas?

Si responde afirmativamente a cualquiera de las preguntas anteriores, ello indicará que se deja usted avasallar, debido a que opera desde la debilidad.

NUEVA OJEADA A LA FORTALEZA

Ser fuerte no implica de ningún modo ser poderoso, manipulador o, ni siquiera, enérgico. Con la frase «operar desde la fortaleza» quiero decir gobernar su vida desde posiciones gemelas de *valía* y *eficacia*.

Usted es siempre un ser humano valioso e importante, y no hay razón alguna, en ningún momento, para que avance, o permita que otros le impulsen o tiren de usted, en una dirección que ponga en entredicho su mérito fundamental como ser humano. Es más, en toda situación puede usted elegir entre (1) actuar con eficacia y alcanzar sus objetivos o (2) proceder de modo ineficaz y, al final, encontrarse con que se le impide hacer lo que desea. En la mayoría de los casos —no en todos, pero sí en la mayoría—, puede mostrarse eficaz y, en *todos* los casos, puede operar desde la posición de su propio valor intrínseco como persona.

Al tratar con su autovalía, recuérdese que, por definición, tiene que dimanar de usted mismo. Usted es un ser humano meritorio no porque otros lo digan, no por lo que ha realizado ni por sus éxitos. Más bien es usted valioso porque lo afirma usted mismo, porque está convencido de ello y, lo que es más importante, porque ACTÚA como persona de valor inestimable.

No ser víctima empieza con el principio de decir y creer que uno es valioso, lo que se confirma en la práctica cuando comienza a comportarse como ente humano meritorio. Esto es la esencia de la fortaleza y, naturalmente, de la redención. Usted no puede proceder impulsado por la necesidad de ser poderoso o intimidatorio, sino que debe actuar desde una fortaleza que le garantiza el ser tratado como persona digna, simplemente porque en el fondo de su alma está convencido de que es usted importante.

Ser efectivo no constituye un don universal, como lo es su propia estima. En ocasiones, no alcanzará sus objetivos. De vez en cuando, tropezará irracionalmente con gente imposible de tratar o afrontará situaciones en las que tendrá que dar marcha atrás o buscar una fórmula de compromiso que le permita poner coto a los desmanes de que es objeto, evitar que los desafueros vayan más lejos. Puede lograr, sin embargo, reducir esas «pérdidas» a un mínimo ineludible y, lo que es más importante, puede eliminar completamente los trastornos emocionales producidos por las ocasionales frustraciones que sufra.

Ser eficaz significa sencillamente aplicar todos sus recursos personales y emplear todos los métodos de que disponga, siempre y cuando no atropelle al prójimo, para alcanzar sus metas. Su propia valía y eficacia personales son las piedras angulares de la operación desde la fortaleza.

Tenga presente que la palabra *inválido*, en su acepción de persona físicamente debilitada, está compuesta por el prefijo *in*, que denota privación o negación, y el término *válido*. Al regir su vida desde una posición de debilidad emocional, usted no sólo resulta un perdedor en la mayor parte de las ocasiones, sino que también se invalida virtualmente como persona. «Pero», puede usted preguntarse, «¿por qué me iba a hacer una cosa así a mí mismo?».

MIEDO: ALGO QUE RESIDE EN USTED

Casi todas las razones que usted podría alegarse para no operar desde la fortaleza conllevan alguna especie de temor al «¿qué pasará si...?». Incluso es posible que reconozca que, a menudo, «*el miedo le paraliza*». ¿Pero qué cree usted que es lo que surge de la nada y le inmoviliza? Si empezase hoy a buscar y le dijesen que volviera con un cubo lleno de miedo, podría pasarse la vida dando vueltas infructuosas, siempre regresaría a casa con las manos vacías. Sencillamente, en este mundo, el miedo no existe. Se trata de algo que usted mismo se crea mediante el procedimiento de engendrar pensamientos temorosos y albergar temerosas expectativas. Nadie en este mundo puede lastimarle, a menos que usted lo permita, y, en consecuencia, es usted quien se lastima a sí mismo.

Puede ser víctima de abusos porque está convencido de que alguien le tendrá antipatía, de que alguna catástrofe va a acontecerle o de que le ocurrirá algo desagradable, entre las mil excusas que pueda imaginarse, si hace las cosas a su modo. Pero el miedo *es interno* y está sustentado por un bien dispuesto sistema de ideas que usted utiliza hábilmente para evitar enfrentarse de modo directo con su autoimpuesto pavor. Puede expresarse esas ideas mediante frases como las que siguen:

Fracasaré.

Pareceré estúpido.

Carezco de atractivo.

Me falta seguridad.

Pueden perjudicarme.

Es posible que no les caiga bien.

Me sentiría demasiado culpable.

Lo perderé todo.

Tal vez se enfurezcan conmigo.

Puedo perder mi empleo.

Dios no me dejará entrar en el Cielo.

Si hago eso, probablemente sucederá algo malo.

Sé que lo pasaré fatal, si digo tal cosa.

La conciencia no me dejará vivir.

Pensamientos de esta naturaleza socavan el sistema interno de sustentación y mantienen una personalidad basada en el miedo, lo cual le impide a usted operar desde la fortaleza. Cada vez que busque en su interior y salga con una de esas frases temerosas, habrá consultado a su mentalidad débil y la impronta de víctima no tardará en evidenciarse en su frente.

Si, antes de lanzarse a correr un riesgo, tiene que contar con una garantía de que todo va a salir bien, nunca abandonará el punto de partida, porque el futuro no tiene garantías para nadie. No hay garantías sobre los servicios que la vida pueda prestarle, de modo que deseche sus pensamientos de temor si aspira a conseguir lo que desea de la vida. Por otra parte, casi todas sus ideas timoratas son meros deslices mentales. Los desastres que usted imagina raramente saldrán a la superficie. Recuerde al sabio antiguo que dijo: «Soy un anciano y he tenido muchos sinsabores, la mayoría de los cuales nunca se produjeron».

En cierta ocasión, acudió a mi consulta una paciente con un problema de temores. De niña, en el Canadá, Donna recorrió a pie seis kilómetros y medio, porque le aterraba lo que le pudiese decir el conductor del autobús, debido a que ella ignoraba dónde había que echar el dinero del billete y le asustaba preguntarlo. Refirió que, a lo largo de toda su infancia, había operado desde el temor... se aterraba de tal modo que, por ejemplo, cuando tenía que hablar en la clase, porque le tocaba el turno de presentar verbalmente ponencias sobre un texto, enfermaba con fiebres altas y accesos de vómitos incontrolables, lo que la impedía ir al colegio. Ya de adulta, cuando asistía a alguna fiesta y en el transcurso de la misma iba al lavabo, no se permitía aliviar la vejiga, por temor a que la gente la oyese orinar y riera de ella.

Donna era un manojo de dudas sobre sí misma. El miedo gobernaba su vida. Vino a consultarme porque estaba cansada de la tiranía de sus propios temores. Al cabo de varias sesiones, durante las cuales la animé a que corriera algunos «riesgos sencillos», empezó a asimilar el antídoto destinado a suprimir su miedo. Como primera hazaña, algo más bien insignificante: decir a su madre que le iba a resultar imposible visitarla en toda la semana siguiente. Para Donna, éste fue un paso de suma importancia. Con el tiempo, empezó a practicar enfrentándose a empleados y camareras que, en opinión de Donna, la servían mal. Por último, accedió a pronunciar una charla de cinco minutos en una de mis clases universitarias. Aquella presentación en público le produjo temblores internos, pero los superó y cumplió perfectamente.

Era asombroso comprobar la transformación que se manifestaba en Donna mientras procedía a desarrollar su conducta dominante del miedo. Actuaba de manera sensacional delante de la clase y nadie detectó nunca su nerviosismo y sus dudas internas. Además, la Donna actual (unos tres años después) es instructora de eficacia paterna y suele organizar sus propios seminarios para amplios auditorios en toda la metrópoli de Nueva York. Nadie puede creer que hubo un tiempo en que Donna era una acumuladora de temores. Los apartó de sí al enfrentarse de manera eficaz con el absurdo de su sistema interno de sustentación del miedo, y al aceptar riesgos que ahora constituyen para ella algo natural y divertido.

El brillante autor y lexicógrafo inglés Samuel Johnson escribió:

> Todo miedo es doloroso y, cuando no conduce a la seguridad, es inútilmente doloroso... Por lo tanto, toda consideración a través de la cual puedan suprimirse los terrores carentes de base incorpora algo a la felicidad humana.

Las palabras de Johnson continúan teniendo vigencia vital doscientos años después de que las escribiera. Si sus temores carecen de base, son inútiles, y eliminarlos resulta indispensable para su felicidad.

LA EXPERIENCIA COMO ANTÍDOTO DEL MIEDO

El caso de Donna ilustra una de las más significativas lecciones de la vida: Usted no puede aprender nada, ni socavar miedo alguno, so pena de que esté dispuesto a HACER algo. La acción, antídoto del miedo y de la conducta más contraproducente, la rehúyen la mayoría de las víctimas que operan desde la debilidad. Pero la máxima educativa que a mí me parece más razonable es:

Oigo: Olvido.
Veo: Recuerdo.
Hago: Comprendo.

Nunca sabrá qué se siente al desembarazarse de un temor hasta que acepte el riesgo de enfrentarse a él. Puede hablar con su terapeuta hasta quedarse ronco o convertirse en rana, puede rumiar hasta que le escuezan los dientes y le sude el cerebro y puede escuchar a los amigos que le digan que no hay nada de qué tener miedo hasta que el caracol del oído se le venga abajo, pero no comprenderá de verdad hasta que *actúe*. Del mismo modo que nadie puede enseñarle a tener miedo, nadie puede tampoco enseñarle a no tener miedo. Sus temores son sensaciones exclusivamente suyas, y sólo usted tiene que enfrentarse a ellos.

En una playa, oí a una madre que le gritaba a su hijo: «¡No te metas en el agua hasta que sepas nadar!» ¿Y la lógica del aprendizaje? Es como decir: «No trates de ponerte de pie hasta que hayas aprendido a andar», o «No te acerques a esa pelota hasta que sepas cómo lanzarla». Si otras personas pretenden impedirle hacer algo y esperan que usted aprenda sin hacerlo, tendrá que considerar el asunto como problema peculiar de esas personas. Si las personas mayores salían airosas del empeño cuando usted era niño y usted achaca a eso su inmovilización actual producida por el miedo, entonces es que está realmente bloqueado. Lo que le hicieron a usted cuando era niño ya no puede revocarse, de forma que si usted lo utiliza ahora como excusa para no hacer algo, va a seguir siendo la misma víctima de siempre. Entienda su experiencia como resultado de que sus padres hicieron cosas que sabían hacer y ponga manos a la obra en lo que usted sabe hacer respecto a cambiarse usted mismo hoy. Tiene que salir a la palestra, arrastrarse, sufrir una barbaridad de fracasos, intentar esto, modificar aquello.., en una palabra: experimentar. ¿Puede realmente imaginar que experimentando y viviendo experiencias *decrecerán* su sabiduría y sus posibilidades de éxito? Si se niega a concederse las necesarias experiencias, se está diciendo: «Me niego a saber». Y negarse a saber le debilitará y le garantizará el avasallamiento por parte del prójimo.

No puede conocer la fortaleza a menos que esté dispuesto a probarse a sí mismo... y si todas las pruebas se superaran, serían inútiles, de modo que uno no puede dejar de probarse cada vez que fracase. Cuando llegue al punto en que esté dispuesto a intentar algo que a USTED (no a ellos, a usted) le parece que merece la pena, entenderá entonces la experiencia como antídoto del miedo. Disraeli, el ingenioso autor y estadista inglés del siglo XIX, dijo de manera sucinta en uno de sus primeros escritos:

> La Experiencia es hija del Pensamiento y el Pensamiento es hijo de la Acción. No podemos aprender hombría en los libros.

Primero, piense, después, actúe, para, sólo en tercer lugar, saber. Y así es como plantará cara a toda la timidez que le mantiene en la condición de víctima.

VALOR: CUALIDAD NECESARIA PARA NO SER VÍCTIMA

La predisposición a enfrentarse al miedo se llama valor. Le resultará bastante arduo dominar sus temores, a menos que no le cueste ningún trabajo hacer acopio de valentía, incluso aunque comprobará que ya la posee, si está dispuesto a darse cuenta de ello.

Valor significa salir al encuentro de las críticas, confiar en sí mismo, estar preparado para aceptar las consecuencias de todas sus oposiciones y para sacar de ellas las oportunas enseñanzas. Significa creer en sí mismo lo suficiente y vivir de acuerdo con sus preferencias, de forma que pueda cortar las riendas que otras personas empuñen y utilicen con vistas a llevarle en dirección contraria a los deseos de usted.

Le será factible dar saltos mentales hacia el valor mediante la pregunta reiterada de: *¿Qué es lo peor que podría sucederme si...?* Cuando considere con realismo las posibilidades, comprobará que nada perjudicial o penoso *puede* ocurrir si da los pasos necesarios para alejarse de la condición de víctima manipulada. Normalmente, se percatará de que, como un niño al que le asusta la oscuridad, se asustaba usted de nada, porque nada es lo peor que podía sucederle.

Ahí tiene a mi viejo amigo Bill, un actor que temía la prueba de audición para un papel en una obra de Broadway. Le pedí que pensara qué era lo peor que podía ocurrirle si fracasase. Empezó a vencer su propio temor cuando repuso: «Lo peor que podría suceder es que no me diesen el papel, que, por cierto, tampoco tengo ahora».

Generalmente, fracasar significa quedarse donde uno estaba al principio y, aunque puede no ser la Utopía, desde luego es una situación que uno puede manejar. Después de que el método de «lo peor» demostrase a Bill lo absurdo de sus temores y éstos huyeran en desbandada, mi amigo actuó espléndidamente en la prueba de audición. No le dieron aquel papel particular, pero al cabo de cuatro meses, tras numerosas audiciones, consiguió por fin un papel en la obra. La acción era el único medio para que Bill abandonase su estado de víctima y lograra un papel que anhelaba desesperadamente. Si bien pudo no haberse *sentido* valiente, reunió el ánimo suficiente para *actuar*. Cora Barris, autora norteamericana, lo expresa así:

> Lo más valeroso que uno puede hacer cuando no es valiente consiste en manifestar valor y actuar de acuerdo con eso.

Me gusta la idea de manifestar valor, porque lo importante es actuar, más que pretender convencerse a sí mismo de lo valiente que es o no es, en un momento determinado.

COMPRENSIÓN DE LOS DIVIDENDOS QUE PRODUCE OPERAR DESDE LA DEBILIDAD

En cualquier ocasión en que se quede paralizado por el miedo —en una palabra, avasallado—, pregúntese: «¿Qué obtengo de ello?» La primera tentación será responderse: «Nada». Pero si profundiza un poco más se preguntará por qué a las personas les resulta más fácil ser víctimas que adoptar posturas de fuerza, manejar sus propios mandos.

Al parecer, uno puede eludir así un montón de riesgos, incluso puede evitar «ponerse en aprietos», por el sencillo sistema de ceder y dejar que los demás se hagan cargo del control. Si las cosas van mal, usted siempre puede echar la culpa a quienquiera que *esté* empuñando sus riendas (las de usted), ponerle de vuelta y media y rehuir limpiamente su propia y mayor responsabilidad. Al mismo tiempo, puede evitar, convenientemente, *tener* que cambiar; es usted «libre» de continuar siendo una «buena víctima» y obtener dividendos regulares de la hipócrita aprobación de los sojuzgadores del mundo.

Los beneficios que produce la debilidad proceden

en gran parte de evitar los riesgos. Para reseñas más completas de los sistemas totales de rendimiento y beneficio, relativos a casi todas las conductas neuróticas, consulte *Tus zonas erróneas,* pero aquí, tenga presente que para usted es crucial tener siempre en cuenta su propio sistema de beneficios personales, por contraproducente que parezca, mientras trabaja usted en la mejora de la calidad de su vida en toda su dimensión mental y de comportamiento.

NO SITÚE NUNCA A NADIE POR ENCIMA DE USTED

Si está listo para dar un serio impulso a la «operaración fortaleza propia», tendrá que abstenerse de colocar a los demás por encima de usted en cuanto a mérito y valía. Cada vez que conceda a otra persona más prestigio del que se atribuye a sí mismo, se constituirá en víctima propiciatoria. A veces, situar cabezas ajenas por encima de la propia es algo consagrado en las costumbres sociales, como en el uso de tratamientos y títulos, y es posible que tenga usted que romper la costumbre para establecer su opinión. La gente que es capaz de aprovecharse de los demás insiste a menudo en que usted les conceda sus títulos o tratamientos, y luego procede a tutearle, a llamarle a usted por el nombre de pila.

Principio fundamental para todos los adultos es: *Tratar siempre con las personas sobre la base del nombre de pila, a menos que ellas dejen bien claro que consideran necesario que se les dé otro tratamiento al dirigirles la palabra.*

Tom, un vecino mío, entendía la acertada norma de mantener sus contactos con los demás sobre la base del nombre de pila y, de acuerdo con ese principio, se negaba a otorgar títulos cuando hacerlo así podía colocarle en situación de desventaja. Un día fue al colegio de su hijo para hablar con el director respecto a un posible cambio de clase del muchacho. Evidentemente, el profesor se había mostrado insensible a las necesidades del chico, y existía una clase más eficaz a disposición del alumno. Tom estaba enterado de que la política del colegio era no cambiar a nadie de clase, ni siquiera aunque fuese algo obligado a costa de la educación del muchacho.

El director (conscientemente o no, eso carece de importancia) empleó una diversidad de triquiñuelas de poder para colocar a Tom a la defensiva. Para empezar, el director se acomodó detrás de una impresionante mesa de despacho y asignó a Tom una silla demasiado pequeña y sin nada tras lo que el visitante pudiera «protegerse». Cuando la secretaria introdujo a Tom, el director actuó como si estuviera atareadísimo. Disponía de poco tiempo para cuestiones insignificantes. Y, lo que aún resultaba más significativo, la secretaria se lo presentó a Tom como «el señor Clayborn».

Antes de pasar al despacho, Tom había preguntado a la secretaria cuál era el nombre de pila del director.

«Pues, no estoy segura», repuso ella. «Siempre le llamamos señor Clayborn. Al fin y al cabo, es el director del colegio.»

De modo que la primera pregunta que Tom formuló al señor Clayborn fue:

«¿Cuál es tu nombre de pila?»

El director hizo una pausa momentánea. Era la primera vez que el padre de un alumno se le dirigía de aquella forma y comprendió que estaba tratando con alguien que, a diferencia de los otros, no iba a aceptar una posición secundaria.

«Robert», respondió.

«¿Prefieres Robert o Bob?», inquirió Tom.

«Ejem... Bob», repuso el director.

Y Tom había ganado dos puntos importantes, porque se negó resueltamente a dejarse intimidar por las estratagemas de poder ni, particularmente, por el empleo de tratamientos.

Tom no tuvo que golpear la mesa para obtener su derecho a que se le tratase en plano de igualdad. Se comportó como una persona que confiaba en sí misma y consideró la «posición del director» como un factor que debía tratarse racionalmente. No se dejó atrapar, avasallar, renunciando a su propia estimación frente a alguien que gustosamente la ignoraría. Lo cierto es que Tom consiguió que trasladaran de clase a su hijo. En aquel caso, actuó con enorme efectividad, porque creía que era una persona digna y obró conforme a ello, y porque la estrategia empleada le colocó, desde el principio de la entrevista, en una situación de fortaleza.

El arma que representa un título o un tratamiento es particularmente poderosa en manos de personas a las que se paga de manera directa para que le sirvan a uno. (Funcionarios de escuelas públicas, por ejemplo, a los que paga uno indirectamente, a través del gobierno.) Su portero, médico, odontólogo, abogado, etcétera, son *personas con las que usted tiene trato «comercial»*. Si no se siente a gusto en sus contactos con ellos sobre la base del nombre de pila, debe preguntarse por qué. ¿No podría ser que usted considera poco significativo, no lo suficientemente importante, ir por ahí llamando por el nombre de pila a personalidades notables?

Me he dado cuenta de que puedo operar perfectamente sobre la base del nombre de pila con *todo el mundo* que interviene en mi vida y ello nunca me ha causado, ni a ninguna otra persona, molestias o sensación de violencia. Si su jefe quiere y necesita que le adjudiquen un tratamiento, entonces aplíqueselo, naturalmente... pero deje que esa necesidad la patentice él, o ella; que no salga de usted. Si usted atiende las necesidades de esas personas dejándolas que tengan títulos, entonces entra de lleno en el juego de la concesión de títulos... pero nunca lo haga sin preguntarse: «Las necesidades de quién *estoy* atendiendo?» Si *tiene* que hacerlo, entonces sitúa sus cabezas por encima de la de usted.

También puede elevar a los demás a posiciones de alta categoría mediante el envío de señales inequívocas de que está usted presto a dejarse embaucar. Resulta mucho más fácil aprovecharse de alguien que ya lo espera que defraudar a quien no tiene la perspectiva de verse atropellado. Uno puede remitir inconscientemente señales de víctima potencial, de modo que se debe extremar el cuidado para no dar una imagen de posible víctima. ¿Se presenta usted bajo las sombras de su autorrecriminación o se humilla y degrada a sí mismo? ¿Empieza pidiendo excusas por «robar» el tiempo a los demás... informándoles silenciosamente de que su tiempo debe de ser más valioso que el propio? Pregúntese por qué el tiempo de otra persona tiene que ser más importante que el suyo. No debería serlo, a menos que esa otra persona sea más importante... y, naturalmente, eso a usted le corresponde decidirlo.

La única ocasión en que uno puede avenirse a elevar a los demás por encima de uno mismo es cuando se considera que eso dará resultado positivo, como parte de una buena estrategia. Si el hecho de asumir la postura de «pobre de mí», por ejemplo, puede permitirle obtener un trato favorable, adelante pues, póngalo en práctica si le es posible. Pero pretender la superioridad de los demás debiera ser una táctica rara, que ha de utilizarse sólo cuando no exista ninguna otra de carácter eficaz y, como quiera que representa enviar a la otra persona señales que digan: «Aprovéchate de esta alma de Dios», se ha de tener la absoluta certeza de que no saldrá el tiro por la culata. Si intenta usted conseguir, presentándose como indigente desvalido, que su codicioso casero le rebaje el alquiler, asegúrese de que la compasión es el *único* punto vulnerable en la armadura mercenaria de su casero. Porque, si se equivoca usted, es posible que consiga un aumento en lugar de una reducción, dado que al casero le consta que usted arañará el dinero de alguna parte y dará por supuesto que usted carece de agallas para oponerse con energía a la subida del alquiler. Si el casero sabe que tiene que entendérselas con alguien que confía en sí mismo y que no es un pusilánime que se deja intimidar, sino una persona resuelta y que se batirá eficazmente, más que con malevolencia, entonces es probable que considere con respeto los deseos de usted. El número del «pobrecito de mí» puede emplearse, pero se ha de recurrir a él esporádicamente y tras analizar a fondo la cuestión, con anterioridad.

No vienen mal unas palabras finales acerca de la conveniencia de no mostrarse desagradable. *Fortaleza* es una palabra que utilizo con gran cantidad de reflexión previa. Me he esmerado en definirla meticulosamente en términos explícitos. Manifestarse antipático, malhumorado, rebelde, engañoso, etcétera, no es recomendable en absoluto, puesto que, casi siempre, no conseguirá más que se alejen de usted las personas que desearía que le ayudasen. Naturalmente, soy partidario de que uno esté capacitado para mostrarse desagradable si lo exige alguna ocasión extrema, de lo cual hablaré en apartados posteriores. Uno no tiene que ser pasivo o débil mientras recorre el camino de su vida y ésta es realmente la lección fundamental del presente capítulo. Ser digno, eficaz, engreído incluso, antes que víctima plañidera que siempre anda pidiendo permiso y que cree que todo el mundo es más importante que ella.

¿NO ES UNA IRONÍA?... LA GENTE RESPETA AL FUERTE

Si de veras quiere que le respeten, observe con

atención a las personas expertas en el arte de hacerse respetar. Deducirá en seguida que no va a obtener respeto de nadie, ni siquiera de usted mismo, si opera desde la debilidad. Debe apartar de su mente la idea de que, si actúa con energía, las personas no simpatizarán con usted.

Una y otra vez, los padres me han confiado que, en su familia, el hijo al que más admiran es aquel al que nunca lograron domar. Por más que los padres se esforzaron al máximo para meter en cintura al vástago, hacerlo pasar por el aro, al final tuvieron que reconocer que tenían entre manos a un rebelde. Puede que maldijeran a aquel chico, que probaran a castigarle, convencerle en plan de soborno, hacerle sentirse culpable o lo que fuera, pero el mozo siguió sin dar su brazo a torcer.

Cuando los padres me cuentan estas cosas en las sesiones de consulta, casi siempre detecto un fulgor de admiración mientras refieren los «horrores» de intentar educar a un hijo turbulento. Pero cuando les enfrento con su contenido respeto, la respuesta casi siempre es la misma: «Sí, supongo que en realidad *respeto* a ese chico (o chica)... tiene la clase de arrestos que siempre deseé poder reunir».

Prácticamente, todas las familias tienen miembros «ingobernables», y si bien la familia conspirará a menudo para hacer más sumisos a esos miembros, tampoco pueden extinguir los trémulos fulgores de respeto y temor que experimentan hacia las automáticas negativas de los rebeldes a ser como los demás.

Cada vez que usted se haga fuerte en defensa de lo que cree y se pregunte qué estarán pensando las otras personas, puede tener la certeza de que, si efectuara una encuesta íntima, descubriría que casi todas ellas están secretamente de su parte y admiran su actitud de resistencia tenaz. Las personas han desarrollado especiales lazos de simpatía hacia los desvalidos y con frecuencia nos encontramos rompiendo lanzas en favor de los congéneres nuestros a los que se les brindaron pocas probabilidades de triunfo. De modo que no establecer sus objetivos conforme a los de quienes obtendrán la aprobación inmediata del prójimo puede, paradójicamente, ayudarle a conseguir, a la larga, la aprobación de éste... y nadie está diciendo que no siente mejor recibir aprobación que verse rechazado. De todas formas, puede resultar reconfortante saber que las personas cuya aprobación le interesa a usted de modo especial se sienten mucho más propensas a respetarle cuando actúa usted de acuerdo con sus propias convicciones que cuando se limita a contemporizar, a ir tirando y a hacer lo que se espera que haga.

Cathy era una paciente mía que me transmitió el modo práctico en que había aprendido esta lección, viviéndola. Se había matriculado para asistir al seminario de un congreso y, con el fin de asegurarse la plaza, se inscribió con cierta antelación. Pero cuando llegó a la primera reunión, el profesor le manifestó que, por alguna circunstancia, se asignaron más reservas de las disponibles y que tendría que conformarse con una sesión auxiliar que se celebraría en otro edificio.

Cathy estaba pletórica de resolución, y aunque nunca había tenido costumbre de actuar así, varios meses de asesoramiento le acababan de alentar para ser más enérgica y aceptar más riesgos. Le plantó cara al profesor, delante de todo el grupo e insistió en que se la admitiese. Cuando el profesor trató de disuadirla, mediante un lenguaje cargado de evasivas y de «sí, pero...», Cathy se negó a ceder un centímetro de terreno. Por último, el profesor se dio por vencido, pero le pidió por favor que no dijese nada al secretario general, dado que el hecho de que Cathy se quedase violaba un número límite establecido arbitrariamente por la dirección.

Al cabo de varias horas en el seminario, el tema de la intratable conducta de Cathy salió a relucir. Ella

72

refirió que había temido que todos la considerasen una zafia perniciosa al meterse allí a la fuerza, arrollando, en un lugar donde no se deseaba su presencia. Pero, por el contrario, prácticamente todos los miembros de aquella reunión de estudio le manifestaron que se sentían orgullosos de su comportamiento, que habían deseado interiormente que se saliera con la suya y que les gustaría aprender de ella el modo de correr aquella clase de riesgos de persona redimida de la condición de víctima, para aplicarlo a sus propias vidas.

Cathy estaba asombradísima cuando me contó el incidente.

«Imagínese», dijo, «aquellas personas me pedían ayuda a *mí*... ¡Y yo que siempre me había tenido por cauta y tímida!»

En *Hombre y superhombre,* George Bernard Shaw resume la sensación interior de fortaleza y suficiencia que produce arriesgarse:

> Ésta es la verdadera alegría de la vida, el ser utilizado para un designio que uno mismo reconoce como *algo poderoso*... el ser una fuerza de la Naturaleza en vez de un calenturiento y egoísta terroncito rebosante de achaques y agravios, que no cesa de lamentarse de que el mundo no se consagrará a la tarea de hacerle a uno feliz.

Realmente, *algo poderoso* constituye una atinadísima definición relativa a lo que experimentará usted cuando se considere preparado para afrontar el mundo sobre la base de las condiciones que usted imponga.

SELECCIÓN DE DIÁLOGOS Y TÉCNICAS ESPECÍFICAS QUE LE AYUDARÁN A OPERAR DESDE LA TESITURA DE FUERZA

Usted sabe ahora que el nombre del juego es fortaleza, que las personas le respetarán más si es vigoroso y que los temores debilitantes se los instaura uno mismo. Sabe también que necesitará valor para rechazar las contraproducentes retribuciones que proporciona no ser enérgico. Pero el valor es algo por lo que usted debe optar ante cada desafío, no un atributo que pueda obtener para siempre.

A continuación se exponen algunas estrategias que le ayudarán en sus relaciones con los demás, indicándole cómo actuar desde tesituras de fortaleza y confianza, en típicas «situaciones de víctima» que enfrentan todos los seres humanos.

— A partir de este momento, pruebe a dejar automáticamente de pedir permiso para hablar, pensar o actuar. Elimine el ruego, en beneficio de la simple declaración. En vez de «¿Le importaría que le hiciese una pregunta?» emplee «Me gustaría saber si...». Sustituya «¿Le causaría mucha molestia aceptarme esto que le traigo y devolverme el dinero?» por «Le devuelvo esto porque estoy descontento». Y cambie «¿Tienes inconveniente, querido, en que salga una hora?» por «Voy a salir, querido, ¿deseas algo?» Sólo los esclavos y los prisioneros tienen que pedir permiso y, como digo al principio de este libro, el «esclavo bien adaptado» es un mito.

— Mire directamente a los ojos de las personas con las que habla. Cuando usted baja la vista o la desvía lateralmente, indica que realmente no está seguro de sí mismo y se coloca en superlativa situación de víctima potencial. Al mirar directamente a su interlocutor, incluso aunque usted esté nervioso, envía el mensaje de que no le asusta lo más mínimo tratar con la persona que tiene enfrente.

— Su postura y lenguaje corporal deben transmitir confianza en sí mismo y fortaleza personal. Manténgase erguido al máximo. Cuando se siente, evite repantingarse. No se oculte la cara con las manos ni se apriete éstas nerviosamente. Si piensa con confianza, puede eliminar también tics, muecas e incluso sonrojos. Y hable en tono firme y no con voz apagada, sumisa o débil.

— Trabaje sobre su forma de expresarse, particularmente en la supresión de pausas e incesantes muletillas: «ejem», «hummm», «ya sabes», «o sea». Estos hábitos proclaman inseguridad y ahogan la comunicación efectiva. Si es necesario, hable más lenta y premeditadamente. Si decide tomar conciencia de su propio lenguaje, puede modificar de la noche a la mañana su floja manera de expresarse.

— Si alguien le pide un préstamo o favor, ya se trate de dinero, objetos materiales, tiempo o talento, que usted no desea proporcionar, ha de encontrarse preparado para operar desde la fortaleza o se convertirá de inmediato en víctima. Practique diciéndose a sí mismo: «Preferiría no ser prestamista, no me gusta» o «No, la verdad es que no me hace ninguna gracia ser acreedor». No tiene que idear un montón de excusas rezumantes de inventiva o dar palos de ciego, para después, al final, ceder lo que le pidan y sentirse embaucado. Simplemente, establezca de modo rotundo y definitivo lo que va a hacer y comprobará (1) que no experimenta sensación alguna de hostigamiento, porque desde el principio ha dejado sentada su postura con toda claridad, y (2) que, probablemente, por su franqueza le respetarán más, al final, sus parientes y amigos. Si teme que sus amistades le aborrezcan sólo porque usted ha ejercido su derecho a no hacer algo que le consta va a producirle infelicidad, pregúntese: «¿Quiero realmente tener amigos que me rechazan por ser yo mismo?»

Los amigos son personas que no se empeñan en que sea usted distinto a como prefiere ser. Pero les caerá mal a los parásitos si no permite que se alimenten a costa de usted. Aquí, lo «peor que puede ocurrirle» es que usted no le guste a alguien que quiere aprovecharse de su persona y que lo más probable sea que se mantenga alejado de usted en el futuro. ¿Y eso es tan terrible? Naturalmente, si no le importa hacer préstamos, no se prive de ello, hombre, preste: sólo que hágalo con eficacia.

— Llame por su nombre de pila a las personas a las que está acostumbrado a dar tratamiento. Incluso aunque sólo sea por una vez con su dentista, médico, abogado, etcétera, pruebe y observe los resultados. Pregúntese después si sus temores, antes de hacerlo, tenían alguna base. Y aunque luego decida no seguir con la base del nombre de pila, siempre sabrá en el fondo de usted (por haber probado) que se le ofrece la opción. Si la idea le angustia, le asusta o incluso se considera incapaz de hacerlo, entonces analice minuciosamente por qué ha de desasosegarle tanto una cosa tan sencilla como llamar a otro ser humano por su nombre de pila. A continuación, supere usted su miedo y hágalo. Es harto probable que se percate de que esa confianza recién encontrada le produce una sensación estupenda y que no se origina ninguno de los desastres que usted había temido.

— Si no es usted fumador y no puede soportar el humo, ármese de coraje para decir algo cuando le moleste el que otra persona fume. No tiene por qué mostrarse grosero; limítese a manifestar, desde su posición de fortaleza: «Le agradecería que no fumase en este momento». No necesita permiso para pedirle a un fumador que se abstenga momentáneamente de fumar; y no solicita permiso alguno, no hace más que expresar lo que a usted le gustaría. Si no tienen en cuenta sus deseos, para lo que en algunas situaciones les asistirá perfecto derecho, entonces puede usted ejercer su propia opción: levantarse y marcharse. Pero lo que nunca ha de hacer es seguir sentado allí y darse a todos los diablos, interior o exteriormente. ¿Qué es lo peor que puede suceder? El fumador puede continuar fumando, cosa que ya está haciendo. Pero en nueve de cada diez ocasiones atenderán la petición de usted. Muy pocos serán los que sigan allí sentados y continúen fumando arrogantemente, después de saber que molestan. Si de veras quieren fumar, pueden, y tal vez lo hagan, trasladarse a otro sitio durante unos minutos.

— Aprenda a utilizar con eficacia su enojo o agravio, antes que permitir que le sometan. Si su hijito insiste en jugar en la calle y usted desea manifestar claramente que no está dispuesto a tolerarlo, levante, desde luego, la voz y actúe con energía y cólera, pero asegúrese de que lo hace para causar efecto. Si se aparta de tal episodio con los latidos de su corazón acelerados, la presión sanguínea elevada unos grados más y lleno de furia interior, se ha dejado usted avasallar por la conducta de un niño que ni siquiera sabe lo que hace. En vez de eso, solucione la situación en forma que luego pueda decirse: «Vaya, me porté fabulosamente, logré convencerle de que estaba dispuesto a pararle los pies, y no estoy alterado lo más mínimo». Al operar desde su propia fortaleza personal, evita usted úlceras, hipertensión, enfados, angustias y demás, por el sencillo sistema de utilizar con eficacia sus habilidades.

— Cuando trate con directores de servicios de pompas fúnebres, no permita que se aprovechen del dolor de usted para hinchar la cuenta. Especifique bien lo que quiere, lo que está dispuesto a pagar y, si emplean con usted la táctica de hacerle sentirse culpable, limítese a retirarse, tras el comentario de que hablará con ellos cuando estén dispuestos a escucharle.

La táctica de negarse a hablar con las personas que no quieren oír lo que usted dice con toda claridad, y alejarse cierta distancia, es efectiva en grado sumo. Cuando acudan de nuevo a usted, con las excusas correspondientes, infórmeles de que no desea perder el tiempo hablando con personas que se niegan a tomar nota de lo que usted quiere.

Escucharle y después sugerir exactamente lo contrario de lo que usted ha dicho es la mejor arma del sojuzgador. Pero usted no tiene por qué plegarse a sus propuestas y la abstención constituye el modo más eficaz de demostrárselo a alguien, un sistema mucho mejor que el de intercambios verbales carentes de significado.

— No tema nunca pasar por encima de alguien para conseguir que le atiendan. Profesores de colegio mayor que emplean el grado a guisa de amenaza, inspectores fiscales que utilizan la intimidación para sacarle partido a la ignorancia de uno en materia de leyes complicadas, personal de servicios públicos que, con sus aires de grandeza, tratan de amedrentarle, etcétera, todos ellos tienen superiores a los que rendir cuentas. Una simple llamada telefónica o una carta bien redactada por correo certificado al director, presidente o a quien corresponda, es un antídoto muy efectivo contra las personas que desempeñan cargos de poder. Una vez se dé cuenta de que, en cualquier enfrentamiento con alguien que sea responsable ante superiores, las cosas se ponen feas para usted y acabará perdiendo, deje en seguida bien claro que no vacilará en pasar por encima de quien sea... y luego, si es necesario, llegue hasta el final, a toda costa.

— Esfuércese en ser desapasionado cuando trate con dictadores potenciales. Nunca les dé a entender que está usted angustiado, temeroso o intimidado. Recuerde siempre que no ha de mezclar su valía y felicidad, como persona, con la derrota o la victoria definitivas en cualquier encuentro. Considere sus situaciones de «ganancia-pérdida» como un juego en el que halla diversión y procure abstenerse de decir constantemente: «Esto significa mucho para mí». Adopte la resolución de ser eficaz y láncese a la palestra con planes trazados previamente, pero esfuércese *siempre* en la tarea de suprimir signos externos de miedo o intimidación. Cuando un adversario se percate de que usted considera un encuentro crucial para su vida y, por lo tanto, perturbador, es muy posible que se vea usted impulsado a decir cosas que no piensa e incluso a actuar irracionalmente. Mucho mejor resulta enviar simplemente señales de determinación que impidan a las personas imaginarse siquiera que usted no puede dominar sus emociones respecto a la conducta de ellas. Y hete aquí que, mientras usted se ejercita en no dejar que sus emociones las controlen los demás, empezará a adquirir el dominio de sí mismo, lo que le llevará a una mayor satisfacción personal... y, sí, a muchas más victorias.

— Cuando solicite un empleo o le entrevisten para el mismo, ponga buen cuidado en que no se le escapen frases como: «La verdad es que no estoy seguro de poder desempeñar esa tarea», o «Nunca recibí formación para esto, pero creo que podría aprender». También puede decirse a sí mismo, y transmitírselo a la persona ante quien solicita el empleo, que usted es capaz de aprender a realizar cualquier cosa, porque ya se ha probado a sí mismo en tantas situaciones distintas que se sabe en posesión de la flexibilidad necesaria para cumplir a la perfección aquel trabajo. Muéstrese entusiasta acerca de sí mismo y de sus aptitudes y no dude en comunicar a su entrevistador que es usted una persona que aprende con extraordinaria rapidez. Aunque algunos entrevistadores, que con facilidad se sienten amenazados por las personas fuertes, pueden apagarse ante su seguridad en sí mismo, normalmente no tiene usted dificultad en calarlos en seguida, y la inmensa mayoría valorará la confianza en sí mismo como un rasgo enormemente útil para la firma. Si tropieza con un entrevistador de voluntad débil, hable de ello con el presidente de la compañía y solicite otra prueba con un entrevistador distinto. Esta clase de perseverancia le dará resultado favorable en más ocasiones que negativo.

— No vacile nunca en hablar en términos personales acerca de usted mismo. Enfréntese al temor de que alguien pueda lastimarle al descubrir circunstancias «personales» acerca de la vida de usted; el viejo miedo del «daño que me haga otra persona» es mentira en un noventa y nueve por ciento. Si es usted libre para expresarse sobre prácticamente todo y no se siente ofendido cuando sale a colación este o aquel tema, será mucho más fuerte que si mantiene apartadas, recónditas, diversas bolsas de susceptibilidad acerca de sí mismo. Si bien no es necesario revelar sus fantasías sexuales íntimas ni sacar de su alacena todos los esqueletos, sí puede, desde luego, eliminar la idea de que le destruirán si se enteran de la clase de persona que realmente es.

Sea sincero y abierto en lo que se refiere a su persona. Entréguese cuando le parezca bien hacerlo. Deseche la idea de que no puede manifestarse tal como es, porque resulta peligroso. Si no quiere descubrirse, es una cosa, pero si es el miedo lo que se lo impide, es otra completamente distinta. Y comprobará que es saludable ejercitarse en el afán de plantar cara a todas las razones por las cuales dice que no quiere hablar de sí mismo. Si usted ha sido tímido toda su vida, si le costaba poco lamentarse o llorar, si se dejaba intimidar fácilmente, se mostraba excesivamente agresivo, etcétera, etcétera, ¿de que puede servirle a alguien esta información para perjudicarle a usted? Casi todas las respuestas que dé vendrán a parar a uno de estos desastres internos. ¿Le despedirá su jefe? Difícilmente. Pero, incluso aunque le *despidiesen*, hay otros empleos. ¿Difundirá la gente rumores acerca de usted? No es probable. Sin embargo, aun en el caso de que lo hiciesen, ¿por qué tiene usted que regir su vida sobre la base de lo que otros digan? Y la gente murmurará aunque a usted no le guste o aunque nunca cuente nada, en consecuencia, ¿por qué silenciarse para evitar las hablillas?

— Si sospecha que alguien a quien paga para que realice un servicio trata de abusar de usted no cumpliendo lo que ha prometido hacer, efectuar alguna reparación o revisión en su automóvil, por ejemplo, entonces quédese allí y compruebe que llevan a cabo la tarea... siempre y cuando ello no represente un perjuicio mayor para usted, ocasionado por la pérdida de demasiado tiempo.

Haga que los hombres encargados del servicio en cuestión le demuestren de manera evidente que realizaron lo que dijeron que realizarían y ni por un segundo manifieste indicio alguno de que va a pagar por adelantado el importe de lo que le facturen. Adviértales previamente que no desea que le cambien el filtro de aceite, o, si necesita uno nuevo, asegúrese de que lo colocan. Muéstrese firme a la hora de pedir explicaciones por los cargos en factura que considere injustificados. En un restaurante, si un camarero se pasa al extender la cuenta, recurra usted al jefe del establecimiento y no dé propina al camarero, en el caso de que crea usted que el error no fue casual en un ciento por ciento. (Los camareros SIEMPRE le presentarán abrumadoras cantidades de excusas y alegarán que no fue su intención pretender cobrarle de más.) Usted se niega simplemente a recompensar la incompetencia o las supuestas extralimitaciones.

Adquiera la costumbre de revisar toda factura que reciba. Si encuentra una partida de más, informe a la empresa con exactitud de lo que opina usted al respecto y niéguese a mantener relaciones comerciales con personas que teme le están timando. Y envíe una queja formal a la delegación de la Oficina de Mejora del Comercio o a la agencia de la Protección del Consumidor. Una carta de dos minutos remitida a una de estas organizaciones puede contribuir a la erradicación de tales prácticas abusivas. Cabe la posibilidad de que usted crea que es raro y casi siempre accidental el que se cargue algo de más en una cuenta, pero he observado que las de los restaurantes son frecuentemente incorrectas y que aproximadamente el noventa por ciento de los «errores» que aprecié en mis cuentas eran a favor del establecimiento. Al parecer, las leyes de la probabilidad estadística no se aplican a estos «errores». Cuando se percate de que le ocurre a usted, informe de inmediato a la dirección y acompañe su queja con la debida firme determinación, si está inclinado a convertir el asunto en una cuestión de principios. Aunque no sea así, haga saber a la dirección que no pagará la partida cargada de más y que dejará de ser cliente de la casa.

— Cuando le digan que tiene que esperar un espacio de tiempo ridículamente prolongado para que le entreguen unos muebles, un automóvil, etcétera, no se someta así como así, aceptando la suposición del proveedor de que usted ha de recibir las cosas según la conveniencia de ellos o dando por buena la explicación de que nadie puede recibir el artículo en un plazo más breve. Si lo que usted quiere o necesita en seguida es un automóvil, visite los establecimientos de vendedores de coches instalados en otras localidades e incluso en otros estados, si es necesario. Deje bien claro ante los comerciantes que eso de esperar la entrega no va con usted y trate con los gerentes o directores, en vez de hacerlo con la dependencia. Diga a la dirección que, si no le garantizan una fecha de entrega a corto plazo, si no pueden hacerlo, irá usted a la competencia. Hable con los mayoristas e incluso con los fabricantes, para ver de conseguir ese servicio especial acelerado. No pague nunca por adelantado y consiga que en *todo* contrato se incluya una cláusula mediante la cual pueda usted recuperar su depósito mínimo, en el caso de que el vendedor no cumpla lo que se especifica en el contrato. No tiene que mostrarse exigente ni quisquilloso, sólo firme y fuerte, y no otra más de esas víctimas que dicen: «Oh, sólo tendré que esperar dos meses y medio. Supongo que lo tendré así, aunque lo cierto es que lo hubiese querido tener antes».

Un cliente mío, cuando le dijeron en Nueva York que tardarían ocho semanas en entregarle un coche, llamó a un comerciante de Michigan y se enteró de que le era factible disponer de un automóvil en el plazo de cuatro días y que el precio del mismo resultaba trescientos dólares más barato que en Nueva York. Condujo doce horas, tras recogerlo, y disfrutó de un agradable paseo en su coche nuevo, además de ahorrar dinero.

Prácticamente toda situación puede acabar en resultado victorioso, si usted no está dispuesto a caer en la trampa ni a aceptar convertirse en víctima.

— Como norma, por principio, niéguese a pagar cuando la calidad sea deficiente o el servicio malo. Si en el restaurante le sirven una lechuga que sabe a paja o un pastel reseco, limítese a indicarlo y exija que se lo rebajen de la cuenta. Si al presentar la reclamación le atiende un camarero o una cajera incrédulos, trate el asunto con alguien que no sea subalterno y ya verá como elude la condición de víctima.

Si le cargan en la cuenta algo que no ha pedido o pretenden cobrarle precios superiores a los de la tarifa, absténgase de pagar esa cuenta y no se deje intimidar por cartas de apremio o amenazas de que le van a suspender el crédito. Por ese camino no pueden perjudicarle, si usted no lo permite, y la negativa a pagar a cambio de materiales o servicios defectuosos es un modo efectivo de mantener la marca de víctima lejos de su cabeza.

CONCEPTOS SUMARIOS

Para operar desde la tesitura de fortaleza, empiece por depositar una confianza absoluta en sí mismo y por no poner a los demás en situaciones de mando, por encima de usted. Está pidiendo que le avasallen cuando se subordina de manera total a otra persona, para que ésta controle adecuadamente la vida de usted. Si usted crea o aprovecha sus propias oportunidades, en vez de limitarse a aguardar a que el éxito se presente, y va en pos de sus objetivos, sin apostar sus emociones personales por el resultado, se encontrará en el carro de los vencedores, de los redimidos, sin ni siquiera darse cuenta. Una breve declaración final sirve de envoltorio al contenido de este capítulo: «Si es usted quien paga al violinista, asegúrese de que toca la canción que usted quiere».

3

NO DEJARSE SEDUCIR
POR LO QUE YA ES AGUA PASADA

*El progreso y el desarrollo son
imposibles si uno sigue haciendo
las cosas tal como siempre las ha hecho.*

Una importante táctica de abuso, empleada repetidamente en nuestros usos culturales, se refiere a cosas sobre las cuales no podemos hacer nada o a conductas y acontecimientos que ya son historia. Puede usted evitar esas monumentales trampas para víctimas negándose a dejarse arastrar a discusiones sobre tales cosas, percatándose del modo en que los demás intentarán desviar la atención de usted y ponerle a la defensiva, a base de hechos pretéritos que usted no puede modificar ya, y rechazando la marca peculiar de «ilógica» con que tratan de amarrarle.

Siempre he sostenido que podemos aprender mucho

de los animales, sin reducirnos a operar impulsados por el puro instinto, como tienen que hacer ellos a causa de sus limitaciones de raciocinio. En *Hojas de hierba*, Walt Whitman expresa enternecedoramente su amor por los animales:

> Creo que podría vivir con los animales, que tan apacibles e independientes son.
> Me detengo y los contemplo largo rato.
> No se afligen ni se lamentan de su condición.
> No permanecen despiertos en la noche y lloran sus pecados.
> No me hastían con discusiones acerca de sus deberes para con Dios,
> Ninguno está descontento, la locura de poseer cosas a ninguno tiene dominado,
> Ninguno se arrodilla ante otro ni ante su especie, que hace miles de años vivió,
> En toda la faz de la Tierra, ni uno solo es respetable o desdichado...

De todas formas, los animales no pueden concentrarse en cosas que ya han pasado. Aparte de verse desprovistos de algunos hermosos recuerdos, son felizmente incapaces de tristes e innecesarias meditaciones y recriminaciones, y sólo pueden consultar el presente para vivir. Si quiere usted que se borre su nombre del libro de las víctimas, tendrá que seguir algunas indicaciones que porporcionan los animales con su comportamiento e iniciar un programa consistente en (1) comprender y recordarse a sí mismo qué clase de cosas no puede usted cambiar, (2) tomar conciencia del modo en que los demás utilizarán el pasado para someterle, (3) darse cuenta de cómo usa usted su propio pasado para avasallarse a sí mismo y (4) preparar algunas estrategias específicas para eludir la condición de víctima cada vez que prevea inminencia de conducta sojuzgadora por parte del prójimo o de usted mismo.

POR MUCHO QUE SE ESFUERCE, HAY COSAS QUE NO PODRÁ REMEDIAR

La más evidente de las cosas acerca de las cuales ya no puede hacer nada es su conducta pretérita. Todo lo que usted hizo es ahora agua pasada y, aunque en la mayoría de los casos le quede el recurso de escarmentar y a veces modificar efectos cuya vigencia se mantenía en el presente, lo cierto es que no puede deshacer lo que hizo. Por lo tanto, siempre que se encuentre argumentando acerca de cómo debió haber hecho o dejado de hacer una cosa, en vez de tratar de sacarle partido a los errores pasados o pensar qué puede hacerse *ahora*, es usted una víctima metida en una trampa sin salida. Devanarse los sesos restrospectivamente, recordarse cómo hizo esto o aquello y cómo debió haberlo hecho o angustiarse pensando en cómo podía haberlo realizado, son todas ellas reacciones de víctima que usted puede combatir. Puesto que sólo le es posible vivir el momento presente, resulta absurdo y negativo dejarse perjudicar por lo que usted solía ser.

Además de su propio pasado, hay muchas otras cosas que usted no está en condiciones de cambiar y, en consecuencia, sería lógicamente inútil que se quemara la sangre por ello. La alternativa que se le ofrece es aceptar lo que no puede evitar o seguir perturbándose neuróticamente por culpa de ellas. Entre las cosas que usted no puede hacer nada para cambiarlas, lo que debe comprender explícitamente, figuran:

— *La meteorología*

Tal vez parezca innecesario decirle que no puede cambiar el tiempo, pero pregúntese a sí mismo en cuántas ocasiones se ha sentido preocupado por la temperatura, el viento, la lluvia, una borrasca o cosas por el estilo. Ello es pura y simplemente opresión de sí mismo. Desde luego, no tiene que pretender que le encante «el tiempo inclemente», pero incluso sentirse levemente inmovilizado por él es algo a lo que muy bien puede usted decidir oponerse.

— *El paso rápido o lento del tiempo*

El tiempo transcurre siempre exactamente al mismo ritmo, tanto si le gusta a usted como si no. Dispone de veinticuatro horas todos los días y puede pasarse la vida quejándose de que el presente parece correr demasiado o ir demasiado despacio, pero lo único que conseguirá a cambio de su inquietud es envejecer un poco más.

— *Los impuestos*

Puede usted amargarse la vida y hasta perder el sentido fastidiado por cosas como los impuestos elevados, pero su única recompensa será un fuera de combate y cierta cantidad de tensión. Los impuestos siempre serán altos, peor aun, siempre serán demasiado altos. Puede usted esforzarse para aminorar la violencia del palo que representan para su economía, votar a políticos que propugnan reducciones fiscales o lo que sea, pero atormentarse por los impuestos no es más que ejercitarse en lo inútil.

— *Su edad*

Le es de todo punto imposible modificar la edad que tiene. Ciertamente, puede cambiar su aspecto, actitudes, forma de vestir e incluso sentirse más joven o más viejo, pero su edad se le mantendrá aferrada y eso no hay quien lo mueva. Quejarse constantemente de lo viejo que es no altera en nada la situación, salvo en el hecho de que usted se sentirá todavía más viejo, más cansado, inestable, artrítico, etcétera, de lo que es.

— *La opinión que los demás tengan de usted*

Volvemos a lo mismo, lo que otras personas piensen de usted es cosa que les compete exclusivamente a ellas. La gente creerá lo que le parezca bien, tanto si a usted le gusta como si no, y aunque se esmere en tratar a los demás como quisiera que le tratasen a usted o en razonar con ellos, no puede comprometerse en intentos destinados a hacerles cambiar de idea. En última instancia, si no puede determinar lo que piensan de usted, existe entonces la certeza de que carece de lógica atormentarse por sus opiniones, a menos que crea más en el punto de vista de esas personas que en la propia autoimagen de usted.

— *Los acontecimientos históricos*

Inquietarse por el resultado de unas elecciones, una guerra, un debate, una tormenta o lo que sea, sólo le inmovilizará. Lo mismo cabe decir respecto a los desastres sociales a gran escala que se den en el presente. Considera «la guerra actual en...». Por mucho que a usted le desagrade, el hombre es una criatura agresiva que utiliza la guerra como medio para instaurar su poder, porque no confía lo bastante en su cerebro como para usar la razón. La gente siempre ha combatido entre sí, y si en la actualidad continúa haciéndolo en alguna parte del globo, ello no debería constituir ninguna sorpresa. Desde luego, usted no *tiene* que luchar en *ninguna* guerra, y puede hacer cuanto le sea posible para suprimir de este planeta el azote de los conflictos bélicos. Pero sentirse angustiado, inquieto y desdichado porque otras personas prefieren luchar es convertirse en víctima uno mismo. Usted no puede poner fin a las guerras, a las epidemias, al hambre, etcétera, por muy miserable o culpable que se sienta, de modo que considere tranquilamente por qué tendría que inclinarse por tan necias y autoanuladoras opciones.

— *Su estatura y presencia física general*

Casi todo lo que ve es lo que tiene. Lamentarse acerca de cosas como su tipo, su estatura, sus orejas, pies, senos, el tamaño de sus genitales, etcétera, sólo es una forma más de vejarse a sí mismo, que lo único que le proporcionará son tribulaciones inútiles. Amoldarse con gusto a lo que se le ha dado es una postura preferible, con mucho, a la de esforzarse en cambiar mediante reducción de peso, culturismo, etcétera. Lo que usted no pueda cambiar, es mejor ¡infinitamente mejor!, que aprenda a amarlo.

— *Enfermedades de otras personas*

Seres que usted conoce y a los que aprecia caerán enfermos. También será usted víctima si en tales ocasiones se deja inmovilizar, y también aumentará sus posibilidades de ir a hacer compañía a esas personas queridas en la lista de enfermos. Ayúdelas por todos los medios, permanezca junto a ellas si lo prefiere, consuélelas, pero no se diga cosas como éstas: «Es algo que no debería haber ocurrido» o «Me resulta insufrible verla así». La propia fortaleza de usted servirá de modelo para los demás e incluso puede alentarles a desear recuperarse. Pero si su conducta rezuma abatido pesimismo, perjudicará a todos los afectados, incluido usted.

— *La muerte*

Por mucho que algunas personas intenten negarlo, nadie abandona vivo este planeta. De hecho, la vida es una enfermedad terminal. Hemos creado una mística de la muerte que la califica de algo a lo que hay que temer y maldecir, y desconsolarse cuando se abate sobre alguno de nuestros deudos o se aproxima a nosotros, como inevitablemente tiene que ocurrir. Pero nuestras actitudes morbosas respecto a la muerte son en gran parte culturales y aprendidas, y usted puede cambiar las suyas por posturas de aceptación realista. Recuerde las palabras de Jonathan Swift acerca de la muerte:

Es imposible que algo tan natural, tan necesario y tan universal como la muerte lo proyectase la Providencia como un mal para el género humano.

— La naturaleza tal como es

Jennifer, de diecinueve años, protestaba: «No me gusta la merienda en la playa, ¡hay demasiada arena por todas partes!». Las playas son arenosas, las rocas son duras, el agua del mar es salada y los ríos tienen corrientes. Uno siempre será víctima, so pena de que acepte las cosas naturales y deje de lamentarse cada vez que tropiece con la realidad tal como es. Siempre que se sorprenda a sí mismo quejándose de algo natural, lo mismo puede estar deseando encontrarse en Urano.

Vale lo mismo en cuanto al reconocimiento de algunas de las innumerables cosas que siempre serán como son. Innegablemente, es admirable trabajar con vistas a proceder como factor de cambio en el mundo. Peto aprenda a elegir sus objetivos y no se deje convertir en víctima a causa de las frustración y la pesadumbre coyuntural, emitiendo juicios ridículos acerca de cosas que nunca serán distintas. Deje a Ralph Waldo Emerson expresarlo con breves y significativas palabras, incluidas en su ensayo *Prudence*, escrito hacia 1841:

> Hagamos lo que hagamos, el verano tendrá sus moscas. Si nos adentramos en un bosque, alimentaremos a los mosquitos.

Más de ciento treinta y cinco años después, sigue habiendo moscas en verano y mosquitos en los bosques.

LA TRAMPA PARA VÍCTIMAS LLAMADA DEL «DEBERÍA USTED HABER...»: CÓMO Y POR QUÉ FUNCIONA

Siempre que alguien le diga: «Debería usted haber...», prevéngase contra la posibilidad de convertirse en víctima. Un «debería haber» no cambiará una cosa que usted haya hecho ya, pero puede emplearse para obligarle a reconocer que estaba equivocado y para evitar debatir con usted lo que puede hacerse ahora. Mientras un sojuzgador potencial pueda mantener enfocada la conversación sobre el comportamiento pretérito de usted, tenga la absoluta certeza de que usted no alcanzará lo que pretende ahora.

Veamos un ejemplo demostrativo del modo en que funciona esta pequeña maniobra de avasallamiento.

Arthur se trasladó a su casa un viernes por la tarde y telefoneó a la compañía de electricidad, empresa de servicio público, para decir que le dieran la corriente. El empleado al que formuló la petición le respondió: «Debió habernos llamado el miércoles. Ahora es demasiado tarde para hacer nada».

Arthur estuvo a punto de dejarse sojuzgar, lo que habría ocurido si no hubiera opuesto resistencia al intento de arrastrarle por aquella tangente, completamente ilógica porque él no podía saber que la «norma» de la empresa de electricidad era que se la avisara con dos días de anticipación antes de dar la corriente a un usuario... Por otra parte, el viernes, a Arthur le resultaba imposible del todo retroceder hasta el miércoles para hacer la llamada, por lo que decirle que *debió haber hecho* era tan absurdo como inútil. Pero Arthur sabía que esa clase de cosas se dicen una y otra vez, reconoció la trampa, no ignoraba que la compañía *podía* darle la corriente aquel mismo viernes, si la persona adecuada lo ordenaba, y, antes de atascarse con el empleado recepcionista, solicitó hablar con un supervisor. Arthur explicó detalladamente su caso al supervisor y aquella misma noche tuvo la luz, a pesar de que el recepcionista le había asegurado que eso era «imposible».

El gambito del «debería usted haber» se utiliza prácticamente todos los minutos del día, de manera especial en oficinas de todo el mundo, por parte de personas que quieren ligarle a usted y doblegarlo a la conveniencia de ellas. Resulta porque las víctimas potenciales no lo identifican cuando se aproxima y, consecuentemente, se ven atrapadas en la sensación de culpabilidad o de irresponsabilidad. De todas formas, la mayoría de las personas tienen una inclinación excesiva a recrearse en el pasado y eso hace también que estén demasiado predispuestas a permitir que los opresores abusen de ellas a través de variantes sobre el tema del comportamiento que ni siquiera se produjeron nunca. Cuando alguien emplea el sistema del «debería usted haber», lo normal es que le interese que usted no se sienta muy católico, con vistas a los propios fines de ese alguien, y lo más probable es que no albergue el menor deseo de ayudarle a usted a sacar la debida enseñanza de sus pasados errores o a corregir su ignorancia. Una vez ese alguien ha conseguido que usted tenga la sensación de ser malo o necio, será fácil convencerle de que no se le puede ayudar y está usted a punto para el «Lo siento, pero ya no me es posible hacer nada. Debió usted haber…». Y si usted lo admite, adiós, ya ha pasado a ser una estupenda víctima, caída por no haber reconocido la trampa que tan bonitamente, aunque quizá no deliberadamente, le tendieron. Es fácil castigar a alguien que de modo inconsciente se muestra de acuerdo en que ha de castigársele, y el «debería usted haber…» está diseñado precisamente para que uno crea eso.

«Debiste haber…» se emplea repetidamente con los niños, para que se sientan culpables y mantenerlos así dentro de la disciplina. «Si pensabas construir en el sótano tu jaula para conejos, Dennis, deberías habérmelo dicho esta mañana. Ahora es demasiado tarde, porque acabo de limpiarlo todo allá abajo y quiero que dure un poco así, arreglado.» Dennis sabe que ni por lo más remoto le hubiera sido posible adivinar cuándo iba su padre a meterse con la limpieza del sótano y comprende lo ilógico del «deberías haber». Pero al chico no le es posible utilizar su propia lógica frente al padre, que una vez ha emprendido aquel camino, recurrirá al enojo o a sus prerrogativas de persona mayor para imponerse a Dennis una vez más.

La única estrategia para eludir la trampa del «debería usted haber...» consiste en abstenerse de intervenir en el ritual, para concentrarse en lo que real y razonablemente puede hacerse en el presente. Cuando alguien le diga: «Lo que debiste hacer...», apresúrese a responderle: «¿Me propones que haga retroceder el tiempo para intentar lo que crees que debí haber hecho o podemos hablar de lo que verdaderamente puede hacerse en este momento?». Si, sencillamente, usted no puede apartar del gambito del «debería usted haber...» a alguien como el empleado recepcionista de Arthur y tiene que pasar por encima de él y entendérselas con un superior, a éste puede impedirle que empiece con el mismo juego, empezando usted por decir: «Trato de conseguir que me den la corriente eléctrica (o lo que sea) hoy, pero su subalterno sólo quiere hablar de ayer (la semana pasada, el año pasado)».

OTRAS TÁCTICAS CORRIENTES QUE SE EMPLEAN PARA MANTENER LA ATENCIÓN PROYECTADA SOBRE LO QUE YA NO TIENE ARREGLO

George Noel Gordon (Lord Byron), el célebre poeta inglés, escribió en cierta ocasión: Ninguna «saeta puede lograr que el reloj toque para mí las horas que ya han pasado». Sin embargo, eso es precisamente lo que individuos dispuestos a abusar de usted intentarán hacerle con multitud de sistemas que se concentran en la conducta pasada, de los que el del «debería usted haber...» es simplemente uno de los más comunes y eficaces. Se reseñan a continuación siete frases típicamente proyectadas sobre el pasado, que casi siempre se utilizan para conseguir que las personas se conviertan en estupendas víctimas y acepten su «castigo».

— *«¿Por qué lo hizo así?»*

Pedirle a usted que explique o justifique detalladamente su comportamiento pasado puede evitar de manera efectiva que el centro del debate se traslade al presente, donde podría servir de algo útil. Cualquier respuesta que usted formule encontrará desdén, desaprobación y un nuevo interrogante que le obligará a manifestarse aún más a la defensiva. Ándese con cuidado con el término mágico *por qué*; puede mantenerle en perpetua retirada.

— *«Si me hubiese consultado primero»*

Puede ser verdad que, si hubiese consultado antes a aquella persona, las cosas habrían salido mejor, pero también puede ser falso, porque tal vez la persona en cuestión no le hubiera dicho lo que le diría ahora (con la ventaja de haber visto ya el desarrollo de los acontecimientos). Es posible que sólo esté aprovechando una gratuita oportunidad de dárselas de bueno y enterado, a costa de usted. Y, además, es demasiado tarde ya para haberle consultado primero, de modo que si trata de ayudarle ahora con esa frase empleada corrientemente, a lo único que le ayuda en realidad es a que se sienta usted culpable por haber actuado sin consultarle... probablemente así puede proceder a embaucarle, mediante el sistema que le plazca, puesto que le ha «demostrado» que usted lo merece.

— *«¡Pero es que siempre lo hemos hecho así!»*

Esta hábil estratagema implica que, en cualquier momento en que se aparte de su «aceptada» conducta pretérita, deberá usted sentirse mal y admitir que no sólo ha violado los derechos de alguna otra persona, sino también los de usted mismo. (¿Qué derecho tiene *usted* a cambiar?) Si logran que reconozca usted que no debe hacer nada que no haya hecho antes, entonces se verá coartado para poner en práctica toda nueva norma de comportamiento, que siempre le pondrán en tela de juicio. ¿Correcto?

— *«Si lo dijo antes, ¿por qué no lo sostiene ahora?»*
Ésta es la lógica de lo perenne, que significa que, si conviene a los fines de una persona, ésta tratará continúe usted manteniendo lo que haya dicho alguna vez, incluso decenios después e incluso aunque usted, lo mismo que las situaciones, haya podido evolucionar o el mundo entero pueda haberse vuelto del revés. Pero si usted actúa de modo contrario a lo que dijo en determinada ocasión, le tacharán de inmoral, inconsecuente, desaprensivo, vil, falto de ética; elija o sustituya su opción por otra adecuada calumnia. Si pueden intranquilizar su conciencia porque usted ha cambiado, es muy probable que vuelva a ceñirse a lo que había dicho en principio, pese a que ahora haya cambiado de idea. Retorno que hará feliz al sojuzgador... ¡Feliz y eficaz!

— *«¡Si no hubiese hecho aquello!»*
Ésta es la «neurosis de revisión», mediante la cual usted se perjudica a sí mismo en el momento presente, a base de revivir pasados errores de juicio; literalmente se maldice a sí mismo por haber hecho algo de cierta manera. También puede autoavasallarse con lo contrario: «¡Si hubiese hecho esto!», que es igualmente necio. A todas luces, ahora es imposible haber hecho algo de modo distinto a como se hizo, y darle vueltas y vueltas en la cabeza al asunto no servirá más que para que uno malgaste sus momentos presentes.

— *«Vaya, precisamente ayer tuvimos un ejemplo similar al suyo»*

He aquí un truco que emplean a menudo las personas del sector de los servicios. Al decirle que se les ha presentado un caso similar al de usted, tratan de seducirle para que se muestre de acuerdo con ellos en que debe aceptar la porquería que le echan, porque «precisamente ayer» embaucaron a alguien para que la aceptase.

— *«¿Quién tuvo la culpa?»*

Por el procedimiento de recorrer retroactivamente todos los pasos de algo que salió mal y de atribuir la correspondiente culpa a cada uno de los que intervinieron en la pifia, quienquiera que lo desee puede mantener el centro del asunto al margen de la posibilidad de que se haga algo constructivo al respecto. Establecer culpabilidades por cosas que ya pertenecen a la historia, si no se hace con fines de remuneración financiera, es una pérdida inútil de tiempo. Si se determina que Herby tuvo un cuarenta por ciento de culpa, Michael un treinta y cinco por ciento y el veinticinco por ciento restante se divide en cuatro partes, ¿qué? Si se queda rezagado allí, en la pauta de descubrir culpabilidades, es posible que pierda la mayor parte de su vida distribuyendo culpas por cosas que ya no tienen remedio.

Al lado de las mismas siete frases, colocamos en la siguiente relación lo que puede usted esperar de una persona que no trata de avasallar.

Frase sojuzgadora	*Frase positiva*
¿Por qué lo hizo así?	¿Qué ha aprendido de hacerlo así?
Si me hubiese consultado primero.	Tal vez sería mejor que, en el futuro, me consultase primero.

¡Pero es que siempre lo hemos hecho así!	Usted es ahora distinto y me cuesta trabajo aceptar esto.
Si lo dijo antes, ¿por qué no lo sostiene ahora?	Me indujo a creer otra cosa, y ello me resulta penoso.
¡Si no hubiese hecho aquello!	Comprendo que me equivoqué y no voy a repetir el mismo error.
Vaya, precisamente ayer tuvimos un ejemplo similar al suyo.	¿En qué puedo servirle?
¿Quién tuvo la culpa?	¿Cómo podemos evitar esto en el futuro?

Los parientes emplearán frases coactivas como las anteriores para conseguir que usted se convierta en la persona que ellos quieren que sea. Los miembros de su familia las utilizarán para justificar el castigo que se apresten a infligirle o para impedir que los individuos rebeldes se desmanden demasiado. Usarán también esa táctica los comerciantes que quieren que usted pague y calle, así como los dependientes y empleados a los que se paga para impedir que usted siga adelante con sus propios objetivos a expensas de la firma a la que ellos sirven con tanto fervor. Los sojuzgadores despliegan tales procedimientos para eludir la lógica, para escapar al momento presente, para intimidar, manipular y salirse con la suya. En cuanto alguien con quien esté usted tratando saque a relucir una referencia al pasado, pregúntese si es coactiva o no y manténgase preparado para reaccionar en consecuencia. He aquí un ejemplo:

Hace unos años, Sam encargó a un agente, por teléfono, la compra de cierto número de bonos municipales y el agente le prometió que los recibiría en una fecha determinada. Los bonos llegaron una semana después de la fecha en cuestión y Sam se negó a aceptarlos. Por teléfono, el agente, que veía perderse una sustanciosa comisión, intentó convencer a Sam de que no podía hacer aquello, porque *debió haberle* llamado al comprobar que los bonos no llegaban a tiempo. De modo que Sam tenía que aceptarlos. «¿Por qué no me avisó?», repetía el agente.

La respuesta de Sam fue: ¿«Cree usted que era yo quién debía dar explicaciones? ¿De verdad considera que era a MÍ a quien correspondía llamarle, en vista de que *usted* se retrasaba en la entrega?

El agente no tardó en ceder y acabó con los bonos.

PUEDE CONVERTIRSE EN VÍCTIMA DE SÍ MISMO MEDIANTE EL PROCEDIMIENTO DE RECREASE EN SU PROPIO PASADO

Mientras otras personas están decididamente dispuestas a utilizar las referencias al pasado para manipularle según les parezca o convenga, usted también puede llevar a cabo un trabajo importante en ese terreno. Tal vez, como muchos otros, vive usted hoy sobre la base de creencias anteriores que ya ni siquiera se aplican. Es posible que se sienta atrapado por el pretérito, pero sin deseos de liberarse de él y empezar de nuevo.

Joanne, una paciente que acudió a mí en busca de consejo porque siempre estaba nerviosa y predispuesta a la ansiedad, me confesó que le resultó imposible pasar un solo día sin sentirse tensa. Me reveló que siempre estaba reprochando a sus padres el hecho de que su infancia, la de Joanne, hubiera sido infeliz. «No me concedían el menor asomo de libertad. Controlaban mi conducta continuamente. Fueron los culpables de la tremenda tensión nerviosa que padezco hoy, de la ruina en que estoy convertida.» Tales eran las lamentaciones de Joanne, incluso aunque ya tenía cincuenta y un años y sus padres habían fallecido. Continuaba aferrada a lo sucedido treinta y cinco años antes, de modo que ayudarla a liberarse de un pasado que ella no podía cambiar constituyó el objetivo principal de las sesiones de consulta.

A base de analizar lo estéril que resultaba odiar a sus padres porque hicieron lo que consideraban adecuado y de situar todas aquellas experiencias en el punto que les correspondía —en el pasado—, Joanne no tardó en aprender a suprimir la contraproducente idea de culpar a sus difuntos padres. Comprobó que, en su adolescencia, había tomado decisiones que permitieron a sus superprotectores padres trastornarla y que, si hubiese sido más enérgica durante la juventud, no la habrían avasallado tanto. Empezó a creer en su propia capacidad de ELECCIÓN, a darse cuenta de que había estado optando siempre por su desdicha y de que continuar con esa costumbre era autodestructivo. Al eliminar esas conexiones con un pasado que ella nunca podría cambiar, Joanne se liberó literalmente de su inquietud.

Cuando valore la influencia que el pasado ha ejercido sobre su vida, asegúrese de que no cae en la tentación de creer que el prójimo es responsable de lo que usted siente, hace o incluso deja de hacer hoy. Si usted es de los que se empeñan en echar la culpa de sus problemas actuales a sus padres, a sus abuelos, a los tiempos difíciles o a lo que sea, grábese en el cerebro esta frase: «Si mi pasado tiene la culpa de lo que soy actualmente y es imposible cambiar el pasado, estoy sentenciado a permanecer tal como me encuentro ahora». El hoy es siempre una experiencia flamante y uno puede adoptar ahora mismo la decisión de tirar por la borda todas las cosas desagradables que recuerde de su pasado y hacer de *este* instante un momento agradable.

La sencilla verdad acerca de sus padres es: *Hicieron lo que sabían hacer. Punto.* Si su padre era un alcohólico o le abandonó cuando usted era niño, si su madre era superprotectora o despreocupada, entonces es que no sabían hacer otra cosa en aquellas fechas. Sean cuales fueren las desgracias que le sucediesen en su juventud, es muy probable que usted se las presente como mucho más traumáticas de lo que fueron en aquel momento. Por regla general, los chiquillos se adaptan a todo (a menos que sea espantosamente debilitador) y no se pasan los días protestando o lamentándose de que sus padres sean así o asá. Suelen aceptar a sus familiares, las actitudes de sus padres, etcétera, tal como son, lo mismo que las condiciones meteorológicas, y se avienen a ello. Las maravillas del universo llenan su cabeza y disfrutan creativamente incluso en condiciones que otros llamarían desventuradas. Pero, en nuestra cultura, los adultos analizan con reiteración su pasado y rememoran experiencias terriblemente abusivas, muchas de las cuales ni siquiera vivieron.

Cuando recibo clientes que se preocupan de profundizar en el pasado para descubrir por qué se comportan hoy como lo hacen, les ruego que seleccionen dos o tres explicaciones de una lista como la siguiente, que las utilicen, si lo consideran necesario, y continúen luego con nuevas opciones actuales. Éstas son algunas de las más corrientes razones del pasado que la gente suele emplear para explicarse por qué son hoy como son. Después de emplear buenas cantidades de tiempo y dinero en terapia investigadora del pasado, la mayoría de las personas averiguan alguna de estas cosas.

Mis padres eran irresponsables.
Mis padres se inhibían demasiado.
Mi madre era superprotectora.
Mi madre velaba por mí menos de lo imprescindible.

Mi padre me abandonó.

Mi padre era demasiado riguroso.

Todo el mundo hacía las cosas por mí.

Nadie hacía nada por mí.

Yo era hijo único.

Yo era el mayor de...

Yo era el menor de...

Soy un hijo mediano.

Los tiempos eran realmente duros.

Las cosas eran demasiado fáciles.

Vivía en el suburbio.

Vivía en una mansión (palacio, casa grande, hotelito, etc.).

Carecía de libertad.

Tenía excesiva libertad.

Éramos demasiado devotos.

En mi casa no se practicaba la religión.

Nadie estaba dispuesto a escucharme.

No tenía intimidad alguna.

Mis hermanos y hermanas me odiaban.

Era hijo adoptivo.

Residíamos en una zona donde no había otros niños.

(Y así sucesivamente.)

Cualesquiera que sean las razones que usted elija, tenga presente que es un mito que haya interpretaciones *exactas* del pasado de alguien. Lo más que cualquier terapeuta, masculino o femenino, puede proporcionarle son sus suposiciones, que promoverán la autocomprensión de usted si cree que son acertadas. A decir verdad, lo provechosamente correcto no son las suposiciones o teorías, sino la circunstancia de que usted se sienta satisfecho. Si bien puedo asegurarle que desarrollará usted su penetración interior, que se formará una idea de sí mismo, al examinar su pasado, lo cierto es que esa penetración en sí misma no alterará el pasado *ni* el presente, y que culpar al pasado de lo que es usted hoy sólo servirá para que siga usted en su estancamiento.

La mayoría de los grandes pensadores olvidan el pasado, salvo en lo que se refiere a experiencia o historia susceptible de ayudarles, y viven totalmente en el presente, con un ojo puesto en la posibilidad de mejorar el futuro. Los innovadores no dicen nunca: «Siempre hemos hecho esto así y, por lo tanto, no podemos cambiarlo». Nunca. Aprenden del pasado, pero no viven en él.

En varias de sus obras, Shakespeare alude a la necedad de consumirse uno mismo con el pasado. En un punto, advierte: «Lo que ya ha pasado y no sirve de ayuda, no debe servir de aflicción». Y en otro de sus versos nos recuerda que «las cosas que no tienen remedio, tampoco deben importarnos ya; lo hecho, hecho está».

El arte de olvidar puede ser esencial para el arte de vivir. Todos esos espantosos recuerdos que tan cuidadosamente ha ido usted almacenando en su cerebro distan mucho de merecer que los rememore. Como dueño y señor de lo que se alberga en su cabeza, no tiene por qué elegir conservarlos. Desembarácese de esos recuerdos automutiladores y, lo que es más importante, abandone todos los reproches y aborrecimientos que abrigue hacia personas que no estaban haciendo más que lo que sabían hacer. Si le trataron de manera realmente horrible, aprenda de ellos, prométase no tratar así a los demás y perdone en el fondo de su corazón a tales personas. Si no puede usted perdonarlas, será que elige seguir lastimándose, lo que sólo va a procurarle mayor tiranía. Es más, si no olvida y perdona, será usted la única persona, lo subrayo, *la única persona* que sufrirá con ello. Cuando lo enfoque desde este punto de vista, ¿por qué va a continuar aferrándose a un pasado sojuzgador si la única víctima va a seguir siendo usted?

MANIOBRAS PARA DEJAR DE SER VÍCTIMA
A TRAVÉS DE LAS REFERENCIAS AL PASADO

Su estrategia básica para evitar las trampas para víctima orientadas hacia el pasado consiste en estar alerta, «verlas venir», y dar un rodeo, al objeto de no asentar el pie en las arenas movedizas. Una vez haya analizado la situación, la conducta enérgica y valerosa le conducirá hasta el final feliz. A continuación, exponemos algunas pautas para hacer frente a las personas que traten de arrastrarle hacia el paralizador lodo de las referencias al pasado.

— Cada vez que alguien le diga que tal cosa siempre se ha hecho de determinada manera o le recuerde el modo en que otros se comportaron en el pasado, táctica empleada con vistas a avasallarle a usted en el presente, pruebe a preguntarle: «¿Te gustaría saber si me importa lo que me estás diciendo ahora?» Esto desarmará cualquier opresión potencial antes incluso de que empiece a desarrollarse. Si ese alguien dice: «Está bien, ¿te importa?», limítese a responder: «No, lo que me interesa es hablar acerca de lo que puede hacerse en este momento».

— Cuando personas con las que tenga que tratar directamente empleen los «debería usted haber...», «precisamente la semana pasada», etcétera, a fin de no tener que escuchar lo que usted está diciendo, pruebe a alejarse a cierta distancia: cree un pequeño «retiro». Uno enseña a la gente mediante la conducta, no con las palabras, así que *demuestre* que está decidido a no hablar de cosas que pertenecen al pasado cuando alguien le salga con razones por las que usted debe convertirse en víctima ahora.

— Esfuércese en suprimir de su lenguaje coactivas referencias al pasado, de forma que no enseñe a los demás a utilizarlas con usted. Ponga buen cuidado en evitar los «Debiste haber...», «¿Por qué lo hiciste así?» y otras martingalas por el estilo, que sojuzgan a sus amistades y parientes. El ejemplo que dé usted indicará lo que solicita de los demás y, cuando pida que le ahorren esa clase de avasallamiento, no se encontrará con una «¡Mira quien fue a hablar!».

— Cuando alguien empiece con «Debería usted haber...», procure decir a esa persona: «Si puede conseguirme un billete de vuelta al momento de marras, tendré mucho gusto en hacer lo que usted dice que debería haber hecho yo. Pero si no puede...». Su «adversario» captará el mensaje de que está usted al cabo de la calle respecto a la trampa, lo que representa más de la mitad del camino hacia el triunfo. Alternativamente, puede usted intentar: «Tiene razón, debí haber...». Una vez se ha mostrado usted de acuerdo en eso, le corresponderá a su «contrincante» la responsabilidad de tomar la iniciativa con usted en el presente.

— Si alguien le pregunta por qué hizo usted algo de determinada manera, dele la mejor respuesta *breve* de que disponga. Si la persona argumenta que las razones de usted estaban equivocadas, puede usted mostrarse o no de acuerdo en el momento, PERO manifieste que creía que lo que se le solicitaba era *explicase* su razonamiento y no que justificara lo que hizo. Y, si es necesario, puede añadir: «Si no le satisface mi explicación de por qué hice aquello, tal vez le gustaría decirme por qué cree *usted* que lo hice, y entonces podemos hablar de los puntos de vista de usted en lugar de debatir los míos». Esta clase de enfoque directo, al grano, indicará a sus interlocutores que usted no va a sucumbir a las estratagemas sometedoras que suelen emplear.

— Cuando presienta que alguien está molesto con usted y utiliza típicos lazos de orientación hacia el pasado para manipularle, en vez de expresar lo que piensa de usted en ese momento, fuerce el asunto con: «Está decepcionado de veras conmigo en este instante, ¿no es cierto?», «Vaya, parece que está usted más enojado de lo que creí», «Tiene la impresión de que le he fallado y por eso está furioso». El foco de atención se desviará, para proyectarse sobre el auténtico problema, que es la preocupación actual de su interlocutor. Esta estrategia de «señalar» los sentimientos presentes desceba también las oportunidades de los demás para sojuzgarle.

— Si comprende que en una situación que se está tratando obró usted equivocada o desconsideradamente, no tema reconocer: «Tiene usted razón. La próxima vez no lo haré así». Decir simplemente que se ha aprendido la lección resulta mucho más eficaz que considerarse obligado a defenderse y revisar inacabablemente todo el pasado de uno.

— Cuando alguien próximo a usted —un compañero, un amigo al que aprecia— empiece a sacar a relucir un incidente del pasado de usted que es doloroso para esa persona y del que ya se ha hablado y discutido más que suficiente, trate de que la atención se concentre sobre los sentimientos de dicha persona, antes que dejarse dominar por los acostumbrados: «¿Cómo pudiste...?» o «¡No debiste...!» Si la persona insiste en sus repetidas andanadas de reproches, no responda usted con un torrente de palabras que sólo sirvan para intensificar la pesadumbre, es preferible que recurra a un gesto afectuoso —un beso, una palmada en el hombro, una sonrisa cálida y cordial— y luego se retire momentáneamente. Mostrar afecto y luego marcharse puede indicar a los demás mediante la conducta, que usted está con ellos, pero que no va a permitir que se le coaccione por el sistema de darle cien vueltas más a un asunto del que ya se trató anteriormente y que sólo puede terminar por herir los sentimientos propios o ajenos.

— Prometa aprender del pasado, en vez de repetirlo o hablar del mismo indefinidamente, y comente su resolución con quienes le consta a usted son sus opresores más importantes. Deje bien sentadas las reglas básicas que le gustaría quedasen entendidas a partir de ahora. «Vamos a dejar de machacarnos verbalmente el uno al otro con asuntos que ya pasaron a la historia y, cuando nos percatemos de que eso empieza a ocurrir, avisémonos el uno al otro.» Con su esposa o alguien similarmente próximo a usted puede incluso convenir con una seña, sin palabras, como tirarse levemente de la oreja, por ejemplo, para emplearla cuando se dé cuenta de que la coactiva referencia al pasado amenaza con aparecer.

— Cuando alguien empiece a hablarle de los felices viejos tiempos, de cómo hacía las cosas en su juventud o de cosas por el estilo, usted puede responderle: «Claro, como estuviste más tiempo entregado a ello, contaste con más tiempo para practicar y fortalecer los métodos de hacer las cosas ineficazmente, *así como* con más tiempo para aprender por experiencia. De forma que el hecho de que siempre hiciste de determinada manera las cosas no demuestra que yo deba parecerme más a ti y hacerlas también de ese modo». Una sencilla observación como esta participará al avasallador potencial que usted está ojo avizor en cuanto al gambito y que no rige su vida conforme a las normas por las que otras personas regían la suya.

— No acumule en su memoria demasiados recuerdos de cosas a fin de poder acordarse de ellas. Procure disfrutar del presente tal como viene. Y luego, en vez de consumir sus momentos futuros dedicado a la reminiscencia, puede concentrarse en nuevas experiencias agradables. No es que los recuerdos sean algo neurótico, pero la verdad es que sustituyen a momentos presentes más amenos. Compruebe lo que Francis Durivage escribió sobre el particular:

«Nos enseñaron a recordar; ¿por qué no nos enseñaron a olvidar? No existe hombre vivo que, en algún momento de su existencia, no haya admitido que la memoria era tanto una maldición como una bendición.»

— Esfuércese al máximo para eliminar sus propias lamentaciones acerca de cosas en las que nada puede usted hacer para que cambien... cuestiones como las que figuran en la lista relacionada anteriormente en este capítulo. Domínese cada vez que observe que estas quejas inútiles surgen en su cerebro o en su conversación, hasta que sea usted capaz de dejar la práctica de estas estratagemas autosojuzgadoras. Si lo considera necesario, anote diariamente sus éxitos en ese terreno, para tener constancia de los mismos.

— Perdone silenciosamente a todo aquel que crea usted que le agravió en el pasado y prometa no sacrificarse a sí mismo en el futuro con ideas perversas o de «venganza particular» que no harán más que lastimarle. A ser posible, escriba o telefonee a alguien con quien se negaba a hablar y reanude las relaciones. Guardar rencor sólo servirá para impedirle a usted disfrutar de muchas vivencias potencialmente provechosas, en su trato con los demás, porque en una o dos ocasiones ellos cometieron errores que le afectaron a usted. ¿Y quién no ha cometido errores de ese tipo? Y recuerde, si está usted molesto o perturbado por su conducta pasada, entonces ellos *todavía* siguen controlándole.

— Afánese activamente en lo que se refiere a correr riesgos —conducta enérgica, disposición al enfrentamiento con lo que sea— con tantas personas como sea posible. Reserve tiempo para comunicar a sus interlocutores qué es lo que opina ahora y explique, cuando lo considere necesario, que no va a continuar discutiendo cosas que ya no pueden cambiarse. Arriésguese con las personas o sea una víctima: a usted le corresponde elegir.

NOCIONES CONCISAS

Nuestros cerebros tienen capacidad para almacenar una increíble cantidad de datos. Aunque esto es una bendición, en muchos sentidos, también puede ser una maldición cuando nos encontramos llevando de un lado para otro recuerdos que sólo sirven para perjudicarnos. Su mente es personal e intransferible; dispone usted de una tremenda aptitud para expulsar de ahí todos los recuerdos sojuzgadores. Y con determinación y vigilante cuidado, también tiene usted facultades para contribuir a que los demás dejen de avasallarle.

4

EVITESE LA TRAMPA DE LA COMPARACION

En un mundo de individuos, la comparación es una actividad carente de sentido.

EXAMEN DE DIEZ PRUEBAS

Antes de empezar a leer el presente capítulo, cumplimente este pequeño cuestionario.

Sí No

—— 1. ¿Anhela a menudo parecerse a alguien a quien considera agraciado o atractivo?

—— 2. ¿Desea siempre enterarse de cómo han realizado otros pruebas que usted también efectuó?

— — 3. ¿Emplea términos como «normal», «corriente» y «medio» para definirse a sí mismo?
— — 4. ¿Dice a sus hijos (o a sí mismo) que no pueden hacer esto o aquello porque los demás no lo hacen?
— — 5. ¿Se afana en ser como todo el mundo a fin de encajar?
— — 6. Dice usted a los demás: «¿Por qué no puedes ser como todo el mundo?».
— — 7. ¿Le producen envidia los logros ajenos?
— — 8. ¿Establece sus objetivos personales basándose en lo que otras personas han conseguido?
— — 9. ¿Se da por vencido cuando alguien le dice: «Así es como se trata a todo el mundo, usted no va a ser la excepción»?
— — 10. ¿Tiene que ver lo que llevan los demás antes de decidir cómo va usted a vestirse o si se siente satisfecho de su apariencia?

Cualquier respuesta afirmativa indica que usted es víctima de un achaque muy corriente en nuestro mundo: la comparación personal con los demás para determinar cómo debe dirigir su propia vida.

Las personas necesitan una barbaridad de confianza en sí mismas para hacer un recuento de sus recursos internos, con vistas a determinar qué desean llevar a cabo, y cuando no disponen de esa autoestimación utilizan el único otro rasero que tienen a mano, la comparación con otras personas, que prácticamente todo el mundo está dispuesto a emplear, porque es de gran eficacia para mantener a la gente a raya. Para salir de la trampa de este constante comercio de la comparación, uno necesita desarrollar una fe en sí mismo lo bastante fuerte como para ponerla en vigor minuto tras minuto durante su vida, y preparar alguna de las estrategias perfiladas en este capítulo.

Pero antes tendrá que comprobar que resulta imposible ser como los demás y seguir siendo su propia persona. Ralph Waldo Emerson entendió esto mejor que nadie a quien yo haya leído. En *Self-Reliance* («Independencia») dice:

> Quienquiera que aspire a ser un hombre, tiene que ser inconformista. Quien desee reunir palmas inmortales no debe verse obstaculizado por el nombre de la bondad, sino que ha de comprobar que sea bondad. A la larga, nada es sagrado, salvo la integridad del propio cerebro de uno.

Palabras enormemente vigorosas, pero que no constituyen el más popular de los criterios. Por definición, el inconformismo no está aprobado por la mayoría de las personas, que, *como* mayoría, establece pautas con vistas al conformismo.

Aunque no recomendamos aquí el inconformismo espectacular simplemente por su propio interés, es desde luego importante que se observe usted atentamente a sí mismo y sus aspiraciones íntimas, y se dé cuenta de lo absurdo de regir su vida sobre la base de comparaciones con otras personas, si quiere evitar esta amplia e intensa variedad de dominio de mandos. Las personas interesadas en que sea usted como ellas, o como ellas quieren que sea usted, le recordarán insistentemente cómo hacen otros las cosas, al objeto de proporcionarle un sólido ejemplo que imitar. Resista sus sugerencias, así como la tentación de asomarse al exterior en busca de modelos.

ES USTED ÚNICO EN EL MUNDO

El primer paso para salir de la trampa de la comparación estriba en comprender que *usted sólo hay uno* y que eso lo lleva encima vaya a donde vaya. Como dice la vieja máxima, «Dondequiera que voy, allí estoy». Nadie es igual que usted, ni siquiera remotamente, en lo que se refiere a sus más íntimos y profundos sentimientos, pensamientos y deseos. Si acepta usted esta idea, entonces querrá examinar a fondo el motivo por el cual iba a imitar el ejemplo de alguien como razón para hacer o dejar de hacer algo.

Nuestra cultura está compuesta por personas (cada una de ellas única en sí misma) que con demasiada frecuencia se ven amenazadas por alguien que es distinto. Naturalmente, a menudo dirigimos la vista hacia el pasado histórico y contemplamos a personas cuya singularidad las hace importantes, por lo cual las elogiamos. Hay un entrenador de fútbol americano, por ejemplo, bastante popular, que en sus declaraciones públicas utiliza a Emerson como modelo. Sin embargo, cualquiera que estudie un poco a ese preparador y a Emerson comprende en seguida que Ralph Waldo no pasaría una hora en un campo de entrenamiento. Todo lo que dice el entrenador acerca de ser inconformista, de no tener héroes y de ser siempre uno mismo no acaba de estar de acuerdo con la actitud de prohibir a «sus» jugadores que hablen con la prensa, de entregarles pequeñas calcomanías de identificación para que las coloquen en los cascos como premio por haber actuado bien, de erigirse en portavoz de todos, etcétera, etcétera. De manera similar, personajes como Jesucristo, Sócrates, Gandhi, sir Thomas More, e incluso en época más reciente Harry Truman y Winston Churchill, sufrieron desdenes de sus contemporáneos por el disparatado individualismo que manifestaron, y luego, cuando ya no entrañaba ningún riesgo hacerlo, se les glorificó.

En nuestras aulas empleamos sistemas como «índices de norma» para decidir quien «encaja» y quien no. Utilizamos instrumentos regularizados para medir todo lo referente a las personas, en busca del sagrado «término medio». Frederic Crane dijo una vez: «La mediocridad encuentra seguridad en la uniformidad». No obstante, pese a todas las presiones que se ejerzan sobre usted y al recordatorio constante de que antes debe ser como las demás personas, nunca llegará a serlo. Continuará percibiendo, pensando y sintiendo según su modo único, propio y personal. Si comprende la motivación ajena inherente al empleo de referencias externas, cuyo fin exclusivo es controlar la conducta de usted y ejercer dominio sobre su persona, entonces puede poner coto a esta forma de sojuzgación.

EL CONCEPTO DE SOLEDAD EXISTENCIAL

Además de tener conciencia de que usted es único en este mundo, debe aceptar también que está siempre solo. ¡Sí, solo!

Nadie puede experimentar las sensaciones que usted experimente, tanto si le rodean centenares de miles de personas como si está haciendo el amor con una o se encuentra completamente a solas en un lavabo. Su inevitable «soledad existencial» significa sencillamente que su existencia humana está inevitablemente afirmada sobre su ser y nada más, con sus propios sentimientos y pensamientos únicos.

El hecho de reconocer su soledad existencial puede resultarle muy liberador o extraordinariamente esclavizante; todo depende de lo que usted decida hacer con ella. Pero, en uno u otro caso, nunca podrá cambiarla. Sí *puede*, no obstante, *optar* por convertirla en una experiencia liberadora, a base de hacerla trabajar para usted, y he alentado a muchos pacientes para que obren en ese sentido.

Considere el ejemplo de Ralph, ejecutivo de cuarenta y seis años que acudió a consultarme hace unos años.

El enfrentamiento de Ralph con su soledad existencial se había producido de pronto. Me explicó que una noche estaba sentado en el salón, contemplando a su esposa, la cual leía el periódico, completamente ajena al remolino de pensamientos que se agitaban en la cabeza de Ralph. De súbito, éste se vio asaltado por la extraña sensación de que aquella persona con la que llevaba casado veinticuatro años ni siquiera le conocía, que se encontraba sentada allí, en el salón, como una absoluta desconocida. Comprendió por primera vez que dicha persona jamás conocería los entresijos íntimos, los funcionamientos interiores de Ralph.

Era una sensación muy espectral y Ralph no sabía del todo qué hacer con ella, salvo pedir consejo. En nuestras sesiones iniciales experimentaba la impresión de que *tenía* que hacer algo al respecto, algo como divorciarse y huir. Pero cuando profundizó en el estudio de esta verdad fundamental relativa a lo que significa ser un ente humano, aprendió a contemplar su soledad fundamental desde una perspectiva totalmente distinta... una perspectiva liberadora, si se quiere. Puesto que su esposa nunca iba a poder sentir lo que él sentía, lo que Ralph estaba obligado a hacer era dejar de esperar que ella le entendiese y «estuviera con él» constantemente. A la inversa, comprendió que su esposa también se encontraba existencialmente sola, de modo que Ralph podía aliviarse de la carga de estar siempre intentando que ella y él formasen un solo ser y experimentar las sensaciones de ella, lo que le llevaba a un innecesario sentimiento de culpabilidad cada vez que fracasaba en ese empeño. Armado con esa penetración, pudo dar por concluida su búsqueda infernal, autocondenatoria para alguien que experimentase lo que experimentaba él, y seguir adelante, dueño ya de sus propios mandos. Pudo también suprimir las expectativas en cuanto a su esposa y quitárselas de encima.

Antes de que transcurriese mucho tiempo, Ralph se

sentía un hombre nuevo... todo gracias a que se había liberado del insensato intento de que alguien se integrase a él en el interior de su cuerpo y mente únicos.

Es importante observar que Ralph pudo haber convertido su percepción de la soledad existencial en todo un desastre, como hacen tantas personas, diciéndose que era prisionero de su condición humana y que nadie le comprendería jamás. Antes de acudir a mi consulta, se había lamentado exhaustivamente de que su esposa «no le entendía», y la repentina intuición de que en cierto sentido su mujer era una «extraña» pudo haber agravado ese comportamiento y conseguido que la situación pareciese desesperada. Pero cuando examinamos juntos la soledad existencial, Ralph se hizo cargo de lo inútil que resultaba pretender que alguien estuviese internamente con él, ya que si bien las personas pueden compartir muchas cosas y compenetrarse bastante, la pura verdad es que sólo epidérmicamente llegan a conocerse unas a otras. Sus entidades internas quedan rigurosamente fuera de límite, en virtud de su misma humanidad.

La soledad existencial puede ser fuente de gran fortaleza, así como dar origen a grandes problemas. Cada vez que le asalte la tentación de utilizar la vida de otra persona como modelo para gobernar la de usted, piense en esta frase de Henrik Ibsen, dramaturgo noruego del siglo XIX: «El hombre más fuerte del mundo es el que se encuentra más solo».

Puede interpretar esto ahora como una postura antisocial, egoísta, si así lo desea... o puede echar una buena mirada a lo que está dictado por los parámetros de su propia realidad. Lo cierto es que las personas que mayor impacto han causado en la raza humana, las que han ayudado a un número mayor de congéneres, son las que consultaron con sus propios criterios interiores, no las que hicieron lo que los demás les decían que era oportuno hacer. En este contexto, fortaleza significa ser capaz de poner fin a todo intento de que los demás experimenten lo que usted experimenta y de defender las creencias que usted alberga.

Volviendo a mi antiguo cliente Ralph: Aún recuerda aquel instante en el salón de su casa, que considera uno de los más trascendentales de su vida, porque no sólo le impulsó a ir en busca de asesoría y le proporcionó la libertad para suspender sus esfuerzos de toda la vida, aunque inútiles, encaminados a lograr que su esposa y sus hijos sintieran lo que él sentía, sino que también le facilitó la fortaleza para ser en adelante él mismo de una manera más vigorosa y positiva. Todavía cree que ningún hombre es totalmente una isla, susceptible de funcionar como ermitaño antisocial, pero ahora sabe, por haberlo experimentado, que interiormente somos islas de carácter único en nosotros mismos y que luchar a brazo partido con esa idea nos ayudará a todos en la tarea de tender puentes *a* los demás, en vez de servir para levantar barreras por el sistema de perturbarnos cuando veamos que los demás no son como nosotros.

EL DESTRUCTIVO ARTE
DE LA AUTOCOMPARACIÓN

Una vez haya conseguido las percepciones citadas anteriormente, tendrá que enfrentarse al hecho, muy probable, de que se haya convertido en un incondicional del juego de la autocomparación. Se trata de una enfermedad prácticamente universal, que aflige a todo el mundo, con excepción de los resistentes dotados de mayor firmeza. Las personas educadas en nuestra cultura siempre estamos asomándonos al exterior, en busca de indicaciones o modelos de comportamiento, y, en consecuencia, la «visión comparativa» dicta la mayoría de nuestros juicios. ¿Cómo sabe si es inteligente? Se compara con los demás. ¿Cómo averigua si es estable, atractivo, digno, feliz, próspero, satisfecho? Observando lo que hacen las personas que se mueven a su alrededor y comprobando luego qué punto le corresponde en la escala comparativa.

Puede incluso encontrarse en una situación desde la que no vislumbra alternativa alguna para juzgarse a sí mismo, salvo que se mida por los «patrones corrientes». Pero lo cierto es que está pasando por alto un barómetro mucho más importante para sus «automediciones»: *su propia* satisfacción con el estilo de vida que está desarrollando. Para valorarse a sí mismo no *tiene* que mirar al exterior de su persona. ¿Cómo sabe que es inteligente? Porque usted lo afirma y le consta que lo es, porque usted hace las cosas que quiere hacer. ¿Es usted atractivo? Sí, de acuerdo con sus propios cánones, que vale más establezca conforme a su propio criterio, antes de darse cuenta de que *ha optado* por aceptar la norma de atractivo fijada por otra persona... a costa *de usted,* en plan «sojuzgador».

El juego de la autocomparación es fatal porque, en su valoración de sí mismo, uno siempre está controlado por algo externo que, por su parte, uno posiblemente no puede regular. El mecanismo le roba a uno toda seguridad interna, ya que nunca es posible estar seguro de cómo le juzgarán los demás. Compararse puede resultar muy seductor, puesto que elimina todos los riesgos que comporta el estar solo. Y, naturalmente, se puede generar mucha más «aceptación» superficial comparándose con otros y esforzándose en parecerse más a ellos.

Pero uno puede convertirse también en una víctima extraviada y desvalida si emplea este método de gobernar su existencia. Tal vez uno sueñe secretamente con hacer algo «distinto»: vestirse con prendas de nuevo estilo o moda, salir con una pareja más joven o de más edad, o algo «que se salga de lo corriente». Si nadie más lo hace, entonces uno se encuentra atrapado.

Si al final se *encuentra* usted haciendo las cosas del mismo modo que las hacen muchas otras personas, desde luego no hay nada malo en ello. Pero si usted *tiene* que mirar a otras personas para decidir lo que debe hacer, entonces está concluyentemente atrapado en la trampa de la autocomparación. De nuevo, no tiene por qué ser inconformista en todas las ocasiones, sólo para demostrar que se niega a ser víctima. De hecho, un inconformista tan «compulsivo» resulta igualmente avasallado por los demás, tanto como el conformista, cuando observa el modo en que actúa el prójimo y luego se prepara adrede para hacer exactamente lo contrario. Utilice su propio «sentido común» interior cuando vaya a decidir lo que quiere, sin *necesidad* de ser como todo el mundo... aunque sólo sea porque usted es una persona única y no podría ser «igual que todos los demás», aunque realmente lo deseara.

El primer paso concreto para salir del laberinto del avasallamiento por autocomparación consiste en interrumpirse cada vez que se sorprenda a sí mismo empleando terminología comparativa: Como siempre, tome medidas prácticas para dominar sus propios malos hábitos, tanto si piensa para sus adentros como si está tratando con (y enviando señales a) los demás.

EL TODAVÍA MÁS DESTRUCTIVO ARTE DE DEJARSE COMPARAR

Si bien puede poner en seguida manos a la obra para eliminar sus destructoras costumbres comparativas y desarrollar normas interiores para evaluar su existencia, tal vez le resulte mucho más duro y difícil detener el incesante bombardeo de comparaciones opresoras que los demás descarguen sobre usted.

Es fácil abusar de las personas que están dispuestas a hacer cosas —o, mejor dicho, que les hagan cosas—, porque todos los demás actúan según *las reglas* que permiten tal tratamiento.

En muchos casos (probablemente la mayoría), es perfectamente adecuado que se le trate a usted lo mismo que a todos los demás. Pero cuando se le maltrata conforme a una «política» que debería ser lo bastante flexible como para no abusar de nadie, tropieza usted con una persona que sólo se sentirá a gusto si puede sojuzgarle.

Los empleados del mundo figuran entre los *más* adictos a aprovecharse así de la gente. Recordará usted que en el Capítulo 1 se dice que ¡UN EMPLEADO ES UN DESGRACIADO! (No la persona, sino el personaje, el papel.) Ello se debe a que a los empleados se les paga para que impongan las normas que sus patronos quieren que «todo el mundo» cumpla, así que para los empleados es una especie de instinto casi natural decir: «Mire a esa señora, no se queja», o «Aquí tratamos igual a todos». Pero no olvide que los empleados no son los únicos que utilizan estas tácticas.

La forma en que los empleados en particular tienden al empleo de la maniobra de la comparación con otros queda bien ilustrada por estos dos guiones que expongo acto seguido, los cuales muestran también el modo en que dos conocidos míos afrontaron la situación, se hicieron cargo de ella rápidamente y aplicaron la oportuna y triunfal estrategia:

— *La dama del snack.* Chuck entró en un snack y la camarera le hizo pasar por delante de un reservado vacío, para acomodarle ante una mesita minúscula, frente a una puerta de salida, con una silla de asiento durísimo, un picaporte que se le clavaba en la espalda y una corriente de aire que agitaba los hojaldres que Chuck había pedido.

Chuck dijo a la camarera que prefería sentarse en el reservado por delante del cual acababan de pasar. La mujer le informó que se destinaba a grupos de, naturalmente, más de una persona. Chuck insistió en sentarse en algún otro sitio. De modo que la mujer dijo: «Son nuestras normas, señor. Todos tienen que pasar por ellas. ¿Ve usted ese caballero de ahí? No se queja».

La mujer tenía razón. El tembloroso (de frío) cliente que estaba consumiendo heladas tortitas frente a otra puerta *no* se quejaba. Chuck declaró: «¿Y qué? Tampoco yo me estoy quejando. Me gustaría comer lo que estoy dispuesto a pagar acomodado ante una mesa más agradable. Si eso constituye un problema insoluble para usted, quisiera ver al gerente».

«No está.»

«Bueno, hay varios reservados libres. ¿Por qué tengo que estar incómodo?»

Chuck no deseaba perder los estribos y marcharse. Eso le hubiera convertido en una víctima todavía más vejada, porque estaba hambriento y no disponía de tiempo para ir a otro local. Y, si podía evitarlo, no deseaba trasladarse al reservado por su cuenta y forzar la jugada, ya que presentía que la camarera podía muy bien organizar una escena. Chuck tampoco estaba de humor para ofrecerle una propina. Así que decidió divertirse un poco y montar un número a base de ataque de nervios.

Continuó argumentando con la mujer, rogándola que fuera razonable, pero, en vista de que se tornaba cada vez más altanera, Chuck empezó a crisparse. El brazo inició unos espasmos «incontrolables» y se le contrajo la cara.

«¿Le ocurre algo, señor?»

De súbito, la dama del snack se vio sorprendida con la guardia baja.

«No lo sé», repuso Chuck, tartamudeante. «Cuando me pasan estas cosas, creo que me vuelvo loco furioso.»

Alzó un poco la voz y llamó un poco más la atención. Apareció milagrosamente un encargado.

«¡Por el amor de Dios, Alice, déjale que se siente en el reservado!»

Fin del estudio. En este caso, Chuck practicó sus dotes de actor, no perjudicó a nadie y disfrutó de sus hojaldres en un reservado cómodo. Al marcharse, dirigió a la camarera un guiño guasón y no dejó propina, sólo para no alentarla a emplear su comportamiento tiránico con otros clientes.

— *Sarah* iba un día en bicicleta, cuando observó un letrero que decoraba la luna del escaparate de una tienda de comestibles: «Zumo de naranja. Tres litros por un dólar». Era una buena oferta, así que echó pie a tierra y, minutos después, llegaba al mostrador de caja, con seis litros de zumo de naranja, que procedió a meter en dos bolsas, una dentro de la otra.

La cajera vio lo que estaba haciendo y anunció en tono de enojo: «Lo siento, querida, ni hablar de dos bolsas. Va en contra de nuestro reglamento».

Sarah replicó: «Vuestro reglamento no funciona en este caso. Verás, voy a llevarme esto a casa en bicicleta y, si no lo meto en dos bolsas, antes de llegar me habré puesto perdida de naranjada, además de regar toda la carretera».

La cajera se indignó más. Sarah pudo detectar que la empleada tenía ya la impresión de que lo que estaba en juego era su dignidad de persona: «¡Nada de bolsa doble!», insistió la cajera.

Sarah comprendía que el reglamento era importante y que debía cumplirse en el noventa y nueve por ciento de las ocasiones, para reducir el absurdo derroche de papel que se producía en Norteamérica, incluso aunque el establecimiento hubiese adoptado la medida sólo para ahorrarse dinero. Sin embargo, Sarah no estaba dispuesta a dejarse avasallar en aquella situación.

La cajera le recordó que nadie más cogía bolsa doble, de modo que ¿por qué iba a hacerlo ella? ¿Qué le inducía a creer que su caso era tan especial? (Incluso aunque Sarah se lo hubiese explicado ya razonablemente.) Y continuó machacando en lo que todo el mundo tenía que hacer. Así que Sarah le preguntó si había inconveniente en que pusiera tres litros en una bolsa y los tres restantes en otra, ¡y la cajera respondió que ninguno! Pero poner las mismas dos bolsas una dentro de la otra estaba prohibido.

Frente a aquel maravilloso ejemplo de lógica de empleado, Sarah pidió ver al supervisor, quien se percató en seguida de la necedad que estaba cometiendo la empleada. Y Sarah abandonó el local, con su paquete de bolsa doble. Evitó que se abusara de ella, pero la cajera no escapó a la sojuzgación. Estaba furiosa, golpeaba los objetos que tenía a mano, cuando Sarah salía del establecimiento... todo porque Sarah había decidido no dejarse atropellar por la estúpida interpretación de un reglamento, cuando las circunstancias pedían claramente que se hiciera una excepción.

En un número reciente de la revista *Time* se cuenta la anécdota de una ocasión en que el jugador de béisbol Joe DiMaggio fue a pedir aumento de sueldo. «Concluida mi cuarta temporada, pedí que me subieran a cuarenta y tres mil dólares y Ed Barrow, el administrador general, me dijo: "Joven, ¿se da cuenta de que Lou Gehrig, que lleva ya dieciséis años de ejecutoria, está jugando por sólo cuarenta y cuatro mil dólares?"». Ahí está, el recurso de la referencia a otro como excusa para la arbitrariedad. Una vez se acepte esa lógica, uno se puede ver perpetua y brutalmente sometido, sólo porque «a todos les ocurre lo mismo». La verdad es que los dictadores de primera sacan a relucir diestramente tal estrategia en cuanto les asalta la más leve sospecha de que pueden perder un elemento del control que poseen sobre uno.

Los empleados y otros funcionarios a menudo ejercen presión sobre otras personas, ajenas al asunto, para que les ayuden a imponer el cumplimiento de las normas establecidas por las empresas para las que trabajan. Si un rótulo prohíbe hablar y los hijos de usted o los de alguna otra persona están hablando, el «cabo de vara» le dirigirá a usted una mirada que significa: «¿Por qué no les obliga a cumplir la prohibición?». Pero si da la casualidad de que esa norma de silencio obligatorio es estúpida o está dictada sobre la errónea creencia de que los niños han de comportarse como adultos, entonces usted sería un cretino si se prestase a hacerla cumplir y colaborara así en la política opresora.

Hace poco, un día de invierno, John nadaba en la piscina al aire libre, con agua caliente, de un hotel en el que estaba hospedado. Un cartel indicaba que se prohibía chapotear y arrojar pelotas, aunque la superficie de la piscina estaba cubierta por miles de bolas de plástico para evitar que el calor del agua escapase y se perdiera en el aire frío. Cuando varios chiquillos, que ni siquiera eran de John, empezaron a jugar con las pelotas, a chapotear y salpicar, el vigilante le pidió a *él* que impusiera el respeto al reglamento. Por allí no había ningún otro adulto al que pudiera molestar el retozo de los mozalbetes, y hacer cumplir la prohibición del cartel no competía a John, de modo que replicó: «Personalmente, no *creo* que ese reglamento sea justo. En mi opinión, una piscina tiene que ser un sitio donde los niños puedan divertirse. Ni me molestan a mí, ni molestan a nadie más. Si quiere que dejen de entretenerse como lo están haciendo, métase usted en el agua y vaya a prohibírselo usted. Ni por lo más remoto voy a hacerlo yo». El vigilante se enfadó, tenía la equivocada idea de que John, como adulto o como huésped del hotel, estaba obligado a ponerse de su parte, en contra de los niños; pero el vigilante tuvo que meterse en la piscina y «cumplir con su deber».

John pensaba que los niños eran víctimas de un abuso, y eso iba en contra de *su* reglamento, de la política de John. De forma que fue a ver al director del hotel, le dijo quién era y manifestó que, según su criterio, aquella norma del establecimiento era necia en sí misma y el vigilante, al obligar su cumplimiento, actuaba de modo irracional. «Le garantizo», declaró John, «que no traeré aquí a mi familia, para que se hospede en este hotel, mientras continúe en vigor esa política. Piense en ello, también hay por esta zona otros hoteles en los que yo puedo hospedarme». Resultado: el director cambió las normas en aquel mismo instante. Se quitó el letrero y se aleccionó al vigilante de la piscina para que aplicase mejor su discernimiento, encargándose simplemente de que la clientela del hotel disfrutara de la piscina como le viniera en gana, siempre y cuando no se pusieran en peligro ni incomodaran a los demás huéspedes. Según comprendió el director, una medida adoptada en principio para complacer a los clientes, más bien parecía indisponerlos con el establecimiento y el hombre no estaba desempeñando allí su cargo para eso.

Una de las tácticas preferidas por las personas que tratan de someterle consiste en aludir a «la dama que estuvo aquí la semana pasada». Naturalmente, lo mismo podía ser «el hombre», «la pareja» o «la persona», pero, por algún motivo, «la dama» parece ser lo que consigue mayor eficacia. Si pone usted objeciones a la factura que le presentan, oirá en seguida todo lo referente a *la dama* que tuvo que pagar el doble, de forma que puede usted sentirse muy afortunado por lo barato que le sale. Si en una sala de fiestas no consigue usted una buena mesa, saldrá a relucir *la dama* que tuvo que sentarse en un rincón, junto a los servicios... lo que no fue óbice para que *la dama* disfrutara del espectáculo. Si los artículos que pidió usted le llegan con quince días de retraso, no faltará la mención de *la dama* que tuvo que esperar cuatro meses.

La gente sacará de su bolsa de víctimas a «la pobre dama» cada vez que quieran hacerle a usted sentirse culpable por pedir que se le trate decentemente. Ándese ojo avizor respecto a ella, porque cuando vea que se la presentan estará usted a punto de recibir una dosis de píldoras de víctima, para que se las trague con un cuento prefabricado.

Tal vez sea usted un empleado, o alguien en situación de sojuzgar a otras personas mediante el cumplimiento carente de sentido de normas que no tienen significado alguno en determinadas circunstancias. (El género humano todavía ha de idear la regla que en ningún caso necesite excepciones.) Indudablemente, usted puede hallarse a su vez avasallado por alguno de sus colegas, cuando se le tienta para que haga excepciones razonables. Su lamento es casi siempre el mismo: «Si lo hago, perderé el empleo», o sucederá alguna otra cosa horripilante. Naturalmente, esto no sólo es falso, sino que también ha constituido el alegato concluyente, a través de los siglos, empleado por los más infames autócratas de la historia.

No tiene por qué alzar la voz o complicarse emocionalmente para imponer el cumplimiento de las normas y, en términos generales, puede pasarlas por alto si considera que no deben aplicarse a la situación particular de alguna persona. Es decir, las ocasiones que exigen flexibilidad han de serle evidentes a su sentido común. No tiene que anunciar su «conducta de olvido indulgente» y se dará cuenta de que «hacer la vista gorda» resulta fácil cuando uno no pone en juego su dignidad a la hora de hacer cumplir todas las reglas en todo momento. Si se sorprende a sí mismo imponiendo el cumplimiento de normas que avasallan a otros, y eso no le gusta, pregúntese entonces, por ejemplo, por qué tiene que conceder más importancia a un empleo determinado que al concepto personal de su propia valía humana.

De encontrarse actualmente Emerson entre nosotros, muy bien podría repetir a cuantos se consagran al arte de la comparación y a la tarea de hacer cumplir reglamentos:

Toda naturaleza individual tiene su hermosura propia... y cada cerebro tiene su propio método. Un hombre de verdad no lo alcanza siguiendo reglas.

Si los «verdugos» habituales fuesen capaces de aplicar este razonamiento a sus propias vidas, no experimentarían la apremiante necesidad personal de «imponer el cumplimiento de las reglas». No quiero decir con esto que una persona que trabaje de empleado o empleada no pueda tener personalidad propia y ser dueña de ella. No es eso. Lo que ocurre es que las funciones de empleado exigen con tanta frecuencia que quien las desempeñe sojuzgue a otras personas, que tales puestos de trabajo suelen atraer a individuos deseosos de estimular su ego mediante la imposición al prójimo del cumplimiento de «las normas». Muchos de esos individuos son empleados durante toda su vida.

Por otra parte, son numerosas las personas que ejercen esa profesión con el exclusivo objeto de obtener experiencia, dinero o lo que sea y no identificar su valía, su dignidad personal con la tarea de hacer cumplir reglas arbitrarias. Son empleados discreta, sosegadamente eficaces y saben mirar hacia otro sitio cuando es razonable hacerlo. Si, para ganarse la vida, trabaja usted en el sector de los servicios, recuerde que es a usted a quien le corresponde determinar la clase de funcionario que desea ser.

He observado últimamente a un caballero que se contrató como guardia escolar de tráfico en un cruce de gran movimiento circulatorio por el que paso bastante a menudo. No se me ha escapado el detalle de que le gusta esperar hasta que ve aproximarse vehículos antes de permitir que los niños atraviesen la calzada... incluso aunque los chicos se apelotonen en la acera mientras por la calzada no pasa un solo coche. Cuando éstos se acercan, el hombre se coloca en mitad de la calle y ejerce su

poder obligando a los vehículos a pararse, a fin de que
crucen los chiquillos. Es el clásico ejemplo del funcionario que mide su dignidad personal por el mando que
su empleo le proporciona sobre los demás. Naturalmente, sojuzga a los conductores imponiéndoles demoras innecesarias, pero es muy probable que ésa sea la
única fuente de autoridad sobre los otros que tenga su
vida. A decir verdad, poco es el daño que se origina,
pero el ejemplo es claro. Cuando una persona se considera importante por el hecho de ejercer cierta potestad
sobre usted, o sobre alguien, puede usted apostar a que
esa persona hará cuanto pueda para convertir ese ejercicio en algo habitual. Si aborda a ese guardia urbano del
cruce y le indica que está causando inconvenientes innecesarios a los automovilistas al obligarlos a detenerse,
cuando muy bien puede acompañar a los niños a cruzar
la calle en los momentos en que no hay tránsito, lo más
probable es que el hombre se apresure a replicarle: «Todos se paran y nadie se queja, salvo usted. ¿Qué le ocurre? ¿No le gustan los niños?». Como de costumbre,
salen a relucir las referencias a los demás y los alegatos
absurdos, que el hombre emplea, consciente o inconscientemente, para apartar de *su* conducta el quid de la
cuestión y convertirle a usted en víctima.

OTRAS TRAMPAS DE COMPARACIÓN
CORRIENTES

Veamos a continuación algunas frases más, de las
utilizadas con mayor frecuencia para someterle a uno
mediante el procedimiento de enfocar la cosa sobre otras
personas. Advierta las que emplea usted a menudo o
las que usan los demás para impedir que alcance usted
sus objetivos.

— *¿Por qué no eres como...?*

Se trata de una invitación para que uno se desagrade a sí mismo y sucumba a la sojuzgación, porque uno no se comporta como el «modelo» que representa alguna otra persona. Este truco es particularmente eficaz cuando lo pone en práctica una figura con autoridad, a fin de controlar a sus «subordinados»: dependientes, funcionarios, niños, etcétera.

— *¡Eres el único que se queja!*

Táctica que emplea alguien que aspira a mantenerle a uno en la misma condición en que se encuentran «todos los demás», los excesivamente pusilánimes para hacer valer sus derechos.

— *¿Qué pasaría si todo el mundo se comportase como tú?*

Los opresores tratarán de conseguir que uno se sienta avergonzado de sí mismo, a base de acusarle de fomentar la anarquía en el mundo si uno exige sus derechos. Naturalmente, uno sabe que no todas las personas romperán lanzas en su propia defensa, pero incluso aunque lo hiciesen, el mundo sería un lugar mucho mejor, puesto que nadie atropellaría al prójimo con el abuso de abstractas cuestiones morales como «¿Qué pasaría si todo el mundo...?

— *Deberías sentirte satisfecho con lo que tienes.*

Este hábil mecanismo comparativo en tono menor suele ir acompañado de algo como «Tus abuelos nunca llegaron a tener nada de eso», o «En los países del Tercer Mundo hay niños que pasan hambre» y está engendrado para crear sentimiento de culpabilidad —porque uno desea lo que cree que merece—, sobre la base de lo que otros no tuvieron en el pasado o no tienen ahora. Esta técnica implica que uno no debe nunca presentar reivindicaciones personales, en su situación particular, porque otras personas, en otra situación, tuvieron o tienen dificultades. Si uno permite que le infundan el sentimiento de culpabilidad por cosas en las que uno no ha tenido arte ni parte y respecto a las cuales nada puede hacer, el avasallador habrá demostrado que uno no tiene derecho a nada que no poseyeran sus abuelos, de lo que no disponen ahora los habitantes del Tercer Mundo, etcétera.

— *¡No me vengas con semejante escena! Me estás violentando.*

Ardid al que se recurre para que, en vez de comportarse con efectividad, la gente actúe de manera autopunitiva, sólo porque el otro interlocutor no soporta los careos en público. Se emplea especialmente para enseñar a los jóvenes a que pongan más atención e interés en lo que piensan los demás... cosa que, en definitiva, contribuye a que desconfíen de sí mismos, tengan un bajo nivel de amor propio e incluso busquen tratamiento terapéutico.

— *¿Por qué no puedes parecerte más a tus hermanos?*

La comparación incesante con los hermanos produce mayor número de personas de vida adulta desasosegada que cualquier otro de los demás sistemas de parangón. Los niños no pueden desarrollar sentido de la individualidad y de la propia valía cuando se espera de ellos que sean igual que los otros miembros de la familia. Cada persona es un ente único y como tal hay que tratarla.

— *No lo quieren así. Eso no lo permiten. Así es como quieren que se hagan las cosas. Etcétera.*

Tenga cuidado con el mágico, implícito y en este caso ambiguo pronombre «ellos», que surge cuando los dictadores quieren darle a uno la impresión de que cierta autoridad omnipotente ha decretado las condiciones en que se supone uno ha de vivir. Si el que habla no puede determinar quienes son esos *ellos*, entonces, que uno sepa, tales *ellos* no existen... ¡por lo que resultaría más bien estúpido vivir según las reglas de *ellos*!

— *Esto es lo que Dios quiere que haga.*

Hay muchas personas que creen tener línea directa especial con Dios, y cuando eso las conduce a abusar de los demás, sólo es el modo que tiene Dios de decir a los otros: «Mala suerte para ti». En la edición del *Miami Herald* correspondiente al sábado 12 de diciembre de 1976 se citan unas declaraciones del preparador del equipo de fútbol americano New York Jets, en las que el hombre explicaba a la prensa por qué no iba a cumplir los últimos cuatro años del contrato y obligación legal que había firmado. «No puedo entregar mi corazón en pro del fútbol. Dios no puso a Lou Holt en esta tierra para eso.» De modo que, tras afirmar que era la voluntad de Dios, procedió a aceptar otro empleo en otro punto del país. No deja de intrigarme el que los preparadores de fútbol americano crean que Dios tiene tan poco que hacer que se dedica a preocuparse de quién entrena este o aquel equipo.

VARIAS ESTRATEGIAS PARA SUPERAR LOS INTENTOS DE HACERLE A USTED VÍCTIMA POR COMPARACIÓN

Lo mismo que en lo que se refiere al empleo de otras directrices presentadas en este libro, la estrategia de usted requerirá que se haga perfecto cargo de sus situaciones, evite que le pillen desprevenido y se encuentre preparado para la oportuna contraofensiva que desactive cualquier esfuerzo para convertirle en víctima. He aquí algunos tipos de técnicas que habrá de tener presente cuando trate con personas de las que intentan utilizar la comparación con los demás para impedirle a uno alcanzar sus objetivos o manipularle con vistas a que uno haga lo que ellas quieren.

— En toda confrontación en la que alguien saque a relucir el caso de otras personas a las que hizo objeto de arbitrariedad y aspire a que usted siga el mismo ejemplo, recuerde que tales comparaciones nada tienen que ver con usted como persona. Niéguese a dejarse perturbar y estará en el buen camino para rehuir esos a menudo insultantes esfuerzos de avasallamiento.

— Cuando le presenten el ejemplo de alguna otra persona como razón por la cual usted debería hacer algo que no le gusta, pruebe a preguntar: «¿Cree que puede importarme algo el caso de un cliente que tuvieron la semana pasada?». O bien: «¿Qué interés puedo tener en enterarme del modo en que se desarrollaron las relaciones que mantuvo usted con otra persona?». No se achique, no se prive de formular tales preguntas: Su opresor está dispuesto a pedir de usted mucho más.

Procure interrumpir a la gente en cuanto saquen a colación comparaciones destinadas a utilizarse contra usted. Limítese a decir: «Un momento. Está usted empleando el ejemplo de otras personas como razones por las cuales *yo* debo ser o comportarme de cierto modo, pero da la casualidad de que no soy ninguna de esas otras personas». Tal enfoque directo, yendo al grano, aunque usted no esté acostumbrado a él, debe emplearlo por mucho que le tiemblen los entresijos internos. Después de haberlo probado varias veces, descubrirá que los enfrentamientos le resultan más fáciles y comprobará que una vez los habituales dictadores se convenzan de que usted está dispuesto a plantarles cara, abandonarán sus inútiles esfuerzos. Recuerde que sólo lo hacen porque les da resultado. En cuanto la cosa deje de funcionar, se abstendrán de hacerlo.

— Ejercítese empleando frases que empiecen por «tú» o «usted», cuando se encuentre en tales situacio-

nes. «¿Tú crees que debo parecerme más a Sally?».
O bien: «¿Usted cree que debería hacer las cosas del
mismo modo que las hacen los demás?». Al empezar con
el «tú» o el «usted», comunica la idea de que no concede carácter subjetivo a los esfuerzos de su interlocutor
y de que usted tiene plena conciencia de lo que él o ella
están diciendo. Pronuncie tales frases en un tono que manifieste la incredulidad y asombro que le produce el que
la persona en cuestión pudiera pensar semejantes cosas.

— Si todo lo demás falla, practique el sistema de
hacer caso omiso de las referencias a otros. Esta táctica
es particularmente eficaz con los miembros de la familia.
Si usted guarda silencio cada vez que alguien le dice que
debería hacer las cosas como las hacen los demás, es
harto probable que su mutismo pase inadvertido. Cuando le pregunten, responda que, como lo ha intentado
todo, infructuosamente, para conseguir que dejen de
manipularle por el procedimiento de la comparación,
acaba de decidir abstenerse de reaccionar ante la insistencia. Es posible que se muestren ofendidos (como táctica para que usted ceda en su resistencia), pero también
habrán captado el mensaje.

— También puede usted volver por pasiva esa estrategia; por ejemplo: «¡Hombre, me alegro de que cite
usted a *la dama* que la semana pasada no se quejó, porque precisamente quería hablarle del mecánico que la semana pasada me cobró menos que usted!». O bien: «Si
sigues empeñándote en decirme que debería ser un modelo de buen gusto como la prima Liz ¡no voy a tener
más remedio que contestarte que tú deberías ser tan
generoso como tío Harry!». Transcurrirá muy poco tiempo antes de que su avasallador se percate de lo inteligen-
temente que domina usted el juego.

— De modo más específico, puede usted precisar
explícitamente lo que su potencial sojuzgador está haciendo y demostrarle que sabe usted lo que él siente:
«Estás un poco trastornado y me comparas con otra per-

sona para que deje de hacer algo en lo que *creo*». Un comentario tan directo como éste, que da de lleno en el clavo, expresará claramente que usted no tiene condición de víctima y abrirá el camino para la franqueza, para que se renuncie de una vez a las evasivas y a las comparaciones sin sentido.

— Dé por concluido el diálogo con sojuzgadores del tipo de empleados o funcionarios en cuanto repare en que no quieren o no pueden ayudarle, o sea, tan pronto se dé usted cuenta de que insisten en que ha de tratársele a usted por alguna de las pautas de «ellos», «todo el mundo», «la dama», «el reglamento», «las normas», etcétera. Sin continúa usted la conversación, aunque sólo sea un segundo después de haber comprendido la jugada, no conseguirá más que hacer más profundo el pozo del que salir. Si está usted hablando con un abogado, un gestor o agente de contribuciones, un médico o quienquiera que sea y se da cuenta de pronto que sabe usted más que el supuesto «especialista», despídale cortésmente y diríjanse a alguien que pueda responder a sus preguntas o serle de ayuda. Si no es usted capaz de salir de las situaciones en que considera que debería hacerlo, acabará casi siempre convertido en víctima de las intenciones de los demás, sean éstos decentes o deshonestos.

— Cuando se enfrente a un dictador potencial que utilice comparaciones, pregúntese: «¿Qué quiero sacar de este encuentro?», en vez de: «¿Qué diablos se cree este individuo, venir a decirme que debo ser como Zutano?» Mediante esta clase de monólogo, usted estará al acecho de sus oportunidades y no en disposición de dejarse dominar por el furor ante la táctica que observa. Una vez haya determinado qué es lo que quiere, puede afanarse en conseguirlo, cosa que será preferible a concentrar su atención en la conducta del sojuzgador.

— Precise siempre las necesidades del avasallador potencial, mientras se evade de las trampas comparativas. Pregúntese: «¿Necesita (él o ella) sentirse poderoso, comprendido, importante, respetado?». Si vislumbra usted algún medio para que la persona obtenga algo del encuentro, para «salvar la faz», entonces dispondrá usted de mejores oportunidades de librarse del abuso. Si tropieza con un hotelero, jefe de comedor, etcétera, en el que aprecia usted claramente los síntomas de que necesita sentirse importante, puede formular un comentario acerca del trabajo que debe representar para él conseguir que todo vaya sobre ruedas (observación mediante la cual transmite que espera que también marchen las cosas sobre ruedas para usted). Si el primer contacto es alentador y da pie para seguir la charla en plan intrascendente·o personal, pruebe a preguntarle cuánto tiempo hace que se dedica a aquella ocupación. (Si es un período breve, sin duda ha aprendido muy deprisa; si lleva muchos años... bueno, entonces ha adquirido una barbaridad de experiencia.) Cuando uno logra captarse la simpatía de la gente, ésta se encuentra mucho más dispuesta a servirle y mucho más reacia a avasallarle.

— Si alterna con determinadas personas que habitualmente tratan de dominar su voluntad a través del método de las comparaciones y las referencias alusivas a otros, seleccione un momento en que no se sienta alterado por el modo de comportarse de esas personas y trate la cuestión con calma. Pídales que profundicen en ella. Un ruego tan sencillo, en instantes neutros, suele ser más efectivo que vociferar y ponerlos verdes, impulsado por el furor, actitud que enseña a los otros a «compararle» todavía más, dado que les demuestra que con esa táctica le controlan.

— Ponga en práctica alguna otra reacción «por sorpresa», de su propia cosecha, que puede acompañar con una sonrisa, actuando sin temor, cuando se percate de que está en marcha el intento de abuso por comparación. «Me compara con alguien al que no conozco y que ni siquiera está aquí para ratificar lo que usted dice. Si no puede usted tratar conmigo aquí y ahora, vaya a ver a la persona de la que está hablando y rememore con ella lo que le parezca. ¿Pero por qué me explica a mí todo eso?» Puede probar también con declaraciones específicas como: «¡El reglamento no sirve en este caso!», o con comentarios de tipo más general, como: «La mediocridad florece en la uniformidad». Aforismos sentenciosos de esa índole, que usted mismo puede acuñar, son excelentes herramientas desactivadoras, susceptibles de parar los pies en seco a su interlocutor, provocar el descarrilamiento del tren de ideas dominadoras que conduzca y ponerle a usted al mando de la conversación.

— Si adivina que alguien está poniendo en práctica con usted estratagemas tiránicas, no vacile en interpretar sin miedo un número teatral de su propia creación. Recuerde el «ataque de nervios» de Chuck frente a la dama del snack. Si alguien insiste en que se conduzca usted como alguien que no es, puede usted complacerle «representando» el papel de cualquier persona que usted desee... que, en su caso particular, puede ser quienquiera que consiga los resultados que usted pretenda. «Representar» es una de las artimañas que usted lleva en la mochila, para sacarlas a relucir cuando le apetezca divertirse un poco y porque resultan cuando se emplean con moderación.

— No olvide reportarse cuando se encuentre en la situación de dictador. El mejor sistema consiste en escucharse mientras habla y detener las comparaciones antes de que salgan de su boca, a fin de no robustecer ese comportamiento en quienes estén cerca de usted. Elimine las frases del tipo «procura ser como ella (él)». Cuando hable con los demás, desembarácese de *la dama* y todas sus oprimidas conexiones. Deje de pedir a los hijos que sean como su hermano o su hermana y trátelos como personas independientes y únicas. Abandone la costumbre de utilizarse usted mismo como referencia para los demás. Suprima las frases: «Cuándo te he hecho eso yo a ti? o «Si yo no hago esas cosas, ¿por qué vas a hacerlas tú?» No dé a los demás la oportunidad de decirle: «Bueno, pues tú me lo hiciste a mí». Si *usted deja de hacerlo,* esa tonta excusa se evaporará también.

— Persevere en sus esfuerzos para evitar que se le compare con otros. No mencione sólo una vez los habituales trucos avasalladores y luego abandone. Manténgase firme mientras sea necesario transmitir el mensaje. Su perseverancia se verá recompensada.

— Deshágase de todos sus ídolos o de los modelos que representan para usted otras personas cuyo ejemplo de vida quiere imitar. Sea usted su propio héroe. No aspire a ser como ninguna otra persona. Aunque nada tiene de malo admirar las proezas de los demás, debe usted tener presente que son o fueron tan únicas como usted. Si desea siempre ser como otra persona o duplicar sus hazañas, entonces facilitará la tarea a los sojuzgadores, que utilizarán esa o esas personas como referencia cuando deseen que usted vuelva a someterse a la disciplina.

— Tal vez lo más importante: Procure arreglárselas para que todas sus relaciones con los demás sean experiencias divertidas, felices y estimulantes, y no batallas campales en las que usted pone en juego toda su humanidad. *Páselo en grande* comprobando hasta qué punto puede usted ser eficaz. Si alcanza el éxito en ello, sin invertir en el proceso toda su propia dignidad, su éxito será todavía mayor en cuanto a eliminar de su cráneo la impronta de víctima. Por otra parte, si pasa por la vida esforzándose ímprobamente para avanzar y una adusta seriedad preside todas sus relaciones, se manifiesta usted como persona acostumbrada a que abusen de ella: «No hace más que buscárselo». La gente que no se aplica con tanta intensidad, que se relaja y disfruta, es con mucho la más eficiente en lo que hace. Observe la facilidad con que un campeón patentiza su destreza. Ello es consecuencia, principalmente, de haber conferido naturalidad a sus técnicas, de no forzarse nunca a sí mismo, de no dejarse dominar por la sensación de que «tiene que triunfar». Por regla general, cuando los campeones se tornan tensos y afanosos, pierden terreno, pero cuando se lo toman con calma, lo ganan.

IDEAS FINALES

Albert Einstein declaró una vez: «Los grandes espíritus siempre han tropezado con violenta oposición por parte de las mentes mediocres». Una verdad como un templo. Si uno quiere alcanzar su propia grandeza, escalar sus propias montañas, tendrá que utilizarse a sí mismo como primero y último asesor. La única alternativa consiste en atender la violenta oposición de prácticamente todos cuantos aparezcan en su camino.

Las masas siempre le compararán con los demás, puesto que es el arma de manipulación que tienen para imponer la conformidad. La postura antisometimiento conlleva para uno la inflexible negativa a emplear otras personas como modelo para uno mismo, así como el aprendizaje de la manera de desactivar los esfuerzos sojuzgadores de otros para compararle y controlarle a uno.

5

TORNARSE DISCRETAMENTE EFECTIVO Y NO ESPERAR QUE «ELLOS» LLEGUEN A ENTENDERLE

Las relaciones cordiales «funcio-nan» porque no requieren «funciones».

EXAMEN DE DOCE PRUEBAS

Nunca ganará si tiene que demostrar que usted es el ganador. De eso se trata en este capítulo sobre la forma de ser discretamente efectivo en sus aspiraciones en la vida. Las respuestas que dé al cuestionario que se presenta a continuación le indicarán hasta qué punto es usted discretamente efectivo en este momento.

Sí No
— — 1. ¿Se altera o perturba cuando no logra convencer de algo a otras personas?

— — 2. ¿Tiene que anunciar sus proezas a los demás?

— — 3. ¿Tiene que contárselo a los demás cada vez que derrota a alguien en algo?

— — 4. ¿Se siente fácilmente ofendido por la conducta o lenguaje de otras personas?

— — 5. ¿Le cuesta mentir, incluso en las ocasiones en que sería más razonable y práctico hacerlo?

— — 6. ¿Le resulta arduo o penoso reivindicar, sin sentirse culpable, sus necesidades de intimidad?

— — 7. ¿Se deja abrumar por el temperamento desabrido de otras personas?

— — 8. ¿Se sorprende a sí mismo diciendo o pensando, en excesivas ocasiones: «Él (ella) no me comprende»?

— — 9. ¿Considera que el sufrimiento es natural y que se da por supuesto que usted ha de sufrir en este mundo?

— — 10. ¿Le resulta difícil apartarse de las personas que le parecen importunas, como borrachos o charlatanes embaucadores?

— — 11. ¿Da usted muchas explicaciones y le fastidia tener que hacerlo?

— — 12. ¿Dedica grandes cantidades de tiempo a analizar sus relaciones con parientes y amigos?

Las respuestas afirmativas señalan zonas de sometimiento que usted puede esforzarse en eliminar. Si tiene que dar explicaciones a los demás, al objeto de hacerse entender *constantemente,* o si siempre está tratando de demostrar su valía, mediante actos y palabras, a las otras personas, entonces es usted víctima de la enfermedad del «no ser discretamente efectivo».

TORNARSE DISCRETAMENTE EFECTIVO

¿Qué significa ser discretamente efectivo? El término que se subraya aquí es *discretamente*, puesto que en otros apartados de este libro ya hemos expuesto con bastante detalle el significado de ser efectivo. Ser *discretamente* efectivo significa que uno no tiene que explicar con pelos y señales sus triunfos a los demás para que tales triunfos le resulten significativos a uno mismo. Aunque en muchos casos es conveniente referir al prójimo sucesos de la vida personal de uno, se convertirá usted en víctima si NECESITA informar a los demás antes de sentirse usted satisfecho. Una vez introduzca en su vocabulario la palabra *necesidad*, estará usted a merced del reconocimiento de usted por parte de las otras personas... en cuyo caso, si por los motivos que sean, esas otras personas se niegan a reconocer la valía o las proezas de usted, se derrumbará y ellas acabarán por hacerle bailar al son que quieran.

Ser sosegadamente, discretamente eficaz significa también que no tiene usted que insistir machaconamente en sus triunfos para obligar a sus compañeros a que se enteren de ellos. Si obra de ese modo, se encontrará con que los demás toman represalias y procurarán frustrarle de un modo u otro. La clave más importante para ser discretamente efectivo reside en lo que experimenta usted acerca de sí mismo. Si tiene usted confianza en sus propias fuerzas, entonces le bastará con complacerse a *sí* mismo, puesto que el yo al que complace es benemérito. Pero si usted carece de autoestima, entonces buscará en otros una comprobación de esa estima, y ahí es donde usted se encuentra en dificultades. Una vez *tiene* usted que conseguir ese fortalecimiento desde fuera, se está ofreciendo voluntario para adquirir la condición de víctima.

Un ejemplo típico de persona «estrepitosamente ineficaz» era Daryl, un brillante paciente de mis sesiones de orientación, de cerca de cuarenta años, que había perdido su empleo varios años antes, cuando quebró la empresa en que trabajaba. Acudió a mi consulta porque no llegaba a ninguna parte en la búsqueda de empleo e incluso se le anunciaban dificultades para conseguir sustento. Como él señalaba: «He sido incapaz de establecer los contactos adecuados y me temo que voy a pasarme la vida buscando».

En las sesiones de orientación pronto se hizo evidente que Daryl no tenía rival en el mundo a la hora de sacar a relucir nombres de personas importantes con las que había alternado. Le resultaba prácticamente imposible pronunciar unas cuantas palabras sin citar sus relaciones con este o aquel influyente pez gordo, contactos que en su mayor parte sólo existían en la imaginación de Daryl. Éste se vanagloriaba también de sus hazañas, ante todo el mundo, y cuando no realizaba gran cosa, procedía a inventarse más historias. En resumen, a Daryl le costaba un trabajo ímprobo guardarse las cosas para sí o tener conciencia de su sentido del orgullo interior. Para sentirse «realizado» y a gusto, necesitaba que otros le reconociesen.

Cuando Daryl empezó a darse cuenta de la necesidad de ser importante a los ojos de los demás, comprendió que ello tenía su origen en una verdadera sensación de inutilidad, que procedía a su vez de la circunstancia de haberse quedado sin empleo y de considerarse persistentemente un fracasado. Había estado tan convencido de que su valía dimanaba de su ejecutoria, que cuando dejó de ejercer, porque la *empresa* —su patrono— quebró, Daryl supuso que esa valía se le eclipsaba. Trató entonces de compensar tal pérdida mediante el sistema de demostrar a todo el mundo «lo importante

que él, Daryl, era». Pero todos le adivinaba[...]
y Daryl se convirtió en víctima de la baja [...]
que tenía de sí mismo. Cuando citaba el [...]
algún gran personaje, los conocidos se limitaban a escucharle como el que oye llover. Cuando fanfarroneaba
acerca de su propia persona, las amistades y familiares
llegaban incluso a molestarse. Comenzó a salir de su
propia trampa al aprender a guardar para sí sus triunfos
y a esforzarse concienzudamente en la tarea de eludir
todo comportamiento de alarde, jactancia y «miradme
a mí». Una vez fue eliminando esa forma de conducta,
Daryl empezó a convertirse en persona de trato agradable, a tener más seguridad en sí mismo y, lo que es
más importante, a dejar de verse sojuzgado por sus
propias actitudes y su propio proceder.

UNAS PALABRAS SOBRE LA INTIMIDAD

Cuando empiece a desarrollar su confianza en sí
mismo, le abandonará el deseo de que todos escuchen
sus historias y la soledad le resultará más aceptable.
La intimidad es una parte muy importante de su vida,
necesaria para su propia sensación de bienestar. Querer
que todos entiendan y compartan cuanto usted piensa,
siente, hace y dice es una actitud autosojuzgadora.

Adicionalmente, no experimentar la necesidad de
que le entiendan, y mantener algunas cosas en la re-
serva íntima, son medios para impedir que otras personas le manipulen. Si bien este no es un argumento
en pro de una conducta eremítica, sí constituye una
sugerencia para que eche un atento vistazo a su derecho
personal a la intimidad, y para que observe todavía con
más atención a quienes sin duda intentarán avasallarle
por el procedimiento de invadir esas zonas o, incluso
peor, negarle su intimidad. Henry David Thoreau, que
vivió solo en Walden Pond durante cerca de dos años,

...bió en *Walden,* respecto a sus opiniones sobre la ...timidad:

> Los hombres me dicen frecuentemente: «Cualquie-
> ra pensaría que debe de sentirse muy solo aquí y
> desear estar más cerca de la gente...». Me asalta
> la tentación de responder: «¿Por qué tendría que
> sentirme solitario? ¿No está nuestro planeta en la
> Vía Láctea? La mayor parte del tiempo, estar solo
> me parece algo muy saludable. Encontrarse acom-
> pañado, incluso en la mejor compañía, no tarda en
> resultar pesado y agotador. Adoro estar solo.

Aunque no todos somos Thoreau, y nuestra época
es el siglo XX, sus observaciones siguen siendo apropiadí-
simas hoy en día. Para sentirse satisfecho, uno no tiene
por qué encontrarse rodeado de personas, ni tener siempre a otros con quien compartir las cosas y que le
entiendan a uno. A decir verdad, uno se encontrará
convertido en víctima si alimenta esa clase de expectativas, o si permite que otros allegados se las impongan.
Hace falta poseer cierta dosis de valor para insistir en
la intimidad de uno, particularmente cuando otras personas insisten, por su parte, en que los deseos de intimidad de uno son repulsas que se les hacen a ellas. Pero
intentar explicárselo equivale a esforzarse en vano. Uno
simplemente ha de ejercer sus derechos mediante la
conducta y, al hacerlo con la suficiente frecuencia, les
enseñará cómo desea uno que le traten. Si uno se empeña en explicarlo verbalmente, y analizarlo hasta el
agotamiento, lo más probable es que se sienta sometido
y, al final, privado de su intimidad, perdida de una manera o de otra.

NO SIEMPRE LE ENTENDERÁN

Recordará que en el capítulo anterior, al tratar de la soledad existencial, se explicó que nadie puede entenderle a usted en todas las ocasiones, del mismo modo que tampoco usted entendetá siempre a los demás. Su esposa llevará a cabo actos que a usted le resultarán incomprensibles, sus hijos serán, prácticamente durante toda su vida, desconcertantes perplejidades, los políticos dirán y harán cosas que ni por lo más remoto hubiese usted llegado a creer, y las personas continuarán decepcionando y sintiéndose decepcionadas hasta que el mundo se venga abajo. Si usted espera que la gente entienda todo lo que usted diga y haga, no sólo va a sentirse decepcionado la mayoría de las ocasiones, sino que además se verá reducido a la condición de víctima. Se exponen acto seguido unos cuantos conceptos de suma importancia, en los que puede usted reflexionar mientras se lanza a la tarea de adoptar la postura propia de quien está dispuesto a ser discretamente efectivo en la vida.

ENCOGERSE DE HOMBROS ES UNA VIRTUD. Aprenda a pasar por alto algunas cosas. Prescinda de la impresión de que tiene que llevarse las manos a la cabeza, sonadamente, ante las actitudes y comportamientos de otras personas, actitudes y comportamientos que a usted pueden parecerle irritantes, pero que no le perjudican en nada. Limítese a encogerse de hombros y olvidar el asunto. Si asiste a una fiesta que no le hace ninguna gracia, puede decirse para sus adentros: «Todos los que se encuentran en esta sala quizá se consideren obligados al cotilleo, a la charla trivial y a dar el pego con su forma de vestir, pero yo no tengo que hacerlo y eso me alegra». Puede usted abandonar el guateque, disfrutar de la circunstancia de mostrarse discretamente efectivo o hacer lo que le parezca bien. Pero no conceda excesiva importancia a la conducta de los asistentes a la reunión, no dé la nota ruidosa y absténgase de mostrarse insultante, para acabar perjudicándose a sí mismo y lastimando a todos los demás. Un encogimiento de hombros, acompañado de un «¿Y qué?» *en su fuero interno,* y habrá solventado satisfactoriamente toda la cuestión. Ésta es la marca del redimido, no de un farsante, sólo, ni más ni menos, de una persona que no necesita proclamar en todo momento cuál es su postura.

DARSE POR OFENDIDO ES UNA CUESTIÓN DE VÍCTIMA. No tiene ninguna necesidad de volver a darse por ofendido nunca, ni por desaires que le dediquen ni por cosas de este mundo a las que es posible se haya acostumbrado a «considerar insultantes». Si no aprueba el comportamiento o lenguaje de alguien, ignórelo y santas pascuas, particularmente cuando no tiene nada que ver con usted. Al sentirse ofendido y trastornado por frases de la índole de: «¿Cómo se atrevió a decir tal cosa?», «¡No tiene derecho a soliviantarme de esa manera!» o «Los tipos raros me sacan de quicio», lo que hace uno es tiranizarse a sí mismo con la conducta de los demás, lo que equivale a permitir que precisamente las personas que le desagradan empuñen las riendas de uno. Encójase de hombros, desdeñe el asunto, mire hacia otro lado y pregúntese si realmente la cosa es tan mala; o, si prefiere esforzarse en cambiarla, no se prive de hacerlo. Pero en ningún caso elija la postura de víctima: sentirse ofendido y dejarse desasosegar por la cuestión.

ANALIZAR UNAS RELACIONES HASTA LA CONSUNCIÓN PUEDE CONVERTIRLE EN VÍCTIMA. Si considera que *tiene* que sentarse y «trabajar» a fondo, con regularidad, sus relaciones, particularmente su matrimonio, es posible que esté participando en un ejercicio más neurótico de lo que usted cree. El examen en profundidad de las relaciones comporta a menudo prolongados diálogos acerca de diversos temas, estudio de afinidades, intento de comprender las motivaciones del otro y promesa de continua y recíproca compenetración emocional. Esto puede ser estupendo de vez en cuando, pero si se convierte en parte periódica de la relación, acaba por crear tensiones y se hace frustrante y fastidioso. ¿Quién desea salir por la mañana, pasarse todo el día trabajando y luego volver a casa y trabajar un poco más en el estudio o perfeccionamiento de unas relaciones? Antes de calificarse de insensible, eche una nueva ojeada a lo que defiende. Las relaciones más hermosas que he observado son las de las personas que se aceptan mutuamente tal como son, en vez de analizar todo lo que hacen.

Los enamorados de quince años no son inmaduros, sólo aceptan cuanto concierne a su pareja. Se limitan a mirarse a los ojos el uno al otro y les encanta y adoran lo que ven. Nada de análisis de por qué, ni peticiones de que cada uno comprenda al otro. Pero si se adentran en una relación «madura», es posible que al cabo de cinco años de matrimonio se hablen en estos términos: «¿Por qué hiciste eso?», «¡No eres la persona que creí que eras!», «¿Por qué no haces lo que quiero que hagas?», «¡No me consultaste acerca de si eso era lo correcto!». Cuando llame amor verdadero al «capricho», repase la situación y calcule hasta qué punto acepta a los seres queridos en su vida por lo que son.

Aunque compenetrarse, compartir ideas y sentimientos es una experiencia hermosa y yo la aliento siempre que no se «imponga» como obligación regular, creo que muchas relaciones adolecen hoy en día de exceso de análisis, y ésa es la razón por la que, para muchas parejas, estar juntos constituye un tormento más que una pasión. La realidad es que son dos personas distintas y que una nunca entenderá por completo a la otra. Y, si lo piensan bien, lo propio sería que ni siquiera lo desearan. De modo que, ¿por qué no dedicarse a aceptarse recíprocamente tal como cada uno de ellos es y abandonar toda esa fusión, refundición, análisis e intento de seguir «trabajando» sus relaciones? Cada uno que deje al otro ser un ente único y, como dice Kahlil Gibran, «Permitid que haya espacios en la estrecha unidad de vuestro compañerismo».

DISCUTIR ES ALGO QUE NO MERECE LA PENA DEFENDER. El viejo proverbio que afirma que la discusión es indicio de cariño debe ponerse seriamente en entredicho cuando discutir le conduce a uno a la situación de víctima, en un sentido u otro. Usted puede dejarse enzarzar en un debate más o menos acalorado con otra persona, alterarse, aumentar su presión sanguínea, plantar las semillas de una úlcera, dirigirse hacia la violencia y luego retirarse de la controversia y considerar todo eso algo normal. Pero no es normal, es un contraproducente sacrificio de víctima.

Repudie la idea de que discutir, razonar incluso, es siempre saludable. Aunque una buena polémica puede resultar divertida cuando nadie sale de ella con los sentimientos heridos, por regla general ello no es posible con los aficionados a las disputas verbales, personas que realmente necesitan discutir. Suelen ser individuos groseros en el trato, de lenguaje provocativo y arrebatos volátiles, y *todo aquel* que se ve implicado en una cuestión acostumbra a terminar convertido en víctima.

Cuando usted discute con alguien que no le entiende, se sorprende ante la frecuencia con que sus argumentos, los de usted, sirven para fortalecer la incomprensión y ayudar a la otra persona a creer, incluso con mayor convencimiento, en lo razonable de su punto de vista. La discusión no hace más que consolidar su porfía... y, a pesar de ello, es probable que usted justifique la discusión, alegando que la considera útil.

Hace poco, al apearse del coche, en un aparcamiento, Hank golpeó accidentalmente la portezuela del automóvil contiguo. Un hombre salió del otro vehículo, rojo y encendido el rostro, con unos deseos locos de camorra.

«¿Dónde rayos tiene usted los ojos?», vociferó. Deseaba a toda costa que Hank se enzarzara con él en una discusión, a fin de tener excusa para incrementar su cólera y, en última instancia, organizar la tremolina.

Pero Hank no iba a dejarse arrastrar a la pendencia: «Bueno, mire, he sido desconsiderado e imprudente. Me hago cargo de sus sentimientos. A mí tampoco me gusta que los demás golpeen la portezuela de mi coche. Pagaré los daños, si los hay».

La conducta tranquila de Hank desactivó la carga explosiva potencial de la situación. El otro conductor se serenó en cuestión de segundos: «No sé por qué me he sublevado tanto con *usted*. Es que llevo un día de muchos nervios. Pero no deseaba mostrarme tan hostil por una tontería que carece de importancia. Ni siquiera hay una rozadura. Olvídelo». Se estrecharon la mano y así acabó el incidente.

La moraleja salta a la vista. Si uno se deja arrastrar a discusiones, con la esperanza de *conseguir* que los demás comprendan la postura de uno, uno casi siempre acabará en plan de víctima. Incluso aunque «gane» una discusión acalorada, la tensión física que sufra bastará para hacerle comprender que en realidad no ha ganado. Usted puede demostrarse a sí mismo que ha sido el ganador, con un comportamiento que engendra úlceras, eleva la presión de la sangre y hasta afecciones cardíacas, si nos ponemos en lo peor... o puede evitar tales discusiones y conservar la cordura y la salud.

Mentir no siempre es inmoral. En sus esfuerzos para lograr que todo el mundo le comprenda o le mire con ojos de aprobación, es posible que haya adoptado usted una postura rígida en cuanto a la mentira, prohibiéndose terminantemente participar en tan «nefasta práctica».

Reconsidere su actitud. ¿No se encuentra a veces avasallado por su costumbre de decir la verdad contra viento y marea? Puede que esté de acuerdo con la común observación de que si, por ejemplo, los nazis se aprestaran a ejecutarle, a menos que usted lograse convencerlos de que no es judío, y fuese usted judío, difícilmente podría sentirse obligado a decir la verdad. En casos *extremos* de tal naturaleza, la gente convendría en que usted no debe ninguna lealtad de verdad a sus enemigos. De hecho, se considera conducta efectiva engañarlos del modo que sea y que usted pueda poner en práctica. De forma que usted no es contrario a la mentira en toda circunstancia, aunque probablemente establece unos límites muy estrechos para las circunstancias en las que lo considera ético. Así que lo que en realidad necesita es revisar sus ideas para *determinar el terreno* que destina a la mentira. ¿Es razonable abstenerse de mentir cuando le consta que la verdad perjudicará a otros? ¿Son sus principios (sus normas) más importantes que las personas a las que debieran servir? Examine a fondo estas cuestiones y pregúntese si no estará siendo víctima de su propia inflexibilidad.

Una cliente de sesenta y un años de edad acudió a mí desazonada porque no conseguía encontrar empleo, pese a ser una taquígrafa capacitada y con gran experiencia profesional. Se quejaba de que los patronos procedían a discriminarla negativamente, y no contrataban sus servicios a causa de su edad. Cuando la indiqué que diese una edad distinta y combatiera esa discriminación con las armas con que ella contaba, la cliente se escandalizó. «¡Eso sería mentir!», dijo.

Desde luego, yo no ignoraba que precisamente de eso se trataba. A esta cliente le habían denegado siete empleos unos empresarios insensibles y discriminatorios que incluso desobedecían la ley... y, sin embargo, la señora continuaba sojuzgándose a sí misma con el principio de no mentir nunca. En última instancia, «violó la verdad», dijo a un entrevistador que tenía cincuenta y cinco años (aparentaba cuarenta y cinco) y la contrataron. Demostró su competencia profesional en la línea de fuego y, al cabo de seis meses, la ascendieron al cargo de interventor. Sin embargo, de haber persistido en su necio tabú, nunca habría logrado la oportunidad de que volvieran a abrísele las puertas de la vida laboral.

Otra pregunta que puede uno formularse acerca de la mentira es: «A mis ojos, ¿qué constituye una mentira?».

Supongamos que posee usted una información acerca de sí mismo que considera le asiste el derecho a mantener secreta. No es asunto que le importe a nadie más. Y entonces se presenta alguien que se cree con derecho a invadir la intimidad de usted y le pide que revele esa información. Esa persona querrá inducirle a pensar que es una especie de mentira el hecho de que «oculte» una información que considera tiene derecho a guardarse para sí. Querrá provocar en usted un complejo de culpabilidad por no «ser capaz» de revelar esa información. ¿Pero está usted realmente obligado en alguna forma a comunicársela? Claro que no. ¿Expresa usted alguna clase de mentira si dice: «Da la casualidad de que no es cosa que te importe»? Todos los tribunales del mundo conceden a las personas el derecho a negarse a responder preguntas, sobre la base de que pueden ser autoincriminatorias las contestaciones, y, sobre todo en los casos en que usted tenga la impresión de que es probable que lo que diga van a emplearlo contra usted, no debe decir nada a esas personas.

La gente no siempre le entenderá; éste es el tema del presente capítulo. Examine cuidadosamente su postura respecto a la mentira y compruebe si no se está sojuzgando a sí mismo o si no abusan de usted, porque permite que otros le controlen el comportamiento a través del impulso irresistible que usted siente de decir la verdad. Una vez dicha la verdad, y usted u otra persona resulte perjudicada, ¿cree que ha contribuido a que los demás le entiendan?

No deja de entrañar riesgos la exploración del tema de la mentira, puesto que muchas, muchísimas personas están encastilladas en la idea de que la mentira es siempre funesta —algo que está relacionado con la sensación de culpa—, incluso en aquellas circunstancias en que sea justificable. Evidentemente, no apoyo la mentira indiscriminada. Pero si por decir la verdad va a acabar usted convertido en víctima porque revela información acerca de sí mismo que, según su criterio, debe mantenerse en secreto, entonces se está usted comportando de forma contraproducente y vale más que revise su postura. Por otra parte, si mentir es la única o la mejor táctica que puede emplear para librarse de una trampa para víctimas, no tema ni vacile en tomarlo en cuenta. Si a un prisionero de guerra le preguntasen sus aprehensores: «¿Proyecta fugarse?», ¿iba a contestarles afirmativamente? Les mentiría, y cualquiera aprobaría esa conducta. Bien, observe su propio comportamiento durante algún interrogatorio corriente y hágase su composición de lugar. Supongamos que un salteador le pregunta a punta de pistola: «¿Tiene dinero escondido en algún lugar de la casa?» Salta a la vista que, en este caso y por la cuenta que le tiene, no insistiría usted en la actitud de decir la verdad a ultranza. No es preciso nunca que se deje *manipular* por otros para revelar información privada, ni que permita que abusen de usted aprovechándose de su ciega devoción a la verdad.

LO ABSURDO DE TENER QUE DEMOSTRAR UNO MISMO SUS RAZONES

Tener que demostrar algo al prójimo significa verse controlado por las personas ante las que uno debe efectuar la prueba. La conducta discretamente efectiva no comporta necesidad alguna de ponerse uno a prueba. De niño, el comportamiento de usted estaba rebosante de «mirad lo que hago». Deseaba que todos, particularmente sus padres, le viesen lanzarse de cabeza a la piscina, patinar hacia atrás, montar en bicicleta o cualquier otra experiencia nueva en la que empezara a desenvolverse con cierta soltura. Entonces necesitaba que aquellos ojos estuviesen proyectados sobre usted, porque desarrollaba su concepto de sí mismo sobre la base de lo significativamente que «otras personas» reaccionasen ante usted. Pero aquellos tiempos han concluido. Usted ya no es un niño en desarrollo al que los demás tienen que observar y que necesita ponerse a prueba constantemente... so pena de que sea usted uno de esos adultos que aún anhelan la aprobación de prácticamente todas las personas con que se tropiezan.

Tener que demostrar su propia competencia ante todo el mundo constituirá en la vida de usted un enorme factor coactivo. Se sentirá desasosegado cuando los demás no le presten suficiente atención, cuando le censuren o, más humillantemente, cuando no le entiendan. En consecuencia, se afanará usted todavía con mayor empeño para conseguir que le comprendan y, en cuanto el prójimo se da cuenta de ello, queda en situación de ejercer aún más poderío sobre usted. Un ejemplo de esto se dio con un amigo mío que se esforzó en convencer a su esposa de que jugar un partidillo de fútbol el domingo por la tarde era para él un derecho inalienable y que no consideraba una obligación quedarse en casa para entretener a la mujer. Ésta sencillamente no comprendía que su marido prefiriese pasar la tarde lanzando un balón de un lado para otro, con un grupo de hombres sudorosos, cuando podía estar con ella, sobre todo teniendo en cuenta que no estuvieron juntos en toda la semana. Cuanto más argumentaba mi amigo, más evidente resultaba que su esposa no le entendía. No transcurrió mucho tiempo antes de que él la reprochase el que no le entendiera, y acabó por no ir a jugar al fútbol aquel día. No sólo se estropeó la tarde, puesto que su esposa y él no se dirigieron después la palabra, sino que la mujer continuó sin entender que mi amigo quisiera jugar al fútbol. Una jugada de víctima por partida triple. Si él hubiese comprendido que su esposa jamás entendería aquel deseo de ir a jugar al fútbol con los muchachos, y que era lógico y natural que no lo entendiese, habría evitado la caída en la trampa de intentar explicarle que seguía siendo un buen marido, pese a desear hacer algo que a ella le resultaba imposible entender.

Lo contrario de la sensación que le impulsa a uno a demostrar su competencia es el hecho de que otras personas esperen que lo haga. A uno no le resulta extraño oír: «¿Qué te indujo a hacer eso», «Ah, sí, demuéstramelo», u otro sentimiento similar. Una y otra vez se ha de estar alerta en lo que se refiere a demostrar algo a alguien. Se puede ser discretamente eficaz en tales ocasiones y simplemente celebrar una consulta interna consigo mismo, que se desarrolle poco más o menos así: Hacerlo, ¿mejorará las cosas? Tal vez sea mejor que *pase* y le deje que piense lo que le plazca». Esto es particularmente importante cuando trata con extraños. ¿Se ha detenido alguna vez a considerar lo estúpido que es ponerse a prueba ante un perfecto desconocido y destinar parte de su tiempo a pretender convencerle de lo correcto de la postura de usted? Generalmente, eso se hace porque uno trata de convencerse a *sí mismo* y utiliza al oyente (víctima) como espejo.

Pronto aprenderá usted a sentirse encantado de sus triunfos discretos. Durante el descanso, en un concierto al que asistió hace poco, Kevin salió al puesto de refrescos montado en el vestíbulo del local y pidió cuatro gaseosas para los miembros del grupo con el que había ido. Dio media vuelta para entrar con ellas en la sala y reparó en un letrero colocado en la pared, junto a la puerta: TODOS LOS REFRESCOS DEBEN TOMARSE EN EL PUESTO DEL CONCESIONARIO.

Y allí estaba Kevin, con cuatro bebidas en las manos y una serie de opciones ante sí. Sabía que el portero apostado en la entrada sólo esperaba a que intentase pasar de largo, para darle el alto y afirmar su propia dignidad por el procedimiento de «cumplir con su deber».

Kevin podía beberse las cuatro gaseosas, regalar alguna, tirar la que no le admitiese el cuerpo, dejarlas todas y abrirse paso entre la gente para ir a reunirse con sus compañeros, ponerse a argumentar con el celador de la puerta y tratar de hacerle comprender que no podía esperarse que las personas vieran aquel aviso hasta *después* de haber adquirido las consumiciones y que debía hacer la vista gorda, permitir que Kevin pasara de matute las gaseosas y encargarse luego de que quitaran el cartel. Pero mientras reflexionaba, Kevin vislumbró un medio para obtener una victoria discreta. Localizó detrás del concesionario una puerta que daba a un callejón, el cual corría a lo largo de la parte lateral del edificio. Franqueó aquella puerta y después vio abierta una salida, cerca de la parte de la sala donde su grupo estaba sentado. Así que avanzó por el callejón y se adentró entre la concurrencia lo suficiente como para llamar a sus amigos, que salieron a la calle para beber los refrescos.

De haber tenido Kevin la necesidad de decirle al portero: «Ya está, vamos a ver qué pasa ahora», hubiera terminado como perdedor de este minientremés, al malgastar su tiempo organizando una escena desagradable. Pero al analizar las circunstancias y encontrar la solución en cosa de unos segundos, pudo emerger sin verse reducido al papel de víctima, sin herir los sentimientos de nadie, sin perjudicar a nadie y sin tener que demostrar su superioridad a nadie.

En los casos como éste, el tacto es una consideración de suma importancia. Ser diplomático comporta no facilitar las cosas para que las susceptibilidades ajenas se sientan heridas y respetar los sentimientos y responsabilidades de los demás. Cuando uno tiene que demostrar sus «razones», a menudo se olvida del tacto y se muestra grosero, para acabar convertido en víctima. He aquí mi anécdota preferida sobre el tacto, tal como la refirió uno de los más importantes narradores que en el mundo han sido, John Steinbeck:

Dos hombres se encontraban en un bar, cuando surgió en la conversación el tema de Green Bay (Wisconsin). El primer hombre comentó: «Es un lugar estupendo de veras». A lo que el otro repuso: «¿Qué tiene de estupendo? Las únicas cosas que han salido de Green Bay son el equipo de fútbol de los Packers y unas piaras de furcias mamarrachas». El primero protestó: «¡Eh, un momento, hijo de tal! Mi esposa es de Green Bay». Replicó el segundo hombre: «¡Oh! ¿De veras? *¿En qué puesto juega?*

DEMOSTRAR LA PROPIA COMPETENCIA ANTE FAMILIARES Y AMIGOS

La familia en primer grado es una unidad social en cuyo seno resulta particularmente importante para uno efectuar demostraciones interiores, en plan de práctica, más que lanzarse en enfrentamientos acalorados.

Muchas familias operan bajo el supuesto de que los miembros de las mismas tienen derecho a saber todo lo referente a los asuntos de los demás y de que la intimidad no sólo es tabú, sino que constituye un desafío directo a la misma existencia de la familia. Los miembros de la familia se piden explicaciones unos a otros reiteradamente, cuando se ven confrontados con parientes dominantes han de sugerir soluciones, etcétera. Las familias tienden también a «asistir en pleno» a las solemnidades de gran importancia, como bodas, funerales, graduaciones, ceremonias de *bar mitzvah*, fiestas y reuniones, y si uno no está presente, el hecho de que lo haya preferido así no se considera excusa válida. De modo análogo, no faltan miembros de la familia aficionados a poner reparos a la forma de vestir o a la apariencia personal de uno. También se les da estupendamente pedir explicaciones acerca de por qué uno no se ha cortado el pelo o a defraudado a este o aquel pariente. Son insuperables en lo que se refiere a regular cualquier comportamiento que ellos o la «sociedad» califican de «extraviado», por inofensivo que pueda ser. Son las personas más duras de tratar cuando uno no espera que lo entiendan siempre, ya que se *empeñan* a menudo en llegar al «entendimiento» y suelen esforzarse en conseguirlo, aunque en muy raras ocasiones lo alcanzan. Si bien los lazos familiares pueden ser muy estrechos y hermosos, uno debe estar alerta para advertir la gran sojuzgación que puede acordonarle.

Siempre me ha intrigado el considerable número de personas que, al borde del divorcio, pronuncian frases como: «Sí, muy pronto voy a conseguir la libertad». ¿Por qué considera tanta gente que divorciarse es alcanzar la libertad, aunque es posible que digan tales cosas en plan de chacota? ¿Está tan extendida la creencia de que matrimonio es lo contrario de libertad, o sea, esclavitud?

En muchos, muchísimos casos, lo es… y por buenos motivos. En el matrimonio, o en el seno de la familia, las personas no se sienten libres, principalmente porque viven en la constante expectativa de tener que demostrar su capacidad, de verse sometidos a prueba, o el temor de que no siempre les comprendan. Si se retiran estas dos circunstancias, podrían revitalizarse la mayoría de los matrimonios que acaban en divorcio.

Una amistad, por otra parte, de las que duran toda la vida, es una relación en la que ninguna de las partes tiene que demostrar ni confirmar nada. Lo único que espera un amigo es que sea usted tal como es, y la franqueza constituye la piedra angular de todo el asunto. Cada vez que hablo con grupos de padres, les sugiero que echen una buena ojeada a sus relaciones amistosas y empiecen a tratar a sus hijos y a los demás miembros de la familia como tratan a sus amigos. Por ejemplo, si un amigo derrama un vaso de leche encima de la mesa, lo más probable es que diga usted: «Bueno, no ha pasado nada, te ayudaré a limpiarlo». Pero si tal desaguisado lo comete su hijo, lo normal es que usted exclame: «¡A ver si miras lo que haces, Dummy! ¿Por qué tienes que ser siempre tan torpe?». Sea como un amigo para su esposa, sus hijos y todos los demás miembros de su famalia. En el seno familiar es donde se siembran muchas de las semillas de la angustia mental, en parte porque pocas familias comprenden que si no se respeta a sus miembros, con las debidas garantías de intimidad y el derecho a *no* tener que confirmar o dar explicaciones a cada momento, los lazos del afecto se ponen demasiado tirantes y se convierten en cordones de tensión. Creo que estas conmovedoras palabras, extraídas del hermoso ensayo de Emerson sobre la *Amistad*, resumen tan perfectamente este punto crucial que he utilizado algunas de ellas en la dedicatoria de este libro:

Un amigo es una persona con la que puedo ser sincero. Ante él, puedo pensar en voz alta.

En mi experiencia orientadora, tanto familiar como matrimonial, he encontrado muy pocas familias que en sus relaciones cotidianas empleasen los criterios de la amistad. Si éstos se aplicaran en familia de un modo consecuente, habría muchas menos víctimas en el mundo. Pero puede usted indicar a los miembros de su familia que desea y está dispuesto a conceder respeto y a que se lo concedan, lo que puede hacer a base de conducirse de modo que evite toda posibilidad de convertirse en víctima y de renunciar al fantasma de tener que dar explicaciones sobre su comportamiento.

PERSONAS QUE QUIEREN QUE SE UNA
A ELLAS EN SU DESDICHA

Escuche a Lydia Sigourney, autora norteamericana de principios del siglo XIX, que habla sobre las relaciones con personas de talante triste:

> Manteneos apartados de la tristeza, recomienda un escritor islandés, porque la tristeza es una enfermedad del alma. Desde luego, la vida encierra innumerables infortunios, pero el espíritu que ve todas las cosas en su aspecto más optimista y todo designio dudoso le parece repleto de latentes signos positivos, lleva dentro de sí mismo un antídoto poderoso y perpetuo. El alma melancólica acentúa la gravedad de las desventuras, mientras que una sonrisa alegre disipa frecuentemente esas brumas que presagian tormenta.

El sistema más sencillo y normalmente más razonable de tratar con la gente malhumorada que no desea cambiar de talante consiste en mantenerse distanciado de ella. Esto puede parecer duro, pero es una estrategia muy útil. Los eternos descontentos, como todas las demás personas con «zonas erróneas» dominando su vida, sacan algún provecho de su depresión... y, por regla general, el dividendo que obtienen es la atención de usted o, lo que es peor, la satisfacción de arrastrarle a usted para que se les una en su desdicha.

No está usted obligado a compartir los infortunios de las personas amargadas, ni siquiera tiene por qué alternar con ellas. Rodéese de caras alegres —de personas deseosas de crecer y disfrutar—, en vez de individuos quisquillosos y personas que se quejan constantemente de la manera en que el mundo las trata. Desde luego, uno puede brindar consuelo y ayuda al infeliz crónico, pero fuera de eso, particularmente cuando la mano que uno tiende se ve rechazada con reiteración, a lo que uno está obligado es a evitar la compañía de personas que puedan abatirle.

Para captar la atención de uno, no faltarán quienes le miren con el ceño fruncido y, si uno responde, no conseguirá más que dar más aliento a los mismos hábitos que desea extinguir. Al permanecer entre esos sujetos desabridos y sumergirse en la sensación de irritabilidad, lo único que consigue uno es animarles a que continúen con su conducta atrabiliaria. Uno se hará un favor a sí mismo, y se lo hará también a ellos, si se aparta de los individuos adustos en cuanto vea aflorar a la superficie el primer asomo de amargura. No sólo les enseñará a dejar de quejarse y les incitará a aprestarse a hacer algo de provecho, sino que uno se pondrá también en condiciones de emplear sus momentos presentes del modo más propicio y favorable.

Las personas cuya debilitadora marca de melancolía tiene uno que evitar se pasan la vida auspiciando desastres y encontrándole defectos a todo. En rarísimas ocasiones tienen algo agradable que decir y, en vez de contemplar el futuro armados de alegría y optimismo, prefieren ver un porvenir ennegrecido por las peores catástrofes. Se consideran acabados y, tras la coraza de sus historias de dolor e infortunio, resistirán todos los intentos que haga uno para mostrarse agradable. Convertirán a los demás en víctimas, a base de afirmar que nadie los comprende, al tiempo que rechazarán con firmeza toda tentativa que lleve a cabo el prójimo para entenderlos. Por definición, son imposibles de complacer, y nunca están dispuestos a emprender la tarea de mejorar su carácter. Algunos individuos de esta categoría se pasan toda la vida, desde la juventud hasta la vejez, circunscritos a este estado de ánimo autodestructivo. Uno sería el mayor estúpido del mundo se si mantuviera rodeado de personas como éstas, tanto si está emparentado con ellas como si no, porque todo lo que uno puede esperar son sus interminables relatos de calamidades: el vapuleo de aquí, la muerte que se produjo allá, el accidente de ayer, mi ciática, el tiempo criminal que hace, el invierno gélido que nos espera, los políticos deshonestos, la crisis económica... y un etcétera que no cesa. Para tales personas, nunca amanece un día espléndido. Lo más optimista que se les puede sacar es: «Probablemente lloverá».

Todo ese comportamiento persiste, en realidad, porque una serie de tontos lo han soportado más o menos gustosamente y porque a lo largo de los años se ha ido vigorizando. Pero usted no tiene por qué ser uno de esos tontos. Puede mantenerse a distancia, puede ignorarlo a la descarada o puede salir de la trampa con observaciones como: «Para haber sufrido una infancia fatal, te recreas un montón hablando de ella», o bien: «La debes de gozar un rato con esos dolores... no paras de hablar de ellos». No sea usted sarcástico. Limítese a comunicar que no está dispuesto a que le endosen *cuitas*, lamentaciones o quejas sin fin. Muéstrese afable, pero si la *paliza* quejumbrosa continúa, échese atrás y no tenga empacho en decir claramente por qué lo hace. Usted es de los que disfrutan de la vida y no le interesa que se la amarguen.

El mejor sistema para que los jeremías crónicos abandonen su estado de desdicha consiste en emprender proyectos que les atraigan y en los que puedan involucrarse personalmente. No dude en ayudarle, pero si sus sinceras ofertas de colaboración se ven rechazadas, niéguese a sentirse culpable y a escuchar las excusas acerca de por qué las «víctimas» no pueden hacer esto o aquello.

Sea una «piedra de toque predispuesta», pero no

una víctima de la víctima. Cuando el abatido pesimista se percate de que usted no va a seguirle el juego, casi siempre abandonará el intento de convertirle a usted en víctima e, irónicamente, su abatimiento y depresión empezarán también a desaparecer.

FRASES EMPLEADAS CORRIENTEMENTE PARA CONVERTIR EN VÍCTIMAS A LAS PERSONAS, POR EL SISTEMA DE NO ENTENDERLAS

He aquí algunas hábiles variaciones sobre el tema de la incomprensión y la negativa a aceptar la eficacia discreta, variaciones cuyo empleo periódico observará usted en su propia persona y en los demás.

— *No comprendo por qué haces esas cosas.* Le han dicho que está usted obligado a hacerse entender y, mientras no proceda así, es usted malo.

— *¿Cómo pudiste hacer tal cosa?* A su interlocutor no sólo le trastorna lo que usted se atrevió a hacer, sino que además intenta convencerle de que cualquier cosa que usted haga y él no entienda es imperdonable.

— *Jamás oí semejante cosa.* A la táctica utilizada más arriba se añade aquí la dimensión de incredulidad. Su opresor pretende encontrarse absolutamente patidifuso ante lo que usted ha hecho, dicho, etcétera, e implica que todo el mundo (o «ellos») desaprobará la acción de usted, que, por lo tanto, usted estuvo y está equivocado... y, en consecuencia, debería hacer usted lo que el sojuzgador dice.

— *¿Cómo es posible que alguien con tu inteligencia y formación haga una cosa así?* Frases como ésta llevan las tácticas anteriores un peldaño más arriba y adicionan el ingrediente de culpabilidad, sazonado con disimulada adulación: «No sólo estoy pasmado y escandalizado, sino también decepcionado porque tú, *precisamente* tú...».

— *Estoy hecho un lío, me has dejado lo que se dice perplejo.* Esta clase de confesión transmite el mensaje implícito de «no tienes más remedio que sacarme de mi perplejidad». El avasallador utilizará estos términos si le consta que usted no puede sufrir que la gente no le entienda. De modo que se queda hecho un lío y usted se sentirá obligado a sacarle de su desconcierto, y a encaminarse al vertedero.

— *Por favor, repítelo otra vez para que lo entienda.* Si uno hace caso a la petición de repetir su historia interminablemente, puede verse avasallado interminablemente.

— *Deberías darte cuenta de lo que me duele eso.* Aquí se le induce a uno a sentirse mal porque uno no entiende lo mal que el interlocutor ha elegido sentirse. El opresor que no le entiende a uno ha vuelto la oración por pasiva y carga sobre la víctima la culpa de no entenderla.

— *No puedo creer que vayas a hacer eso ahora, precisamente cuando...* Esta clase de estratagema puede impedirle a usted dar un paseo, leer, descabezar un sueñecito o lo que usted deseara hacer, todo porque tal deseo va en contra de los planes que el sojuzgador haya forjado o esté forjando en ese momento. El acto de usted, fuera cual fuese, no tendría nada de malo, pero el dominante interlocutor tiene su opción sobre lo que ha de hacerse. Así que el hablante se sentirá confuso o dolido si usted hace lo que quiere hacer... y ahí reside la arbitrariedad. La frase suele ir acompañada de: «Podías esperar hasta mañana y no preocuparte ahora de ello». Naturalmente, la circunstancia de que usted tenga intención de dar un paseo y no quiera postergarlo, carece de trascendencia, porque el sojuzgador sencillamente no comprende que usted se muestre intransigente en esa cuestión.

— *No comprendo qué daño puede hacerte un trocito de pastel.* Con este comentario más o menos falaz, se da por supuesto que usted cederá en su firme convicción hacia la dieta, porque alguien no entiende esa determinación. El truco se emplea también para mantenerle a usted dentro de las mismas pautas contraproducentes que a su sojuzgador le resultan difíciles de romper. El mensaje consiste en que usted debería hacer cosas que no desea hacer (ser víctima), porque otra persona quiere que usted las haga o no entiende por qué usted, en ese momento, no piensa lo mismo que ella. Esto puede utilizarse también a la inversa, decir: «No comprendo cómo es posible que comas ese pastel... mírame a mí, yo no lo hago». La misma lógica, sólo que se emplea con distinta finalidad.

— *Nunca me dices lo que piensas.* Esto puede ser una tentativa para que usted se revele y abandone sus «neuróticas» necesidades de intimidad. Una vez ha declarado lo que está pensando, la otra persona puede abalanzarse sobre usted e insistir en que no tiene derecho a pensar de ese modo, sea el que sea.

— *Hazlo por mí.* Cuando sus dictadores no consigan doblegarle con el alegato de que no le comprenden, se retirarán a alguna posición personal como ésta, y a usted se le rogará que haga algo que no desea hacer, porque ese algo les complacerá a ellos.

— *Me has ofendido.* Tenga cuidado con las personas que recurren al procedimiento de sentirse ofendidas sólo porque así le proporcionan a usted «buenas razones» para que le remuerda la conciencia y cambie de conducta, adoptando un proceder que les convenga a ellas.

— *Exijo una disculpa.* Este recurso puede controlar el comportamiento de usted, apremiándole para que diga algo que en realidad no piensa u obligándole a retroceder hasta verse arrinconado: La situación de usted no le permite disculparse, ni siquiera aunque lo desee, sin rendirse también, incondicionalmente, al poder del demandante. Pero tenga presente, y esté dispuesto a señalarlo, que tal disculpa «concedida» no vale nada en absoluto, puesto que no conlleva sinceridad alguna por parte del que formula las excusas.

Éstas son algunas de las más corrientes fórmulas de avasallamiento mediante la incompensión que funcionan en nuestra cultura. Estos ejemplos se han espigado en el curso de miles de sesiones de orientación durante las cuales los protagonistas expusieron sus respectivos casos, detallando la forma en que les atropellaron y denigraron autócratas disfrazados de amigos, colegas, vecinos y parientes. A continuación se presentan algunas tácticas específicas que puede usted utilizar para el contraataque y desarme de la artillería del «No comprendo».

TÁCTICAS PARA CONTRARRESTAR EL TRUCO DEL «NO COMPRENDO» Y PARA MOSTRARSE DISCRETAMENTE EFECTIVO

— Deje de darse explicaciones a sí mismo cada vez que comprenda que le molesta hacerlo. Recuérdese y recuerde a los demás que no está obligado a explicar su conducta personal a nadie y que si rinde cuentas de ella en algún sentido lo hará por voluntad propia, porque le parecerá bien, no porque considere que tiene que satisfacer los deseos o esperanzas de otros. Una vez haya enseñado a la gente a *no esperar* que usted les dé explicaciones cuando se las pidan, los demás dejarán de formularle tan estúpida petición. Siéntase *dueño* de dar explicaciones, si le place darlas, pero si en vez de sentirse libre, se siente obligado, lo que pasa es que las irrazonables demandas de los demás están tirándole de los hilos.

— Deje de confesarse que le compete la responsabilidad de hacerse entender por el prójimo y diga a los demás con toda franqueza que espera que a veces no le entiendan, pero que eso es natural entre los seres humanos y no se trata de nada patológico en usted o en sus relaciones. Cuando alguien le diga que no le entiende, pruebe a encogerse de hombros, esboce una sonrisa y recurra a la famosa cita de *Self-Reliance* («Independencia»), de Emerson: «Ser importante es ser incomprendido».

— Ignore los requerimientos que le formulen perfectos desconocidos cuando usted se explica de un modo más claro. Dígase que es muy improbable que le entiendan los extraños que le interrogan, ni siquiera aunque lleve usted su mensaje estampado llamativamente en la camiseta, de forma que nada le impide ir por el mundo sin albergar el menor complejo de culpa o la más leve sensación de fracaso como persona, por el hecho de que el prójimo le interprete mal. Está usted absolutamente capacitado para suprimir de su consciencia, por completo, la sintonía de los asaltos verbales lanzados por desconocidos. Puede realizarlo con la misma precisión con que quita la sintonía de una emisora de radio que transmite música que a usted le tiene sin cuidado escuchar. Cuando la ocasión lo exija, conviértase en «desintonizador» discretamente efectivo. Si practica la «desintonización» de las *auto*frases mencionadas antes, ignorar los requerimientos de desconocidos le resultará más fácil.

— Cuando barrunte que nunca podrá satisfacer la demanda de una persona ante la que usted se explica, limítese a preguntar: «¿Cree que *podría* entenderlo alguna vez?». Si la respuesta es afirmativa, pida a la persona que le dé su propia interpretación de la conducta de usted, y manifieste usted su conformidad a las partes que considere correctas. De ese modo, se quita usted de encima la responsabilidad del entendimiento y la traspasa a la persona demandante.

— En la misma línea, cuando a usted le parezca que alguien utiliza el sistema de incomprensión como excusa para sojuzgarle, pruebe a hacerle repetir con exactitud lo que ha dicho usted, antes de permitirle que «exprese sus argumentos». La clave de esta técnica consiste en que su potencial avasallador tendrá que atenerse a las reglas básicas, que son:

Expresará usted su punto de vista, mientras su interlocutor repetirá lo que ha dicho usted, a satisfacción *de usted*. Cuando dé el visto bueno a lo que el interlocutor ha oído, éste expondrá su punto de vista y *usted* debe escucharlo y repetirlo a satisfacción *de él*. Cada vez que uno de los dos diga: «No, no lo oyó bien», el hablante repetirá lo que acababa de decir.

Con estas sencillas directrices, uno puede evitar el avasallamiento, además de que se mejora también significativamente la técnica auditiva de los participantes. Una vez completados varios intercambios verbales de este tipo, existen muchas probabilidades de que le entiendan a uno.

— Ejercite la práctica de ser *discretamente* efectivo mediante el sistema de retrasar el anuncio de sus éxitos. Deje transcurrir una, dos o tres horas y pregúntese después si aún desea contárselo a alguien. Esto es particularmente útil cuando se trata de noticias que le harán a usted parecer superior a la persona a la que informa. El sistema de la demora da resultado porque, tras una espera de varias horas, o incluso días, uno ya no experimenta la urgente necesidad de presentarse como ganador y, una vez la noticia sale a relucir (si es que sale), parecerá que uno viene a ser... una persona que se toma los triunfos con calma y modestia.

— Cuando esté en compañía de individuos pesados y tenga la impresión de que están abusando de su paciencia, a base de endosarle cuentos, fanfarronadas o «palizas», discúlpese, póngase en pie y emprenda la retirada. Incluso en sitios como restaurantes, puede combatir la costumbre de seguir sentado y aguantar. Vaya a dar un pequeño paseo. No sólo se sentirá mejor por haber ejercido cierto dominio de la situación, sino que también habrá indicado a sus fastidiosos acompañantes que vale más que abandonen la práctica de tales sistemas plomizos, puesto que lo único que consiguen con usted es que se retire sin más explicaciones.

— Señale de entrada, frontalmente, los intentos de sus compañeros para abatirle. Cuando se percate de que alguien trata de arrastrarle para que comparta las desdichas de ese alguien, diga usted: «Me parece que tus tribulaciones requieren mi compañía». Cualquier frase de este estilo, pronunciada de modo exento de hostilidad, demostrará a su opresor en potencia que está usted al cabo de la calle en lo que se refiere a esas estratagemas y que exige respeto hacia su inteligencia y sinceridad, incluso aunque la persona en cuestión pueda negárselo al principio.

A continuación, puede usted decir al jeremías que, durante la próxima hora, no tiene usted interés alguno en oír absolutamente nada acerca de lo mal que están las cosas. Cronometre la conversación y, cuando empiece a filtrarse la primera gotita de noticia funesta, córtele el paso con «Acordamos que en el plazo de una hora no se hablaría de eso». Lo cual servirá al quejoso de recordatorio amable de su negativa costumbre y hasta es posible que le induzca a luchar contra ese vicio suyo. Por lo menos, le librará a usted de escuchar durante una hora el fatigoso rosario de lamentaciones. Una hora, un día o el espacio de tiempo que usted haya establecido.

— Con su propia conducta, manifieste usted a la gente que está dispuesto a insistir en la preservación de su intimidad. No dedique inacabables horas a *pedir* que le dejen en paz, Resérvese para sí el tiempo que desee o juzgue oportuno. Hágalo firme y amablemente, pero HÁGALO. Dé usted su paseo, descabece su sueñecito, lea en su habitación el rato que le plazca o entreténgase como guste, y no se deje convencer para renunciar a su intimidad, sólo porque otra persona no le entienda o le tache de solitario.

— El que los demás le pongan etiquetas es algo que usted ha de aprender a aceptar como algo natural y no como algo que deba preocuparle. Si le llaman tipo raro, fenómeno, anacoreta o rebelde y usted demuestra que los rótulos o encasillamientos le tienen sin cuidado, las clasificaciones resultarán inútiles y, en última instancia, cesarán. Pero, como siempre, si usted se siente culpable a causa de esas etiquetas, argumenta tratando de demostrar que son inaplicables a su persona o se solivianta por culpa de ellas, entonces lo que hace es reforzar el sambenito del comportamiento que le han asignado.

— Emplee la estrategia de identificar los sentimientos ajenos cuando otra persona empiece a alterarse con usted o intente abatirle. «La verdad es que esto te molesta y me devuelves la pelota para que yo también me sienta afectado», o «En este preciso momento no me comprendes y te subleva un poco el que te haya decepcionado». Demuestre a la gente que se da perfecta cuenta de lo que sienten y que no le asusta lo más mínimo sacar esos sentimientos a la descubierta.

— Cuando alguien insiste en que usted se «coma eso» o manifieste su incredulidad respecto a la circunstancia de que está usted dispuesto a cumplir el régimen dietético que lleva, declare en tono firme y sin vacilar: «Estoy a dieta y no quiero tomar nada», o bien: «Voy a salir disparado ya». Olvide las excusas como: «Espero que no te importe», «Por favor, perdóname» o «Confío en no herir tus sentimientos», simplemente porque estas frases sólo sirven para que el asunto siga en el candelero de la discusión y, al final, comerá usted lo que le ofrecen, aunque sólo sea para no herir los sentimientos personales. Manténgase firme y pletórico de convicción y verá como se respetan sus deseos.

— Emplee frases del estilo de «Te estás ofendiendo a ti mismo» o «Tú solo te lastimas». Ésta es la clase de comentarios que excluye del ánimo de usted el sentimiento de culpabilidad y que sitúa la responsabilidad del hecho de que alguien se sienta ofendido en el punto que le corresponde, o sea, sobre la persona que ha decidido sentirse dolida u ofendida.

— Sáquese de encima la necia idea de que usted debería experimentar alguna clase de remordimiento porque algunos de sus amigos no les caen bien a otros. Evidentemente, hay muchas personas en el mundo a las que usted no elegiría como amistades, de forma que ¿cómo va a esperar que los que elija por sus propias y únicas razones personales se elegirán automáticamente el uno al otro? Sin embargo, las personas a menudo se preocupan o acongojan porque fracasan sus esfuerzos «casamenteros», en vez de limitarse a aceptar sencillamente las leyes naturales y selectivas de la «química de la amistad».

De modo análogo, evite usted afligirse o violentarse cuando algún amigo suyo desee desesperadamente que sus conocidos le caigan a usted simpáticos. No está obligado a compartir los sentimientos de los amigos de sus amigos o los amigos de sus parientes y, si no lo hace, ello no dice nada en contra de su amistad original. Al mismo tiempo, reprima expresiones de sentimientos, en usted o en los demás, tales como: «¿Cómo es posible que a ella le guste ese hombre? A mí me parece un individuo desagradable». La gente no debería explicar a los demás sus preferencias en cuanto a amistades, ni verse sometida a presiones para rechazar a alguno de sus amigos, en favor de otros. Si se percata usted de que emplean con su persona esta clase de maniobras, no tema denunciarlas ni mantenerse aferrado a su criterio, utilizando las estrategias más «discretamente efectivas» que pueda reunir.

— Cada vez que se encuentre en peligro de verse abocado hacia una discusión de la que preferiría no caer víctima, pruebe a manifestar: «He decidido que malditas las ganas que tengo de discutir sobre eso. Si te empeñas en discutir, tendrás que hacerlo solo. O nos hablamos con respeto o me niego a participar». Puede que su interlocutor se quede sorprendido ante la osada sinceridad de esta clase de terapia psicológica de choque, pero usted llevará el asunto a buen término si rechaza con resolución el debate, incluso aunque ello le obligue a retirarse.

— Cuando se manifieste todo lo lógico que le es posible y eso no le lleve a ninguna parte con un «adversario», aprenda a renunciar a la lógica y busque estrategias en algún otro sitio.

Un amigo mío llamado Jim tuvo que entendérselas una vez con una guardia urbana que se disponía a extender una denuncia contra el automóvil de Jim, por aparcamiento indebido. El contador estaba estropeado y la muchacha lo podía ver claramente. Pero alegó que no se permitía aparcar en espacios donde el contador no funcionaba, de modo que Jim debió dejar el coche en otro sitio.

Jim respondió, ateniéndose a la lógica, que los aparcamientos estaban para servir al público, al que no se le debía privar de espacios perfectamente legales, sólo porque los contadores estaban encallados. Explicó su lógica tres veces, cuidadosa y minuciosamente, pero en cada ocasión, las respuestas de la muchacha le indicaron que no le había escuchado.

Por último, Jim renunció a la lógica y rogó a la mujer que fuese buena chica y no le endosara el papelito, aunque él *hubiese* cometido un error. Eso le gustó a la muchacha. Necesitaba oír decir a Jim que se había equivocado, al objeto de establecer cierta autoridad sobre él. En cuanto Jim la pidió que pasara por alto su «error», la muchacha se avino a ello y Jim pudo marcharse sin problemas.

Jim podía haber continuado con su «defensa», en la que seguía creyendo, pero habría acabado convertido en «víctima lógica», habría tenido que perder una jornada de trabajo e ir al juzgado para impugnar una multa de diez dólares. Y en los tribunales se hubiera visto todavía más avasallado, sometido al capricho de toda la máquina burocrática, que ha aprendido a evitar. Su solución práctica, que comportó abandonar la lógica e interpretar un poco de teatro, indudablemente le dio mejor resultado.

— No trate de dárselas de triunfador ante jefes de sección, personas con autoridad, titulados, etcétera. Concédales la sensación de poder que necesitan experimentar, déjelos que piensen que, en sus relaciones con usted, *ellos* se salieron con la suya y ni por asomo se le ocurra dar a entender que está usted convencido de lo contrario.

A los jefes no les gusta que se les demuestre que se han equivocado y saber esto y utilizarlo puede evitarle a usted un sinfín de complicaciones con ellos. Aunque tenga usted la absoluta certeza de que le asiste la razón en cuanto a este sistema, aquel ascenso, etcétera, absténgase de enfrentarse al jefe con un: «La verdad es que creo que está usted en un error en lo que a esto se refiere», lo que colocaría al jefe en cuestión en la tesitura de rivalizar con usted para defender su ego. La vieja añagaza para solventar el asunto es la de llevar las cosas de modo que, buscándoles las vueltas, el jefe llegue a creer que *él* sugiere lo que usted desea... sobre todo si se trata de algo como un ascenso o un aumento de sueldo para *usted*. En absoluto significa esto ser débil; representa simplemente actuar con estrategia efectiva, lo que exige saber cuándo se debe uno silenciar sus puntos de vista y cuándo debe expresarlos en voz alta.

— Deje de hacer esas pequeñas cosas que no le gustan, pero que cumple porque, de no hacerlo, ellos no le entenderían; por ejemplo, besar a parientes o conocidos a los que preferiría no besar. Absténgase de hacerlo en la próxima ocasión. Si los demás quieren debatir el asunto, emplee alguna de las estrategias que, para tratar con personas que no le entienden, se han expuesto más arriba, pero antes de llegar a eso, empiece por la abstención. *Deje de asistir*, por una vez, al mortalmente aburrido té con tertulia que se celebra en casa de tía Miriam y compruebe qué ocurre. Si los demás insisten en sus tentativas para obligarle, utilice de nuevo las tácticas diseñadas anteriormente, pero empiece por decidir primero, para sí, dónde termina su cuerpo. Después de todo, es su cuerpo y usted no está obligado a aposentarlo en lugares donde no quiere que esté o donde considera que no tiene que estar.

— Abandone la costumbre, si la tiene, de pedir disculpas por su persona o por su conducta. No tiene por qué lamentar el haber hecho algo que a usted o a los demás no les gusta; sencillamente, puede escarmentar y aprender, anunciar a quienquiera que pueda sentirse herido que va a esforzarse usted en evitar la repetición de tal comportamiento, para después seguir adelante con la vida. Tenga presente también que, cuando los demás no le entiendan, lamentarlo no es responsabilidad de usted. Al presentar excusas a los demás, se hace usted cargo de una responsabilidad ajena e indica al prójimo que puede continuar incomprendiéndole a usted o sus motivos.

Decir constantemente «Lo siento» puede convertirse en un espantoso hábito de víctima, en un reflejo de «aceptar toda la culpa». Una vez vi a una mujer que iba sentada en el «metro» y que exclamó «¡Lo siento!» cuando otro pasajero, al que no conocía, *le* pisó los pies.

— Si está usted atrapado en el constante análisis de cuanto sucede en sus relaciones humanas, comprométase a cortar por lo sano. Limítese a «dejarlo correr» durante una temporada, líbrese de la compulsiva necesidad de interpretar todos los motivos, actos, etcétera. En sí mismo, el análisis puede convertirse en una enfermedad, más que en un instrumento útil para superar problemas, y no son pocas las hermosas relaciones analizadas hasta lo exhaustivo. No se entusiasme con la tarea de «cuidar las relaciones» hasta el punto de que todo sea trabajo y nada sea placer, porque en ese punto ya no queda nada que cuidar, nada sobre lo que trabajar.

— Si *no* revelar una cosa es más efectivo para todos

los implicados y revelarla violaría su sentido personal de lo íntimo, entonces no la revele. Si no le es posible negarse, disimule el asunto de la mejor manera que sepa y pueda y no tilde su conducta de mentirosa. Recuérdese que tiene perfecto derecho a ocultar información personal, particularmente cuando, para empezar, comprende usted que nadie tiene derecho a formularle preguntas a ese respecto.

EN CONCLUSIÓN

Nunca será usted profeta en su tierra. Nunca conseguirá que le entiendan todos y casi siempre acabará convertido en víctima si tiene el convencimiento de que ha de dar toda clase de explicaciones demostrativas a la gente. Ser discretamente efectivo supone ser capaz de hacer un guiño al mundo, con la burlonamente taimada comprensión de que uno provoca los acontecimientos para sí y de que uno dispone en su interior de la suficiente libertad como para no tener que contar la cosa a nadie. Para que lo aprecien a uno totalmente por lo que es, uno tiene que haber desaparecido de este planeta mucho tiempo atrás... y si usted comprende esto, dejará de *sentir la necesidad* de que le aprecien y se encargará de lograr que su vida funcione mucho mejor mientras disfruta de ella aquí. Dostoyevsky lo entendió. Como dice en *Los hermanos Karamazov*:

> Los hombres rechazan a sus profetas y los asesinan, pero adoran a sus mártires y honran a aquellos a quienes han asesinado.

De modo que, ¿por qué va a permitir usted que le asesinen, ni siquiera aunque lo hagan psicológicamente? Y lo que todavía es más importante, ¿por qué va a esperar a la posterioridad para que le honren? Decida vivir ahora y aceptar el hecho de que no le entenderán todos siempre.

6

ENSEÑAR A LOS DEMAS COMO DESEA USTED QUE LE TRATEN

La mayoría de las personas son más amables con los extraños que con los seres queridos y consigo mismas.

¿Cómo le trata la gente? ¿Se ve usted reiteradamente utilizado y menoscabado? ¿Observa que los demás se aprovechan de usted o no le respetan como persona? ¿Las personas hacen planes sin consultarle y dando por supuesta la plena conformidad de usted? ¿Se encuentra a sí mismo desempeñando papeles que le desagradan, porque todas las personas que alternan en su vida esperan de usted que se comporte como lo hace?

Éstos son algunos de los lamentos corrientes que he oído en boca de clientes y amistades que se consideraban avasallados de mil formas distintas. Por regla general, mi respuesta es siempre la misma: «A uno le tratan del modo que ha enseñado a la gente a tratarle».

Si se siente denigrado por el proceder de los demás respecto a usted, examine entonces su propio pensamiento y su propia conducta, y pregúntese por qué permitió o incluso alentó las afrentas de las que se queja. Si no se hace responsable de la forma en que le tratan los demás, continuará sin poder remediar nada.

El filósofo griego Epicteto resumió hace cerca de dos mil años estas mismas ideas:

> No es la persona que maltrata la que afrenta, sino la opinión de quienes tomamos el abuso como insulto; así, cuando alguien te provoca, es tu propia opinión la provocadora.

El presente capítulo actualiza estas antiguas palabras, que contienen una de las más importantes lecciones de vida, al aplicarlas a nuestra cultura presente, porque, en esencia, la verdad todavía subsiste. Las ofensas no proceden de lo que los demás le hagan, sino de lo que usted decida hacer con los actos de los demás. Si cambia usted sus actitudes y expectativas en lo concerniente a sentirse ofendido, no tardará en comprobar que la arbitrariedad ha concluido y que su condición de víctima quedó eliminada.

EL PROCESO DE «ENSEÑAR AL PRÓJIMO»

Enseña usted a los demás a tratarle, sobre la base de lo que tolerará. Si usted simplemente «lo acepta», y lleva haciéndolo largo tiempo, lo único que hace es enviar el mensaje de que no resistirá el abuso.

No es una teoría complicada. Si usted remite el mensaje de que sencillamente no va a tolerar que le maltraten, y lo respalda con una conducta eficaz, sus ofensores no recibirán la retribución que pretenden alcanzar, que consiste en verle a usted inmovilizado, de modo que puedan manipularle. Pero si usted permite que tiren de sus hilos, como si fuera un títere, u opone objeciones débiles y luego se deja gobernar, lo que está haciendo es indicarles que continúen utilizándole como vertedero sobre el que lanzar vejaciones.

Gayle era una cliente que acudió a mí porque se sentía implacablemente controlada por su dominante esposo. Se quejaba de ser un felpudo para el lenguaje injurioso y las tácticas de manipulación del marido. La mujer era madre de tres hijos, ninguno de los cuales le manifestaba mucho respeto, y se encontraba en el límite de su resistencia, agobiada por la depresión y la desesperanza.

Cuando me refirió su pasado, escuché el caso clásico de alguien que permitió que le oprimieran desde la infancia. Sus padres siempre hablaron por ella e insistieron en que Gayle les rindiese cuentas por todo lo que hacía. El padre era hombre extraordinariamente dominante y rigió la conducta de la muchacha a lo largo y ancho de los años de formación de Gayle y hasta la fecha del matrimonio de ésta. Cuando la joven hubo encontrado marido, resultó que «casualmente» el tal marido venía a ser una imagen casi exacta del padre, por lo que el desposorio volvió a situar a la mujer en la misma casilla de víctima. Todo lo que había aprendido era a dejar que los demás hablasen por ella, a que alguien le dijese lo que tenía que hacer y a sufrir en silencio cuando nadie se mostraba dispuesto a escucharla.

Señalé a Gayle que ella misma había enseñado minuciosamente a las personas el que la tratasen de aquel modo, que en absoluto era culpa de «los demás», por mucho que a ella le encantase responsabilizarlos de las desventuras que padecía. Pronto comprendió que se había estado avasallando a sí misma, al aceptar durante

179

todos aquellos años los atropellos de que fue víctima, sin poner en práctica efectivas estrategias de contra- ataque. Una vez obtuvo Gayle la percepción de que realmente le competía a ella buscar la respuesta a sus problemas dentro de sí misma, y no mirando hacia fuera, la orientación psicológica la ayudó a descubrir nuevos caminos para enseñar a la gente a que la tratase de manera distinta. Empecé por transmitirle mi teoría del «golpe de karate». Es algo así como esto.

LA TEORÍA DEL «GOLPE DE KARATE»

Rememore la primera vez que su cónyuge la maltrató de palabra o de obra, levantándole la voz, enfureciéndose con usted, golpeándola o lo que fuere. Lo que hizo fue contribuir a que usted se acongojara.

Es muy probable que el incidente que usted conserva en la memoria ocurriese antes de que se casaran, tuvieran hijos, etcétera. Imagínese de nuevo en aquella situación. La conducta abusiva de su futuro esposo constituyó una sorpresa total, puesto que era la primera vez que la ponía en práctica.

Suponga que en vez de sentirse desconcertada, sorprendida, temerosa o lacrimógena le hubiese enseñado la mano a su pareja y, tras decirle que era un arma de marca registrada, le hubiera proporcionado un violento golpe de karate, seguido de: «No estoy dispuesta a aceptarte esa clase de humillaciones. Me considero persona con amor propio y dignidad y ni por lo más remoto voy a permitir que me zarandees tú ni que me zarandee nadie. Procura tomarte una buena dosis de reflexión antes de intentar otra vez conmigo algo semejante a lo que has hecho. Eso es todo lo que tengo que decir sobre el particular». Para proseguir luego con una conversación inteligente.

Aunque puede parecer algo absurdo de imaginar,

ilustra adecuadamente la cuestión: Si desde el principio reacciona uno a partir de la tesitura de fortaleza y se muestra dispuesto a no tolerar conducta abusiva por parte ajena, se enseña al interlocutor, de una vez por todas, algo muy importante: que uno no permitirá ni por un segundo que le maltraten.

Pero es probable que la reacción de usted fuera desastrosamente distinta. Si lloró, se mostró dolida, agraviada o temerosa, lo que hizo fue la señal fatídica de que, aunque ni mucho menos le hacía gracia el modo en que se la trataba, no por ello iba a dejar de aceptarlo y, lo que todavía resultaba más significativo, hasta permitiría incluso que la manipulase.

Cuando expliqué a Gayle esta teoría, me contestó: «¡Jamás hubiese podido reaccionar del modo que usted dice que puedo!». Al principio, quiso defender la posición atrincherada consistente en que la culpa de su condición de víctima correspondía por entero al marido y a los hijos, y deseó que me mostrase compasivo con ella y me convirtiera en aliado suyo frente a las tribulaciones que la afligían. Cuando persistí en mi punto de vista de que, para causar su impacto psicológico, el «golpe de karate» no necesita ejercer violencia física ni de ninguna otra clase, y cuando le dije que ella podía haber abandonado la habitación, negarse a dirigir la palabra al esposo o incluso avisar a la policía, para demostrar su intransigencia, Gayle empezó a captar la idea. No tardó en aceptar el hecho de que ella misma había indicado a casi todo el mundo que estaba dispuesta a ser una «paria» y resolvió afanarse en adelante para cambiar aquel estado de cosas personal.

Los nuevos comportamientos de Gayle se proyectaron sobre el objetivo de enseñar a su esposo y a sus hijos que no iba a seguir dejándose esclavizar. Le llevó algún tiempo transmitir, hacer comprender ese mensaje, puesto que los opresores detestan renunciar a sus poderes y se resisten combativamente a ello, pero, como estaba firmemente decidida, ganó la mayoría de las batallas. Cada vez que los niños se mostraban irrespetuosos, Gayle reaccionaba alzando la voz y exigiendo de manera inflexible que cumpliesen lo que se les había ordenado o cualquier tarea que hubiesen intentado eludir para que la hiciese ella. Lo que representó un auténtico sobresalto para los chicos, que nunca habían oído a su madre expresarse en aquel tono ruidoso. Se negó en redondo a actuar de chófer para ellos, en determinados días, y dejó que se las arreglaran por su cuenta. Si no podían ir a pie, deberían trasladarse en sus bicicletas o encontrar a alguna otra persona que los llevara en coche; de otro modo, tendrían que renunciar a la actividad concertada.

Los hijos de Gayle comprendieron en seguida de que mamá había dejado de ser la dulce víctima de siempre... no porque gritase o llorara una barbaridad, sino porque con su nueva manera de comportarse y la firme determinación de meterlos en cintura les enseñó que no todo el monte es orégano. Y de nada les valía a los chiquillos esforzarse en hacerla sentirse culpable.

Con su marido, Gayle estructuró un nuevo enfoque relativo al modo en que iba a ser tratada en adelante. Una de las tácticas favoritas del esposo consistía en manifestarse disgustado y furibundo con Gayle, particularmente cuando estaban cerca los niños u otras personas adultas que pudieran oírle. Gayle siempre se acoquinaba ante aquello; *no* quería provocar ninguna escena, de forma que se mostraba silenciosa, obediente e incómoda. Su primera misión reivindicativa estribó en afrontar a su esposo, replicándole en el mismo tono alto de voz que empleó él, para abandonar el cuarto acto seguido.

La primera vez que Gayle hizo la prueba, tanto el marido como todos los presentes se quedaron de una pieza. La pequeña y sumisa Gayle se ponía en plan de criada respondona. Nadie podía creerlo. El marido reaccionó con un clásico procedimiento acusatorio, tratando de inducirla a sentirse culpable: «¿Qué van a pensar los niños al oír a su madre hablar de esa manera?».

Al cabo de unos meses de poner en práctica sucesivos sistemas de comportamiento más efectivos, Gayle tuvo la alegría de poder comunicar que todos los miembros de su familia la trataban ya de modo radicalmente distinto. Habían intentado poner coto a esas nuevas pautas de Gayle, a base de tildarla de egoísta, «antipática», desagradable, y de decirle frases como: «No es propio de ti soltar esas cosas, mamá»; y: «Si nos quisieras, no serías tan mala». Pero Gayle ya estaba prevenida frente a tales estratagemas y, como no hizo caso de ellas, no tardaron en desaparecer.

Gayle aprendió por propia experiencia, de primera mano, que a uno le tratan del modo que enseña a la gente a que le traten. Ahora, tres años después, en muy raras ocasiones le faltan al respeto o la tratan abusivamente los demás, y mucho menos sus familiares inmediatos.

SE ENSEÑA A LA GENTE MEDIANTE LA CONDUCTA, NO CON PALABRAS

«Obras son amores, que no buenas razones.» Así habló Fernando de Rojas, autor español de hace casi quinientos años. Si intenta usted transmitir mensajes importantes de rebeldía a la sojuzgación, comunicándolos a través de prolongados debates, su única retribución estará en las palabras que se intercambien entre usted y sus avasalladores. Y, con mucha frecuencia, las discusiones largas son herramientas que emplean los autócratas. «Está bien, hemos celebrado una pequeña charla, comprendo tu punto de vista y quieres que no vuelva a hacer eso más.» Pero la próxima vez que el problema aflora, el debate anterior se dará por olvidado, y usted acabará recibiendo al final el mismo viejo trato de siempre. Si da pie para entablar conversación y se muestra conforme en que las cosas han de arreglarse, conseguirá hundirse todavía más en la trampa de la cháchara hueca. Puede haber infinidad de «comunicaciones» entre usted y el prójimo en peso, pero hasta que usted aprenda a conducirse según pautas eficaces, seguirá viéndose atropellado y encima tendrá que gastar ingentes cantidades de saliva, dándole vueltas y vueltas al asunto. Muchas personas derraman toda esa palabrería sobre sus terapeutas, quienes a su vez escuchan interminablemente relatos protagonizados por los espantosos dictadores que amargan la vida al cliente de turno... y eso es todo lo que se consigue, ni más ni menos que hablar y hablar.

La terapia debe ser una experiencia que enseñe nuevas *normas de comportamiento* y combata la verborrea. Si usted cuenta lo mal que se siente a *alguien* y esa persona no le proporciona más que apoyo y participación afectiva, entonces usted sólo consigue ser víctima por partida doble. De un lado, los opresores de su mundo, que le sojuzgan, y, de otro, la persona a la que está usted pagando, sólo para que le compadezca.

El comportamiento es el maestro más eficiente del mundo. El acto que demuestra su resolución personal vale más que un millón de palabras bien intencionadas. Observe a sus hijos y el modo en que reaccionan frente a los bravucones que les molestan. Un matasiete infantil intimidará a nueve de cada diez chavales más pequeños y esas víctimas rogarán, llorarán, chillarán o irán a quejarse ante un adulto, pero la intimidación continúa. Y entonces sale el chiquillo número diez e, incluso aunque es más pequeño que el «matón», se deja de pamplinas y aplica a éste el correctivo oportuno. De forma que el elemento chinchorrero no tiene más remedio que decirse para sí: «Éste es el único que devuelve los golpes, y aunque soy mayor que él, como no quiero que me sacudan de nuevo y perder la faz, será cuestión de dejarle tranquilo... La próxima vez buscaré otro que acepte el castigo».

El comportamiento es el único modo de enseñar a los demás a que se abstengan de fastidiarle a uno. Al dar un paso al frente, aceptar el riesgo y «pasar a mayores», aunque a veces se pueda recibir un varapalo, uno transmite el mensaje de que no está dispuesto a que le joroben y, desde luego, el agresor no va a irse de rositas. Olvídese de promesas y buenas palabras cuando se encuentre ante alguien proclive a abusar de usted de alguna manera.

Carlyle lo expresó así:

> Si usted no quiere que un hombre haga determinada cosa, el mejor sistema consiste en inducirle a que hable de ella; porque cuanto más hablan los hombres, más probabilidades hay de que no hagan nada.

Cada vez que se apreste a explicar a alguien cómo desea que se le trate, pregúntese previamente si su explicación va a servir de algo. ¿Malgasta sus energías dirigiendo la palabra a un vendedor al que realmente le tiene sin cuidado lo que usted dice? ¿Discursea a sus hijos, a los cuales la arenga les entra por un oído y les sale por otro? ¿Le escucha su cónyuge como quien oye llover, para luego seguir haciendo una y otra vez las cosas a las que usted pone reparos? He aquí tres ejemplos de otras tantas situaciones en las que las palabras resultan inútiles, aunque a través de la aplicación creativa de nuevas normas de conducta, la gente puede empezar a recibir el trato que desea.

1. PADRES E HIJOS. Corinne tiene tres hijos por los que se siente sojuzgada durante una barbaridad de tiempo. Prácticamente, se pasa la vida hablándoles y

haciéndoles reflexiones, pero los chicos no parecen asimilar nada.

De vacaciones, Corinne y su familia están en la playa. El marido disfruta por su cuenta, pero la madre ha enseñado a las criaturas que ella es el árbitro de todas las disputas infantiles, por lo que oye:

—Billy me está tirando arena, mamá.

—Deja de hacer eso inmediatamente, Billy.

Tres minutos después:

— Billy me está salpicando, mamá. Ordénale que no me salpique más.

—Díselo a tu padre.

—Ya se lo he dicho. Me ha contestado que eso no va con él, que recurra a ti.

Diálogos como éstos pueden repetirse indefinidamente. Cada uno de los chiquillos apela a Corinne y consigue su atención. Corinne reacciona exactamente como ha indicado a los niños que iba a reaccionar: reprendiendo o quejándose, pero sin ir más allá.

En el supermercado, el más pequeño de los hijos pide un chicle de la máquina. Corinne dice que no. El chaval coge una rabieta que se prolonga hasta que Corinne ya no puede aguantar más y cede. El mensaje: «Si quieres algo, no me hagas maldito caso, coge un berrinche, y al final te saldrás con la tuya». Corinne se pasa la vida perorando a los críos, pero éstos no oyen lo que dice, porque las palabras están desconectadas de la realidad.

Corinne puede enseñar a sus hijos mediante la conducta, en vez de las palabras, o puede emplear las palabras y subrayarlas por la acción. Cuando los chicos acudan a ella para que actúe de juez, Corinne puede sencillamente esfumarse. Sí, quiero decir que desaparezca, que se vaya y deje que los mozalbetes zanjen sus disputas por sí mismos. Puede encerrarse en el cuarto de baño, puede salir a dar un corto paseo (si los niños no son demasiado pequeños para quedarse solos en casa), etcétera. O puede limitarse a decir: «Esta vez vais a solventar solitos el problema», y hacer caso omiso de sus quejas o protestas.

Puede dejar que el benjamín siga en la tienda con su berrinche, hasta que se canse, demostrádole que mamá no va a dejarse manipular por temor a encontrarse violenta.

Cuando se les deja solos, los niños son sensacionales a la hora de resolver sus propias cuestiones y raramente solicitan la intervención de árbitros, si saben que no se les va a prestar interés o van a conseguir alguna ventaja en la resolución de la disputa planteada. Cuando uno abandona la actitud de meter baza en el asunto, en plan de juez, enseña a los chiquillos a pensar por sí mismos, a consultar y valerse de sus propias fuerzas y a no manipular a los demás. La mayor parte de los actos infantiles que originan las quejas de Corinne son consecuencia de que la mujer empleara exclusivamente palabras, y no hechos, al comunicarse con sus hijos.

2. DIFERENCIAS CONYUGALES. Las relaciones sexuales de George con su esposa son algo fatal. George ha debatido el asunto con ella, cara a cara, explicándole su punto de vista hasta quedarse ronco. Pero en vano. La mujer sigue sin comportarse como a George le gustaría.

Cada vez que acaban de hacer el amor, George procede del mismo modo típico: se lamenta o expone la decepción que siente, pero la esposa no parece captar el mensaje. El objetivo de la mujer consiste en rematar el coito lo antes posible. A George le gustaría que ella fuese más agresivamente excitable y que, en vez de hacer siempre los mismos movimientos, realizara números distintos. Pero la verdad es que la esposa todavía no se ha enterado de la forma en que George desea que se le trate.

George puede enseñar a su cónyuge nuevas pautas de comportamiento sexual, sin pronunciar una sola palabra. Puede coger las manos femeninas y colocarlas donde le gustaría que estuviesen, puede dilatar toda la experiencia por el sistema de ir demorando todos sus actos y puede demostrar prácticamente las técnicas sexuales que le placen, en vez de hablar de ellas.

Si a usted no le gusta el modo en que lo tratan en la cama, puede resultar estupendo extenderse en consideraciones verbales acerca de su insatisfacción, pero esas expresiones de disentimiento probablemente le causarán más problemas que los que le resolverán. Es mucho mejor ir directamente en busca de lo que desea. Si su cópula resulta siempre excesivamente rápida, retárdela mediante un comportamiento demostrativo de que el acto sexual puede resultar más grato para ambos miembros de la pareja si se tarda más en su ejecución. Si usted no alcanza el orgasmo, esfuércese en contribuir a que su cónyuge se entere de lo que usted desea, recurriendo a un canal inteligente de conducta, en vez de emplear la charla explicativa.

Esto no es una censura de la comunicación oral entre parejas, sino una ojeada a la manera de lograr que le traten a uno como desea ser tratado, después de que las palabras no hayan conseguido transmitir eficazmente el mensaje.

3. LA ESPOSA MAGULLADA. Las esposas maltratadas de obra constituyen casos demasiado corrientes en nuestra cultura, como puede atestiguar cualquier terapeuta que haya dedicado bastante tiempo a la terapia de familia. Serían mucho menos corrientes si las esposas aprendiesen a reaccionar ante tales tácticas empleando el comportamiento práctico en lugar de las palabras.

Marie llevaba tres años convertida en blanco de las agresiones físicas de su marido. Había sufrido contusiones, hematomas e incluso la rotura de algunos huesos. Después de cada incidente, su esposo se disculpaba con prodigalidad y prometía no volver a hacerlo. Y Marie, tras quejarse, llorar y rezar, todo copiosamente, se limitaba a esperar que en el futuro mejorasen las cosas. Pero cuando el explosivo temperamento del esposo estallaba de nuevo, Marie recibía otra tunda.

Después de que el marido le pusiera un ojo afrentosamente negro, Marie se convenció de que tenía que hacer algo, de modo que se marchó de casa y estuvo ausente del domicilio conyugal durante tres días. No avisó al esposo, ni le informó siquiera de las señas del lugar donde pensaba ir a alojarse. Simplemente cogió a sus dos hijos y se hospedó en un motel. Su objetivo estribaba en demostrar al marido que no estaba dispuesta a seguir aguantando malos tratos y que, si alguna vez volvía a ocurrir, ella repetiría la experiencia de marcharse.

Durante los tres días que Marie y los niños estuvieron fuera, el esposo anduvo frenético. Cuando regresaron, se quejó una barbaridad, pero había empezado ya a aprender una lección de incalculable valor: si se golpeaba a Marie, ésta desaparecía.

El esposo de Marie la golpeó una vez más: acto seguido, la mujer se eclipsó durante una semana. Estaba dispuesta, caso de ser necesario, a desaparecer definitivamente de la vida de su marido, e incluso no iba a molestarse lo más mínimo en celebrar una conversación larga con él para discutir el asunto; no hizo más que presentarle el ultimátum lacónicamente. Pero el hombre comprendió que Marie había llegado a la conclusión de que conservar la vida era más importante que estar casada con un esposo que la sacudía con regularidad, pese a que ella le quería mucho. Así que el hombre «decidió» que era cuestión de dominar su mal genio. Al adoptar reacciones radicales frente a la conducta abusiva, Marie enseñó adecuadamente a su esposo cómo debía tratársela y, en adelante, el hombre no volvió a golpearla.

Estas experiencias típicas, con las que uno puede muy bien tropezarse en su propia vida, demuestran que no es imprescindible hacer algo inmoral o contrario a los valores morales de uno, cuando se necesita dar una lección a alguien y las palabras han patentizado su inutilidad. Verdaderamente, como dijo Ibsen: «Mil palabras no dejarán una impresión tan profunda como un hecho». De modo que empiece usted a dar pasos constructivos en dirección a la meta de enseñar a la gente la forma en que ha de tratarle, prescindiendo de las palabras cuando no den resultado y creando, en cambio, un arsenal de pautas de comportamiento que coloquen todo su ser en el punto donde está la boca.

¿QUÉ ESPERA USTED DE UN BORRACHO?

Una de las posturas sojuzgadoras más ilógicas que las personas suelen imponerse a sí mismas es la de esperar de los demás cosas totalmente reñidas con la realidad y cuando los demás no responden de acuerdo con lo que se espera de ellos, las personas en cuestión se sienten desconcertadas, escandalizadas, ofendidas o turbadas. Este juego conlleva el deseo de que los demás aprendan lo que no es posible enseñarles o lo que no corresponde a uno enseñarles. Un ejemplo clásico de esta clase de pensamiento autoavasallador reside en la forma en que muchas personas reaccionan ante los borrachos.

Tomemos un ebrio. Usted lo ha clasificado y etiquetado como borracho y usted sabe perfectamente qué es un borracho. Ahora bien, si usted se conturba cuando ese borracho actúa como tal, ¿está usted a tono con el mundo y el modo en que funciona? ¿Quién es la persona enajenada? ¿El borracho que se comporta como un borracho o usted que espera de él que actúe como un individuo sobrio? Si espera usted que muchos borrachos se muestren insubordinados, recalcitrantes, excesivamente parlanchines, faltos de coordinación o lo que sea, difícilmente se sorprenderá si el ebrio de esta noche manifiesta tal conducta, y usted debería reaccionar de

190

acuerdo con ello: Ignórele, apártese de él o ponga en práctica cualquier otra táctica que le sirva. Al obrar así, evitará que el beodo le accione los mandos de alguna manera.

He aquí algunos ejemplos de la mentalidad tipo «esperanza de comportamiento sobrio por parte de un borracho» que sojuzga a tantas personas:

—«Mi esposa es una persona callada. La verdad es que el hecho de que no me dirija la palabra me pone los nervios de punta.»

¿Qué espera de una persona silenciosa? ¿Ruido? Si su cónyuge es callado, alterarse porque se comporta del modo en que uno presagia que va a comportarse no deja de ser lo que se dice absurdo.

— «A mi chico no le va eso de jugar a la pelota. Me fastidia de veras que sea tan poco atlético y deportista.»

¿Pero cómo va a esperarse que a alguien no le gusta lanzar una pelota de un lado a otro se le dé bien esa actividad? Así, ¿quién está chalado? ¿El chico, que hace precisamente lo que uno esperaría que hiciese, o usted, que espera que un mozalbete poco inclinado al deporte sea atlético?

—«Ese yerno mío siempre llega tarde. Me pone negro cada vez que se retrasa.»

Evidentemente, la relación podría prolongarse de modo indefinido y, en realidad, se prolonga. La cuestión es que, tanto si empieza como si no a enseñar a las personas a suprimir costumbres que se impongan sobre usted, lo que sí ha de demostrar es que no va a dejarse perjudicar o inmovilizar por esas personas cuando se comporten como usted debiera haber previsto que iban a comportarse.

SOBRE LA FORMA DE MANIFESTARSE EFICAZMENTE ENÉRGICO

Muchas personas presuponen que ser enérgico significa mostrarse desagradable, antipático o deliberadamente insultante, pero no es así. Significa efectuar declaraciones audaces y llenas de confianza, en defensa de los derechos de uno o de su posición de redimido.

Uno puede aprender el arte de discrepar sin mostrarse desagradable y uno puede hacer valer sus reivindicaciones sin necesidad de ser arisco. Si a usted le tratan del modo en que enseña a los demás a tratarle, entonces no tiene más remedio que mostrarse enérgico. Porque, si no recurre a la energía, es harto probable que acaben tratándole como víctima.

Las personas que alcanzan sus objetivos accionando sus propios mandos no se asustan ante el riesgo que pueda entrañar dar un paso al frente e insistir en la defensa de sus derechos, cuando éstos se ven amenazados. Han aprendido a combatir sus temores internos. Es posible que no sean «valientes», pero sí poseen firmeza y están determinadas a no retroceder ante potenciales avasalladores. Y el otro lado de la moneda es que cuanto más eluda el comportamiento enérgico, más indica al prójimo que está usted predispuesto a convertirse en víctima ajena.

Veamos algunos ejemplos de «triunfos de la energía» comunicados por clientes que trabajaron de manera específica en el mejoramiento enérgico de su conducta cuando estos incidentes ocurrieron.

— Lois ha llevado consigo al banco a su hijito de cinco años. De súbito, el niño tiene la imperiosa necesidad de ir al lavabo. Lois se acerca al cajero y le ruega: «¿Podría utilizar los servicios, por favor? Mi hijo tiene una urgencia». El cajero responde: «Lo lamento, señora, los aseos son exclusivamente para los empleados». ¿Qué puede hacer Lois? ¿Dejar que el niño se orine en los pantalones, salir corriendo en busca del retrete de alguna estación de servicio o inclinarse por alguna otra de las diversas alternativas vejatorias para Lois y para el chiquillo? No, la verdad, Lois se va derecha al director del establecimiento bancario y manifiesta con firmeza: «Mi hijo tiene una necesidad perentoria y quisiera utilizar su lavabo ahora mismo. El cajero me ha dicho que eso no puede ser y si usted hace igual cancelaré mi cuenta y no volveré a trabajar con este banco». A Lois se le permite automáticamente pasar a los servicios y se le presentan excusas por la insensibilidad del cajero. Conclusión: A uno le tratan como enseña a las personas a que lo traten... muéstrese enérgico y no le convertirán en víctima.

— Charlie entra en una tienda y pide al dependiente que le cambie un cuarto de dólar, porque se ha quedado sin monedas para el contador del aparcamiento. El dependiente responde en tono irascible: «¿Se ha creído usted que esto es un banco? ¡Entrar aquí en busca de cambio! Este negocio está montado para ganar dinero, no para proporcionar calderilla a la gente». Charlie se hace cargo de la situación instantáneamente y afronta al empleado: «Salta a la vista que algo le quemaba la sangre y el hecho de que haya venido a pedirle cambio le ha puesto en ebullición. Le agradecería que, aunque no le compre nada, hiciese usted una excepción y me cambiara la moneda. Y espero que mejore su día». A Charlie le deja agradablemente sorprendido la reacción del dependiente. No sólo le cambia la moneda, sino que incluso le pide disculpas: «Lamento de veras haberle hablado en el tono que lo hice. Es que hoy llevo una jornada negra. No lo tome como algo personal». De haberse callado, Charlie habría salido del establecimiento con el ánimo afligido y sin el cambio que deseaba. Un simple acto de entereza dio la vuelta a todo el asunto y, cuando me refirió la escena, durante una de las sesiones de orientación psicológica, su recién hallada aptitud le producía una especie de éxtasis.

— El marido de Patti llevó a casa un cachorrillo e informó a la mujer que «ambos» iban a tener ahora dos perros. Pero el hombre esperaba que *Patti* se encargase de todo lo referente al animalito, limpiarlo, cuidarlo, arreglar sus papeles, albergarlo en la cocina, etcétera. A través de su comportamiento pretérito, Patti había indicado a su esposo que aceptaría realizar tan desagradables tareas cada vez que él se las impusiese.

La solución de la mujer consistió en decir al esposo que tener otro perro en casa le parecía bien, pero que se trataba de una decisión adoptada por él y, en consecuencia, la responsabilidad del perro le correspondía a él, al marido. Entonces, se negó a cambiar los papeles del cachorro, a dejarlo entrar en la cocina y a pasearlo. Al cabo de dos días, el marido de Patti devolvió el animal a la tienda y, merced a la conducta enérgica de la mujer, aprendió el modo en que debía tratarla.

— Murray había decidido abandonar la bebida. Síntomas de inminente alcoholismo le señalaron el camino de las sesiones de orientación psicológica y el hombre estaba determinado a manejar sus propios mandos. Pero sus amigos no le ayudaban gran cosa, como indica este diálogo desarrollado en una sala de fiestas nocturna:

—Toma una cerveza, Murray.

—No quiero beber.

—Vamos, no seas aguafiestas, toma un trago.

—No, gracias.

Al camarero:

—Sírvele una cerveza.

—¡No, *gracias*!

Al camarero otra vez:

—Sírvele una cerveza a mi amigo Murray, sólo una... ¡Venga, Murray, toma un trago! ¡Ya la tienes servida!

—Puedes pagar todo lo que quieras, pero yo no voy a beberlo.

Al negarse a tomar la bebida, que le resultaba contraproducente, Murray utilizó su nueva entereza para demostrar a sus amigos cómo tenían que tratarle, pese a que ellos emplearon diversas maniobras en sus intentos de someterle.

Adele siempre había preparado una cena de Acción de Gracias para la reunión de toda su familia, sin recibir nunca ayuda de nadie. En ninguna de las ocasiones pudo disfrutar de la fiesta, pero de una manera o de otra se las arregló siempre para que resultara un gran acontecimiento. Dedicaba tiempo y esfuerzo a la preparación del menú, limpiaba y arreglaba la casa de arriba abajo, gastaba más dinero del que podía permitirse, servía la comida y fregaba después los cacharros, sin que todo ello le procurase siquiera el más mínimo agradecimiento. Durante la fiesta, siempre se sentía avasallada y, tras cada día de Acción de Gracias, pasaba una semana sumida en un ataque de depresión, mientras se prometía que aquello no iba a repetirse. Sin embargo, transcurridos veintidós años, continuaba haciendo lo mismo, porque era lo que se esperaba de ella.

Hasta que un año, Adele remitió a todos los miembros del clan, el 10 de octubre, una carta en la que les comunicaba una nueva tradición. La comida de Acción de Gracias tendría lugar en un precioso restaurante del centro de la ciudad. Cada familia se encargaría de formalizar sus correspondientes reservas. Después, podrían asistir a un concierto. A todo el mundo le pareció una idea estupenda. Durante los últimos tres años, Adele se ha ahorrado los abatimientos del día de Acción de Gracias y ahora disfruta de una fiesta que en otro tiempo constituyó una auténtica espina en su vida. La conducta enérgica representó un éxito, no sólo para Adele, sino para todos los relacionados con el asunto.

— Irene y Harold se encontraron de pronto convertidos en víctimas de un conocido que los adoptó, a ellos y su domicilio, como punto de refugio. Sam se presentaba sin previo aviso y dedicaba horas y horas a hablarles de su fracasado matrimonio y de otras sórdidas historias que Irene y Harold tenían que escuchar.

Al principio, Irene y Harold, que no deseaban herir los sentimientos de Sam, se abstuvieron de exponer lo que realmente pensaban. Supusieron que era mejor ser insinceros y dejarse sojuzgar por un amigo que ofender a un invitado, provocar una escena, etcétera. Pero, al cabo de dos meses, Irene ya no pudo soportarlo más y acabó por decirle a Sam que no *quería* seguir escuchando los tristes pormenores de su existencia, como tampoco deseaba que se invadiera su hogar cada vez que él, Sam, experimentase la apremiante necesidad de disponer de un auditorio.

A partir de entonces, Sam no abusó más de la amistad de Irene y Harold. Empezó a llamar antes de visitarles, para preguntar si podían recibirle, y sus visitas, por otra parte, se hicieron menos frecuentes. La postura enérgica de Irene indicó a Sam el modo en que ella deseaba ser tratada de igual manera que la conducta tímida anterior había enseñado al amigo que no existía inconveniente en que coaccionase a Irene y a su esposo.

— Tony siempre se había manifestado débil y sumiso en sus tratos con los vendedores. A menudo, compraba cosas que no deseaba, sólo porque no se atrevía a correr el riesgo de herir los sentimientos de los dependientes. Un día, cuando había emprendido ya la tarea de vigorizar su carácter, Tony entró en una tienda a comprarse unos zapatos. Le mostraron un par que le gustaba y dijo al vendedor que se quedaba con ellos. Pero cuando el vendedor los metía en la caja, Tony observó un pequeño rasguño en uno de los zapatos. Dominó rápidamente su primer impulso de «olvidarlo» y dijo al empleado: «Por favor, tráigame otro par. Uno de estos zapatos tiene un arañazo».

Con gran asombro por parte de Tony, el vendedor respondió: «Sí, señor, ahora mismo». Tony salió de aquella experiencia con un par de zapatos perfectos y el conocimiento de lo fácil que resulta evitar que abusen de uno, incluso en detalles insignificantes, si uno se muestra decidido.

Este particular incidente constituyó un punto de partida decisivo para Tony. Empezó a poner en práctica un comportamiento enérgico en todos los terrenos de la vida, donde los resultados fueron mucho más trascendentes que el de conseguir un par de zapatos sin tara. Su jefe, su esposa, sus hijos, y sus amigos, todos se hicieron lenguas del nuevo Tony, que ya no aceptaba el «castigo». Tony, no sólo alcanza con mayor frecuencia lo que quiere, sino que también se ha ganado un respeto inconmensurable por parte de los demás y de sí mismo.

ALGUNAS CATEGORÍAS CORRIENTES DE PERSONAS A LAS QUE USTED MISMO HA ENSEÑADO A CONVERTIRLE EN VÍCTIMA DE ELLAS

Relacionamos a continuación algunas clases comunes de «verdugos» potenciales e incluimos algunas ideas acerca del modo de estudiarlas, con vistas a enseñar a tales personas cómo desea usted que se le trate. Indudablemente, se reconocerá usted como víctima, en el pasado, de varios de esos tipos y, si es usted sincero consigo mismo, observará que en más de una ocasión entró también a formar parte de determinadas categorías de avasalladores de los demás.

— *Borrachos y «eufóricos».* Aunque es posible que usted no desee o no esté en condiciones de enseñar a alguien que está «fuera» algo que recuerde durante mucho tiempo, sí puede demostrarle a corto plazo que el sujeto en cuestión pierde el tiempo y no va a sacar nada empleando tácticas abusivas sobre usted. Los borrachos y «eufóricos» que no paran de hablar, babear o tropezar con usted, irán a dar traspiés a otro sitio si ven que no se les hace caso. Si cuando tratan de «arrinconarle» observan que pinchan en hueso, lo normal es que se larguen en busca de un ser «animado», en vista de que su interlocutor no responde. Y si ellos no lo hacen, usted sí.

— *Pelmazos.* Si usted permanece quietecito, escuchando cortésmente a un individuo «plomo», asintiendo con la cabeza, pero rechinando los dientes de aburrimiento y fastidio ante el monólogo egoísta e imperturbable, lo que indica con su actitud es que el pesado de turno ha de hacer precisamente lo que a usted le molesta. Pero, por regla general, los pelmazos se percatan a cierto nivel de que la capacidad de aguante del oyente se está agotando y, con frecuencia, aplican el freno si uno. da muestras de que conoce el medio de romper el cerco a que está sometido, tal vez mediante algún comentario expresado bonachonamente, pero con firmeza. Por ejemplo: «¡Eh! ¿No te has percatado de que llevas ya un cuarto de hora hablando, sin reparar en que lo que dices me importa un bledo?». Es mejor aflojar que perder del todo un oído.

— *Quejicas y lloricas.* A las personas que abusan de uno utilizándole a guisa de paño de lágrimas para sus quejas y lamentos se les puede hacer comprender que, sin víctimas propiciatorias, se encuentran en paro forzoso, y a uno no le resulta difícil darles una buena lección, mediante el sencillo procedimiento de demostrarles lo inexistente que es en realidad su «dominio» sobre uno.

— *Matones.* Los matones que atropellan y molestan a los demás, «juguetonamente» o de cualquier otro modo, raramente responden a las sutilezas; enseñarles que uno no está dispuesto a aguantar sus «bromas» suele requerir la práctica de un comportamiento enérgico.

—*Anfitriones coactivos.* Las personas de las que es usted invitado pueden ponerle las cosas muy difíciles a la hora de escabullirse para no participar en juegos que no le gustan, comer alimentos que no le apetecen o realizar cierto número de cosas que normalmente se le piden a un «invitado cortés». Pero las oportunas tácticas «discretamente efectivas» pueden indicar a los anfitriones que la cortesía ha de ejercerse en ambos sentidos.

— *Polemista.* Para evitar discusiones que no proporcionan satisfacción alguna, uno tiene que negarse en redondo a intervenir en el juego, sea el que sea, desde el principio. Las personas aficionadas a la controversia aprovechan las inclinaciones de sus víctimas para inducirlas primero a entablar conversaciones sobre el tema y atraparlas después en el vituperio. Con los polemistas, el quid consiste en mantenerse emocionalmente distanciado, al objeto de estar en situación de poner en funciones las estrategias citadas antes.

— *Fanfarrones y cuentistas.* No devuelva las fanfarronadas si no quiere verse enzarzado en una competición para determinar quién suelta el rollo más largo y que menos interesa a los demás. Si se abstiene de participar en ese juego, puede enseñar a los otros lo que necesitan aprender, con sólo demostrarles que los considera simples pelmazos.

— *Mentores.* Las personas a las que les encanta aleccionarle acerca de por qué no debió usted comportarse como lo hizo o que tienen una predisposición enorme a endosarle preciosas conferencias morales basadas en su convencimiento de que usted debe pensar, sentir y conducirse como ellas, continuarán en sus trece indefinidamente, so pena de que usted las enseñe de forma clara que no se encuentran en situación de manipularle, tratándole con tales aires de superioridad.

— *Interruptores.* Hay que enseñar a tener un poco de paciencia a las personas incapaces de esperar a que se produzca una pausa en la conversación, para echar su cuarto a espadas y expresar *sus* opiniones. Si usted entonces las interrumpe, lo que hace es corroborar la regla de que «la voz que más grita y más insiste es la que se lleva el gato al agua». Pero si usted reacciona con un súbito y «sobresaltado silencio» en el instante en que le dejan con la palabra en la boca, las induce a darse cuenta de lo que han hecho y, en muchos casos, se disculparán. Si no captan la indirecta silenciosa, entonces la próxima vez puede usted decir: «¡Con ésta son diez veces las que me interrumpes! ¿Es que no eres capaz de manener en la memoria lo que quieres decir, hasta que yo haya terminado?». A menos que la persona sólo desee intimidarle (y usted sabe que entonces lo hacen), lo normal es que se esfuerce en restringir su costumbre, aunque es posible que siga haciéndole falta que usted le llame al orden de vez en cuando: avisos afables, naturalmente.

— *Desvergonzados.* Si es usted proclive a escandalizarse por el lenguaje, las imágenes sexuales, los chistes verdes, las historias peregrinas o las cosas de tipo grosero o raro, los descomedidos aprovecharán tal circunstancia para avasallarle. Para demostrarles que el truco no funciona con usted, niéguese a sentirse ofendido para su provecho o diversión y, si es necesario, patentice que considera infantil semejante comportamiento.

— *Embaucadores y camelistas.* La frialdad indiferente suele ser el único instrumento eficaz para indicar a los individuos que en absoluto tienen interés alguno por usted (aunque simulen tenerlo), salvo en lo que se refiere a lo que pueden sacarle.

— *Resentidos.* Las personas que intenten utilizar su resentimiento por algo que haya hecho usted, para manipularle y convertirle en víctima, sólo desistirán de su empeño cuando usted les demuestre que ni por asomo va a permitir que ese resentimiento influya sobre sus decisiones. Pruebe a comunicárselo así y, caso de que no resulte, recurra a las estrategias dispuestas para tratar con las personas que no le comprenderán.

— *Informadores y denunciantes.* Sólo pueden extorsionarle si usted cree que la opinión de los demás, acerca de lo que ha hecho, es más importante que la suya propia o si alberga miedos paralizadores en cuanto a «¿qué pasará si...?». Muchas veces, un encogimiento de hombros o un lacónico «¿y qué?» indicarán al «informador» que usted no se siente intimidado. Recuerde que, frente a tales sujetos, las amenazas pueden resultar útiles, pero lo cierto es que la denuncia casi siempre es inútil.

— *Porfiadores obstinados.* Las personas firmes y perseverantes en sus tentativas para que usted haga las cosas del modo que ellas quieren, raramente abandonarán su empeño, dejándose convencer por razones o palabras. El único sistema para combatir sus alegatos, súplicas, halagos o exigencias consiste en hacer oídos sordos y negarse en redondo a moverse de esa postura.

— *Traficantes de culpabilidad.* Los que pretendan venderle culpabilidad al precio que ellos mismos estipulan, que suele ser la manipulación de usted, aprenderán a no tratar de colocarle su mercancía en cuanto perciban unos cuantos resonantes timbrazos de la caja registradora indicando que no hay operación. Si quiere usted, pruebe a explicarles por qué considera inadmisible el negocio que le ofrecen, pero no espere que sólo con la palabra va a conseguir que suspendan la oferta.

— *Personas de humor variable.* Si el que alguien se deje dominar de pronto por el temor, o por algún talante «contrario», puede arrastrarle a usted hacia esa disposición de ánimo negativa, su independencia (por no decir su felicidad) puede verse socavada, en cuyo caso existen no pocas posibilidades de que se convierta usted en víctima. Persista en el humor que prefiera, explique a su interlocutor que la desdicha que le aqueja no necesita la compañía de usted y viceversa, pregúntele si cree que dos personas revolcándose en la tristeza es mejor que una sola... pero al final, naturalmente, ignore los arrebatos de melancolía ajenos.

— *Avariciosos*. La avaricia muy bien puede ser el sojuzgador original del mundo. Si alguien próximo a usted es avaricioso y usted coloca sus propios principios e independencia por debajo de la lealtad a ese alguien, puede verse completamente perdido, tanto en lo que se refiere a su tiempo, su dinero, su libertad, etcétera.

Es perfectamente posible querer a las personas y no dejarse seducir por su codicia ilegal o inmoral. De hecho, si usted sigue adelante tranquilamente y la acepta, no está haciendo un buen trabajo en cuanto a afecto. La avaricia es desear más de lo que a uno le corresponde de algo, a expensas de otra persona, y los que arrebatan no son nunca seres felices. La codicia en las personas que usted no conoce o que no le importan es algo que debe suponer de antemano y, en consecuencia, tener dispuestas, cuando trate con esas personas, las estrategias de antiavasallamiento que las enseñarán a dejarle a usted tranquilo. Pero la avaricia en alguien que a usted sí le importa ha de rechazarse con todo principio y toda táctica adecuada de comportamiento de que el redimido disponga.

Los diecisiete tipos de avasalladores comunes que se reseñan en este apartado tirarán de los hilos de usted, so pena de que los aleccione para que no lo hagan. A decir verdad, sobre las reacciones de uno mismo y los hábitos de ellos, siempre se tiene mucho más control del que se pueda creer.

VARIOS TIPOS CARACTERÍSTICOS DE VÍCTIMAS ELEGIDAS COMO OBJETIVO

Nadie está exento de los esfuerzos que para sojuzgarle realizan otras personas. Rico o pobre, blanco o negro, joven o viejo, cada uno de nosotros tiene sus propias batallas peculiares que librar. Sea usted quien sea, la impronta de víctima puede lloverle del cielo en cualquier momento, sin previo aviso, y estampársele en la cabeza... a menos que lleve consigo la sombrilla protectora y los ojos bien abiertos, perspicaz la mirada para avistar la aproximación del tiempo depredador. Sin embargo, siempre hay personas que, para evitar el avasallamiento, tienen que combatir con más denuedo que la mayoría. La filosofía y las estrategias relativas al arte de accionar los propios mandos no dejan de tener aplicación en su caso, pero las batallas que esas personas deben librar son más enconadas y más largas, y mucho mayores las pérdidas correspondientes a los inevitables fracasos. A veces, la lucha para enseñar a la gente que no van a dejarse atropellar les resulta tan costosa que da la impresión de que la victoria es pírrica y no merece tanto esfuerzo. Sin embargo, para los que perseveran y ganan no existe lo que se llama compromiso. Como John Gardner señaló: «No hay victorias fáciles».

Los grandes dirigentes de la Humanidad saben perfectamente que las personas enseñan y aprenden, a través del comportamiento, cómo ha de tratarse a los demás. Apartándonos momentáneamente del personalizadísimo enfoque antisojuzgador que domina este libro, y trasladándonos de modo provisional a un contexto social más amplio, comparemos la filosofía del antiavasallamiento, tal como se ha desplegado hasta ahora, con la actitud de algunos «grandes personajes» que lucharon contra el sometimiento de masas —sojuzgación de grupos oprimidos— a lo largo de la historia. Descubriremos que, en su época, esos prohombres adelantaron la filosofía del antiavasallamiento.

Abraham Lincoln no ignoraba que jamás se aboliría la esclavitud si la gente se limitaba a hablar del asunto y nada más. Se dio cuenta de que a los propietarios de esclavos había que enseñarles, mediante la conducta, un comportamiento firme que dejara bien claro que no iba a seguir tolerándose aquella «institución».

Martin Luther King sabía que la gente tenía que echarse a la calle, armar ruido, emprender marchas, remover las cosas, provocar la promulgación de leyes, para que su sueño se hiciese realidad.

Tanto Lincoln como King estaban perfectamente enterados de que los derechos civiles de las minorías se violaban porque no se erguían el suficiente número de personas para elevar un clamor de: «¡Basta ya! ¡Ni por un *segundo* más toleraremos la esclavitud en *nuestra* sociedad!» Palabras, palabras, palabras... y finalmente, *acción*, para enseñar al prójimo cómo debe tratarle a uno.

Churchill comprendió que uno no *pactaba* con los nazis, como la experiencia le demostró dolorosamente a Chamberlain. Los nazis habrían conquistado el mundo entero si la gente no se hubiera alzado para oponerse a ello, arriesgando la vida y perdiéndola en muchos casos, y detener la locura de la sojuzgación total que el nazismo engendraba.

Jefferson y Franklin sabían que las colonias norteamericanas habían indicado a los británicos que no les importaba que les tratasen como «súbditos» y que, para que las cosas cambiasen, los colonos tendrían que dejar de hablar y pasar a la acción, demostrando con hechos su deseo de independencia.

De manera análoga, las mujeres de la Norteamérica contemporánea han aprendido que deben exigir sus derechos valiéndose para ello del comportamiento, en vez de pedirlos con palabras carentes de significado y frases más o menos explosivas. En gran parte, las mujeres han padecido avasallamiento porque enseñaron a los hombres que ellas eran capaces de soportar la sojuzgación. Cuando ese aguante desaparece, la igualdad empieza, lo que no deja de resultar sorprendente. Los indios norteamericanos han comprendidos que tratados y conferencias no sirven de nada, y ahora se les hace caso, porque no están dispuestos a continuar en plan de víctimas.

En la historia social, los ejemplos son infinitos. En la

Norteamérica contemporánea, Ralph Nader tipifica este concepto. Mediante sus actos y las actividades de sus «incursores», ha convencido a la gente de que no va a permanecer cruzado de brazos y permitir que el abuso continúe visitando a los consumidores. Es un activista que está imponiendo innovaciones, a base de hacerse visible y demostrar su valor y energía con un comportamiento eficaz allí donde importa. Y Ralph Nader obtiene resultados. Tanto si uno está de acuerdo con él como si no, lo cierto es que está consiguiendo que las empresas más importantes del mundo (incluido el gobierno de los Estados Unidos) tomen en cuenta su postura antiavasallamiento. Éste es el modo en que han operado todos los expertos en cambio social: con el comportamiento y la clara visión de que a uno siempre le tratan del modo como él enseña a los demás a tratarle.

Saltan a la vista, con claridad meridiana, los conjuntos de personas que en la historia reciente se han convertido en víctimas evidentes. Los *ancianos* jubilados que han tomado el retiro y han dejado que generaciones más jóvenes cojan el relevo tienen más que ofrecer al mundo que cualquier otro grupo, pero se ven relegados a la categoría de ciudadanos de segunda clase, a quienes en el mejor de los casos la sociedad tolera, porque enseñaron a los jóvenes a tratarlos así. Individualmente, cualquier persona de más de sesenta y cinco años que no desee que la consideren inferior, acabada o fracasada, por regla general se sale con la suya, pero, como grupo, los ancianos se han dejado convertir en un núcleo relativamente impotente en el mundo occidental. (Pero ¡ojo con los activistas *Panteras Grises*!)

Los *grupos religiosos minoritarios* de los Estados Unidos también se han visto ampliamente atropellados, sin que eludieran el abuso, en distintas épocas, judíos, católicos y miembros de prácticamente todas las sectas protestantes. Estos grupos, que han insistido en el derecho a sus creencias y lo han defendido, generalmente salieron de la prueba con el respeto de los demás. Sí, a menudo, el coste ha resultado muy alto, pero, a pesar de todo, la lógica mantiene su vigencia: si uno se deja perseguir y no ofrece resistencia, entonces nunca estará en situación de accionar sus propios mandos.

Evidentemente, la historia de todos los grupos raciales minoritarios en este país ha sido una lucha por cada palmo de terreno. Negros norteamericanos, nativos norteamericanos, asiáticos norteamericanos, portorriqueños, chicanos y cualquier otro grupo étnico que acuda a su memoria, todos han tenido que levantarse y exigir sus derechos, o continuar con su condición de víctimas. Los líderes importantes de estos grupos minoritarios fueron hombres dispuestos a aceptar riesgos, que se alzaron para que se contase con ellos y para defender los derechos de esas minorías. Aunque, desde luego, la discriminación racial continúa hoy, el remedio verdaderamente no residirá en las palabras, sino en una acción que enseñe a los opresores el modo en que debe tratarse a los grupos minoritarios.

Muchos estudiantes de universidades, colegios mayores e institutos de enseñanza media han aprendido penosamente a comprender que el camino para tener voz y voto en sus asuntos no pasa por los gobiernos títere estudiantiles que la administración les brinda, sino que estriba en exigir que se escuche su opinión en lo relativo a las cuestiones de fondo. En todas esas luchas planteadas por los grupos sojuzgados lo que está en juego es la independencia, el derecho de las personas a empuñar sus propias riendas. En la Declaración de Independencia, Thomas Jefferson habló del derecho que asistía a toda una nación, la cual soportaba el peso de un gobierno opresor, para «alterarlo o abolirlo e instituir un nuevo Gobierno».

Las analogías con el avasallamiento individual resultan dolorosamente obvias cuando hablamos de alterar las condiciones sociales, al objeto de evitar que determinados grupos humanos se vean oprimidos por otros grupos que ocupan situaciones de poder. Uno puede aplicar a su propia vida las lecciones de liberación efectiva de grupos. Quienquiera que intente obligarle a usted a marchar en una dirección que no ha elegido por propia voluntad no es menos irresponsable o no está menos descarriado que un propietario de esclavos, un *tory* o un dictador. Uno ha de disponer de su independencia para ser uno mismo y sólo puede conseguirlo enseñando a los demás dónde se encuentran los límites de lo que uno está dispuesto a aguantar.

SISTEMAS PARA INDICAR AL PRÓJIMO CÓMO DESEA USTED QUE SE LE TRATE

He aquí algunas posturas y normas de comportamiento de las que puede usted valerse cuando quiera indicar a otras personas formas de tratarle a usted nuevas y libres de elementos sojuzgadores.

— Elimine de su horizonte la posibilidad de que le avasallen. Acepte el hecho de que tiene usted un historial de ente maltratado, no principalmente porque los demás se hayan aprovechado de usted, sino porque los enseñó a obrar así. La actitud, de la que usted es responsable en lo que se refiere a buena parte del trato que recibe de los demás, transforma lo que usted espera sufrir de ellos en lo que espera de sí mismo. Virtualmente, todos los cambios humanos tienen su punto de partida en la actitud.

— Adopte para sí un código ético de redimido, que puede poner en práctica a través de modos discretamente eficaces, y unas normas acerca de cosas en las que usted se niega a comprometerse. Por ejemplo:

1. No permitiré que ningún ebrio se aproveche

de mí. No hablaré durante más de cinco minutos con una persona bebida, ni subiré nunca a un automóvil conducido por un borracho, para que me lleve a casa.

2. Me negaré a dar explicaciones a alguien cuyo interés por escuchar lo que yo pueda decir brille evidentemente por su ausencia. En el momento en que me dé cuenta de que dirijo la palabra a una pared, interrumpiré mi intento.

3. No seré plato de segunda mesa.

Estas reglas de conducta tienen gran importancia, pero a menos que sus resoluciones contengan cambios prácticos de los que tenga que informar taxativamente —como, verbigracia, que usted se niega a llevar en el coche al campo de golf, todos los domingos, a su esposo y a los amigos de éste, de modo que lo mejor que pueden hacer es buscarse otro medio de transporte—, no es necesario discutirlas nunca con los demás y normalmente no debe hacerlo. Puede originar debates inútiles y acabar con la sensación de que está «haciendo algo».

— Practique al máximo la reacción con la conducta en vez de con las palabras. Reaccione drásticamente ante los intentos de abusos. Pruebe formas nuevas de comportamiento que desconcierten a los sojuzgadores. Si alguien pretende intimidarle a base de tacos, pague en la misma moneda y demuestre que es capaz de ponerse a la altura de las circunstancias y manifestarse enérgico. Retírese de las situaciones en que se le agreda de palabra. Si lo considera necesario, siempre puede volver a casa en taxi. Desde el principio de su nuevo proceso «pedagógico», actúe con firmeza de comportamiento, de modo que el mensaje de que usted no va a aceptar más opresión se trasmita de manera clara y sonora.

— Si, en su casa, alguien elude las responsabilidades que le corresponden y la tendencia de usted es quejarse, pero realizar ese trabajo personalmente, recuerde que ha enseñado a la persona en cuestión a comportarse así. La próxima vez, enséñele algo distinto. Si su hijo tiene que bajar la basura y no lo hace, ordéneselo en seguida. Si ignora el mandato, láncele un ultimátum. Si no hace caso del ultimátum, vacíe tranquilamente el cubo de la basura encima de su cama. Un solo vaciado de basura sobre el lecho del mozalbete representará una lección práctica mucho más eficaz que toda la palabrería inútil que usted pueda pronunciar, con la que sólo conseguirá sulfurarse.

—Suprima de su vocabulario todos los términos y frases quejumbrosas. Deje de reprochar a los demás lo que le pasa a usted. Evite en lo sucesivo decir cosas como: «La culpa es de él», «A ella es a quien hay que cargárselo», «No puedo impedirlo», «Ellos me lo hicieron», «Es que no me respetan», y frases por el estilo. En su lugar, piense para sí: «Les enseñé a tratarme así», o bien: «Ha sido culpa mía, por permitir que esto suceda». Éstos son recordatorios para esforzarse en cambiar la condición de víctima, en vez de potenciarla.

— Abandone la esperanza de que las cosas mejoren. Si espera que la gente deje de atropellarle, acabará esperándolo eternamente. Transfórmese *ahora* en maestro efectivo y no permanezca cruzado de brazos, contando con que el paso del tiempo le proporcionará mejor trato.

— Prométase correr riesgos activos en sus relaciones con dictadores potenciales. Haga acopio del valor suficiente para devolver una vez el golpe propinado por el matón y eche una buena mirada a los resultados. Replique a la persona altiva y despótica. Levante la voz cuando en las discusiones en grupo se vea en peligro de coacción. Retírese de las situaciones en que considere que la trifulca es inútil o no merece la pena. Pínchese en el trasero y, aunque sólo sea una vez, *hágalo*, y descubrirá que el empuje, la energía, le resultará mucho más fácil de conseguir. Toda marcha de mil kilómetros empieza con un paso, pero usted debe estar dispuesto a dar ese primer paso, previa superación, durante un ínfimo segundo, de sus temores e inercia.

— Practique la pronunciación de frases dinámicas, rezumantes de entereza, incluso en lugares donde puedan parecer tontas. Considere estos ejercicios como ensayos con vistas a los grandes acontecimientos. Departa con camareros, vendedores, desconocidos, conserjes, oficinistas, recepcionistas, taxistas, repartidores de leche o con quien sea. Dígales lo que le gustaría obtener de ellos y ya verá si ese «ejercicio» de usted no le proporciona el respeto y el buen servicio por parte de esas personas. Cuanto más ensayo, mejor preparado se encontrará usted cuando se presenten ocasiones importantes.

— Deseche las frases que permiten o invitan a los demás a sojuzgarle. Declaraciones como: «No soy precisamente un gran personaje», «A decir verdad, no soy tan listo como todo eso», «Los números no se me dan bien», «Nunca he entendido gran cosa de cuestiones legales» o «No acabo de coordinar demasiado» son en realidad patentes de corso para que el prójimo se aproveche de usted. Si uno le dice al camarero, mientras éste suma la cuenta, que la aritmética es algo así como chino para uno, está indicando al mozo que a uno se le escapará el «posible error» de la operación.

— Niéguese a realizar tareas que usted odia de manera absoluta y cuyo cumplimiento no le corresponde «obligatoriamente». Si odia cortar el césped o hacer la colada, absténgase de hacerlo durante quince días, a ver qué pasa. Contrate los servicios de alguien para efectuar los trabajos que usted no puede hacer o enseñe a otros miembros de la familia a cuidarse de sí mismos. Si siempre ha lavado la ropa de unos familiares adultos perfectamente capaces de hacerlo por sí mismos, entonces les ha enseñado a utilizarle a usted como víctima y esclavo. La única vía de escape para salir de la trampa consiste en dejar de hacerlo y, cuando quieran prendas interiores limpias, que se las laven ellos mismos. No sólo les hará un favor al enseñarles a independizarse un poco, sino que al mismo tiempo se liberará usted de la pejiguera de estar siempre atendiendo a los demás. Esto puede aplicarse igualmente a cosas como ir a buscar el café, en la oficina, encargarse de las actas en las reuniones, etcétera. Por regla general, uno lleva a cabo las tareas bajas sólo porque ha indicado a los demás que las realizará sin quejas ni protestas.

— No se deje seducir por los esfuerzos iniciales de los avasalladores para rechazar lo que usted trate de enseñarles. Las reacciones pueden ser extremas en cualquier sentido. Al manifestarse con más entereza, puede que encuentre usted personas que se indignen y levanten la voz o puede tropezar con otras que pretendan embaucarle con pequeños sobornos, tales como obsequios y dosis suplementarias de consideración. Considere todas las reacciones iniciales simples pruebas y dé tiempo al tiempo para determinar la persistencia de las mismas. Sea firme en su resolución, al margen de las reacciones, que en muchos casos estará usted en situación de predecir. Antes de que transcurra mucho tiempo, los demás se habrán percatado de que la postura de usted va en serio y le tratarán como les enseña a tratarle... o sea, con respeto.

— No permita que los otros le hagan sentirse culpable respecto a su nuevo comportamiento enérgico. Resista la tentación de dejarse dominar por el sentimiento de culpa cuando alguien le dirija una mirada dolida, una súplica, un regalo (soborno) o una respuesta colérica. Generalmente, las personas a las que haya enseñado a abusar de usted no sabrán muy bien cómo reaccionar ante la nueva personalidad que tienen delante. En tales ocasiones, muéstrese afectuosamente firme. Siempre y cuando estén dispuestos a escucharle, no tenga inconveniente en explicar por qué se comporta con energía. Pero si empiezan: «Sí, pero», se lamentan: «No es justo», o alegan: «Nunca hiciste esto antes, ¿por qué lo haces ahora?», entonces retroceda al comportamiento que dice que usted está resuelto a proceder de acuerdo con sus convicciones. Manténgase alerta respecto a los genuinos sentimientos de exasperación, sobre los que puede hablar, radicalmente distintos a las tentativas de manipularle para que vuelva a ser la víctima dócil y estupenda que siempre fue, que usted sencillamente se niega a reconocer.

— Demuestre a los demás que tiene perfecto derecho a reservarse el tiempo que juzgue oportuno para hacer las cosas que le gustan. Sea inflexible en los descansos que le corresponden. Vaya por el mundo exigiendo lo que le corresponde. Considere sus períodos de asueto y disfrute de relajación como algo de la máxima importancia, que lo son, e impida con firmeza que otros se los usurpen o estropeen. Si se ve interrumpido constantemente, pruebe a poner en práctica alguna de las estrategias recomendadas anteriormente para tratar con las personas que meten baza en las conversaciones.

— Niéguese automáticamente a actuar de mediador para resolver las disputas de otras personas, especialmente las de los niños. Enseñe a la gente que usted vale demasiado para actuar de árbitro (o para tomar partido) en las querellas ajenas, a menos que *quiera* hacerlo y pueda a todas luces hacer algo bueno.

— Registre por escrito el modo en que otros le sojuzgan con sus palabras. Si es usted una madre acosada tome nota del número de veces que oye al día: «Mamá, mamá, ¿qué debo hacer», o bien: «Házmelo tú», o bien: «Conforme, ella lo hará». Cuando compruebe, la frecuencia con que los demás emplean el lenguaje para confirmarle a usted como víctima, estará mejor pertrechada para combatirle con una nueva conducta, y un diario o registro le ayudará a comprobar esa frecuencia.

— Adiéstrese para no mostrarse colérico frente a las personas a las que ha enseñado a manipularle para que se enfurezca. Si tradicionalmente se ha dejado dominar por la rabia hasta perder los estribos y acabar diciendo y haciendo cosas que posteriormente lamentó, recupere el control de sí mismo. Los niños son expertos en el arte de colaborar en la consecución del enojo de sus padres, incluso aunque ello signifique unos azotes o el envío a su cuarto. Lo que han ganado es cierto dominio de la situación. Si usted se muestra firme, más que escandalosamente indignado, mantiene el control y sólo en tales condiciones puede evitar que los demás le inmovilicen y empezar a enseñarles algo. Cuando cesan sus arrebatos de furor es cuando, en muchos casos, se interrumpe el comportamiento sojuzgador de los demás.

— Agénciese un aliado para tratar con él las nuevas estrategias aleccionadoras. Cree una relación confidencial con alguien que puede opinar con usted acerca de sus victorias y derrotas. Sea sincero. Compartir sus criterios acerca de sus nuevos esfuerzos con un amigo y oyente bien dispuesto le proporcionará fortaleza... y acaso un partidario que le apoye en determinados encuentros.

— No olvide nunca considerar sus alternativas en la enseñanza a los demás para que no abusen de usted. Incluso aunque algunas alternativas parezcan imposibles en un momento dado, relaciónelas todas. Puede compartir esas ideas con su confidente y celebrar consultas acerca de lo que sea mejor. Especificarlas por escrito le permitirá observar, en breve plazo, que el rígido y oscuro enfoque aplicado a la mayoría de las circunstancias puede desviarse hacia numerosas opciones viables.

— Diga ¡NO! Ésta es una de las palabras más ilustrativas del mundo. Olvide los quizá, rodeos e indecisiones que proporcionan al prójimo espacio y ocasión para no comprender lo que usted quiere decir. Comprobará que todos los temores respecto a esta sencilla y básica palabra residen dentro de usted. La gente respeta un firme NO mucho más que un prolongado andarse por las ramas para disimular los verdaderos sentimientos de uno, y también le respetará más si usted emplea el término cada vez que le resulte necesario. Colóquese delante de un espejo y ejercítese en el ¡No! ¡No! ¡No! El poder está ahora en sus manos, sólo tiene que aceptar el riesgo y hacerlo... ¡AHORA!

— Cuando encuentre quejicas, interruptores, polemistas, fanfarrones, charlatanes embaucadores, pelmazos o sojuzgadores análogos, puede usted señalarles su conducta calmosamente, mediante indicaciones como: «Acabas de interrumpirme», «Eso ya lo dijiste antes», «Se lamenta de cosas que nunca cambiarán», «Pierdes una barbaridad de tiempo fanfarroneando». Si bien tales tácticas pueden parecer crueles, en esencia constituyen tremendos mecanismos adoctrinadores para informar al prójimo de que uno no es un potencial sacrificado más, susceptible de someterse ante el comportamiento alienante de los «verdugos». Cuanto más tranquilo se manifieste y cuanto más francas y certeras sean las observaciones que dirige al blanco, menos tiempo permanecerá usted en el asiento destinado a las víctimas.

EN RESUMEN

A usted le tratan del modo en que ha enseñado a los demás a tratarle. Si adopta este precepto como norma directriz de su vida, avanzará siempre por el camino que permite ser dueño de los propios mandos. Aunque enseñar a algunas personas es más difícil que enseñar a otras, no hay que ceder en cuanto a la idea básica... porque pensar de otro modo equivale a poner el control de uno mismo en manos de todos aquellos que de mil amores se apoderarían de las riendas de uno, si se mostrara dispuesto a soltarlas.

7

NUNCA COLOQUE LA LEALTAD A LAS INSTITUCIONES Y A LOS DEMAS POR ENCIMA DE LA LEALTAD A SI MISMO

Si uno es la obra que realiza,
entonces cuando uno no hace
nada, no es nada.

EXAMEN DE DOCE PRUEBAS

He aquí doce preguntas respecto a usted y su comportamiento hacia las instituciones y las cosas. Tómese este pequeño interrogatorio como su introducción personal al presente capítulo, que trata del modo en que las instituciones y las actitudes personales pueden avasallar a quienquiera que se muestre predispuesto a permitir que eso ocurra.

Sí No

— — 1. ¿Se toma usted sus obligaciones laborales más en serio que sus responsabilidades personales o familiares?

— — 2. ¿Le resulta difícil relajarse y apartar de su cerebro las cuestiones relacionadas con el trabajo?

— — 3. ¿Observa usted que sacrifica su tiempo en aras del lucro monetario o la adquisición de objetos materiales?

— — 4. ¿Dedica usted su vida a ir en pos de cosas como pensiones o proyectos de jubilación?

— — 5. ¿Concede usted prioridad al logro de cosas y prestigio, colocando esto por encima del trato gozoso de las personas?

— — 6. ¿Se deja usted aturdir fácilmente por los trámites administrativos y las barreras que levantan los burócratas?

— — 7. ¿Cree usted que fracasar en una tarea es una terrible catástrofe o que siempre ha de esforzarse al máximo?

— — 8. ¿Opina que el equipo o la empresa es más importante que el individuo?

— — 9. ¿Le atribula la idea de integrarse en comisiones o participar en ceremonias sin sentido relacionadas con el trabajo?

— — 10. ¿Le resulta difícil tomarse unos días libres sin sentirse culpable?

— — 11. ¿Actúa y habla siempre con rapidez?

— — 12. ¿Se manifiesta impaciente con las personas que no hacen las cosas del modo que usted cree que deberían hacerlas?

Si responde usted afirmativamente a alguna de estas preguntas, es muy probable que figure en la categoría de víctimas que han situado la lealtad a una institución por encima de la lealtad a sí mismos y a su satisfacción personal. Una vez más, debe hacerse hincapié, subrayarse la importancia de usted como ser humano que alienta y vive. A costa de su propia felicidad, nada merece que le consagre usted su existencia. La doctrina de la lealtad a las cosas y a las instituciones es una adhesión tiránica que puede usted afrontar victoriosamente y proscribir del panorama de su mundo.

La libertad, como se explicó en el capítulo de entrada, no se limita al hecho de verse libre de la dominación de otras personas. Tan importante como eso lo constituye ser independiente de las cosas, empleos, empresas y otras instituciones creadas por el hombre. Algunas personas luchan con vehemencia por su libertad personal en las relaciones con familiares y amigos. Exigen que se les respete como individuos y se niegan en redondo a aceptar que los demás les indiquen cómo han de regir su vida. Pero, irónicamente, en las funciones profesionales son completos esclavos de las instituciones que les pagan a cambio de sus servicios. A menudo, se ven impotentes para regular su tiempo y casi no tienen voz ni voto en lo que se refiere al modo de dirigir su existencia cotidiana. Raramente están en paz consigo mismos. Sus cerebros siempre corren al servicio de la institución. Nunca disponen de energías para dedicarlas a otra cosa que no sean sus obligaciones laborales. Sin embargo, esas personas afirman haber alcanzado su independencia y evitado que los demás les dominen, sean sus dueños.

Mientras lee este capítulo, examínese a fondo. Si es usted esclavo de cualquier institución, sea un empleo, una organización, un pasatiempo, un colegio, los estudios o lo que sea, y no dispone de tiempo para usted mismo, si concede más importancia y envergadura a sus tareas que a su felicidad, entonces se ha dejado hundir en la condición de víctima, o se avasalla a sí mismo, impelido por las instituciones de su existencia.

EL EMPLEO EQUIVOCADO DE LA LEALTAD

Lealtad no significa esclavitud. Uno puede ser fiel a determinada organización y consagrarse a sus tareas con honradez e integridad, sin tener que convertirse obligatoriamente en su siervo. La persona más importante del mundo, a la que debe ser inquebrantablemente leal, es usted mismo. Uno sólo dispone de una vida y dejar que la controle una empresa o cualquier otra institución es particularmente insensato, cuando se considera la gran cantidad de alternativas que se ofrecen. La lealtad no se aplica bien cuando se concede menos importancia a las personas que a los beneficios y cuando el espíritu humano se sacrifica en nombre de la vieja razón social «Algo, S. A.».

La forma en que emplee usted su lealtad corre totalmente por su propia cuenta. Puede convertir en las cosas más importantes de su vida alcanzar la felicidad y atender las responsabilidades de ayudar y amar a los miembros de su familia. No tiene que explicárselo a nadie, pero puede empezar a hacer que su vida funcione en torno al concepto de lealtad a usted mismo. Es muy probable que descubra que gracias a ello es usted incluso más productivo en su trabajo y de trato mucho más agradable.

Un ejecutivo que no pueda abandonar su mesa de trabajo no pertenece en absoluto al escritorio. Pero usted es el ejecutivo de su propia vida y puede planear activamente el empleo de su tiempo de modo y manera que sea leal a las instituciones elegidas, pero que también le encamine hacia la felicidad, la salud y, lo que es más importante, la satisfacción.

El mal uso de la lealtad es literalmente algo asesino. Colmará su existencia en este planeta de presión, tensión, angustia e inquietud, y le llevará a la tumba mucho antes de la hora que le corresponda. Las cosas que realmente son importantes para usted siempre se apartarán, en favor de alguna tarea que «debió» haberse realizado ayer, y todo ese tira y afloja, usar y romper, inacabable «prueba y tribulación», se defenderá en nombre de la obligación. Pero, al final, eso a lo que usted ha consagrado su vida será su asesino. Y usted lo habrá defendido con la racionalización de todos los insensatos que vivieron antes que usted y que proclamaron que la gloria de «Algo, S. A.» es más importante que las personas que están a su servicio.

Siga adelante y acepte esa tontería si considera que debe hacerlo, pero no deje de comprender que es la mayor víctima de todas cuando aplica mal la lealtad en el nombre de una tarea, unos beneficios o de sus obligaciones. Rudyard Kipling escribió una vez: «El exceso de trabajo mata más hombres de lo que justifica la importancia del mundo».

Lo cierto es que las instituciones deben crearse para servir al hombre, más que a la inversa. De hecho, las empresas, las sociedades y compañías no existen en el mundo *real*, el mundo del hombre. Aparte el personal humano de la General Motors y ¿qué es lo que le queda? Un montón de maquinaria destinada al óxido, despachos y plantas fabriles vacías, archivadores llenos de informes y documentos... material inútil. Las personas son lo que hace que las instituciones funcionen, y puesto que usted es una de esas personas, todos sus compromisos institucionales deben dirigirse a la mejora de la calidad de vida de las personas... y de las más importantes de ellas, usted mismo y sus seres queridos.

RIVALIDAD FRENTE A COLABORACIÓN

Las personas sojuzgadas por las instituciones son en muchos casos entes consagrados a la *competencia a toda costa*. Les han enseñado a divinizar el sacrosanto «espíritu competitivo» e intentan imponer la bendita neurosis de la rivalidad sobre todo congénere que aparece en su camino.

Eche otro vistazo a la competencia. Pregúntese si no está usted siendo víctima de lo mismo que tan fervorosamente endosa.

Las instituciones estimulan el sentido de la competitividad. Están en el negocio de «superar al otro muchacho», de modo que se esfuerzan al máximo para conseguir que cuantos están en su poder se envicien en la competición y su mente actúe en función de ella. Las instituciones montan la maquinaria específica para infundir el adecuado espíritu competitivo en los destinados a ser devotos del deber. Se crean sistemas de premio y recompensa para asegurarse de que las personas se sacrificarán en aras de superar a su prójimo, con vistas a conseguir ascensos y «status». Se enseña a los individuos a mirar por encima del hombro «al fulano que quiere llevarse el gato al agua».

En una cultura capitalista, llevar una institución requiere grandes cantidades de competitividad. Y sí, es un mundo competitivo el que se extiende ahí fuera. Pero, como individuo, uno puede competir eficazmente dentro de la estructura institucional sin cargar el acento equivocadamente y llevar la rivalidad a extremos perniciosos y, de manera más destructiva, a su propia vida personal. Si se deja arrastrar al terreno de la competición a ultranza, puede ejercer tremendas presiones sobre sus familiares para que sean como usted y para rivalizar con cuantos se relacionan con sus vidas. Aunque los resultados de la competición intensa son evidentes por doquier en nuestros modernos edificios, nuestras autopistas y nuestra aparatosa y compleja electrónica, etcétera, lance una atenta mirada a lo que han costado en términos humanos.

Generalmente, los ejecutivos estadounidenses están abrumados por la tensión. En los altos niveles directivos empresariales, ataques cardíacos, úlceras e hipertensión se consideran algo «normal». Se trata de una esfera en la que los empleados disponen de muy poco tiempo para la familia y «normalmente» se convierten en empedernidos bebedores, fumadores, consumidores de pastillas o insomnes, sin que les quede tiempo para amar o hacer el amor.

Este pequeño extracto de *El Evangelio según la Escuela Comercial de Harvard,* de Peter Cohen, ilustra acerca de hasta qué punto las presiones competitivas se están infiltrando en nuestros colegios y universidades.

8 de abril: La escena era demasiado corriente. Primero, la policía, después, el decano, y luego, al cabo de un par de horas —cuando la gente estaba cenando—, llegó la furgoneta negra. En la furgoneta iban dos hombres, con una camilla de dos ruedas... Trasladaron la camilla al interior de una de las alas del dormitorio, y cuando salieron, en la camilla estaba aquello, sujeto con correas... Así fue como James Hinman acabó su primer año en la Harvard Business School: muerto por envenenamiento.

Era ya el tercer muchacho que abandonaba el centro de aquel modo. Dios sabe cuántas veces le habrán dicho a uno que la competencia es el estilo característico norteamericano, el único, lo que uno habrá oído pronunciado en púlpitos y atriles y que sin duda casi habrá llegado a creer. Y entonces uno ve alejarse una camilla con lo que pudo haber sido una vida de alegrías, risas, ternura y brillantes ideas. De súbito, uno comprende los problemas del asunto, el precio, y uno se pregunta si de verdad no hay otro estilo, otro camino. Porque, cuando se llega al fondo, toda la competencia es comportamiento. Un modelo de comportamiento creado sobre la necesidad de que los individuos sean más dinámicos, más listos, más ricos que el semejante.

Todo el mundo olvida que, pese a sus innegables ventajas, la competición es un proceso despilfarrador. Que todo ganador alcanza esa posición a costa de cien, de mil, de cien mil perdedores. Y ahí es donde se encuentra la sociedad norteamericana: habla de *competencia* como si nunca hubiese oído la palabra *colaboración*. Se niega a darse cuenta de que la presión excesiva no mueve a las personas, las mata.

Creo que el ensayo de Cohen transmite un mensaje significativamente eficaz. En verdad, uno puede tiranizarse a sí mismo y tiranizar a su cónyuge y a sus hijos, concediendo una excesiva máxima prioridad a la competitividad, en su filosofía o comportamiento. Los colegios que exigen sobresalientes a todos los alumnos y los obligan a veces a una nociva rivalidad entre ellos, puede que obtengan unas cuantas lumbreras... ¿pero son esas luminarias de presión y calor lo que uno desea para sí? ¿Y sí todo el mundo le considerase a usted el número uno? Si necesita usted ese reconocimiento, a fin de vigorizar su propio ego, entonces lo que le satisface son los aplausos de los demás y no los que se producen en su interior, y esto constituye uno de los síntomas más ciertos de inseguridad y baja autovaloración. Pero, lo que aún es peor, si su valía como ser humano depende de que usted haga las cosas a la perfección, de que se encuentre en la cumbre, de que supere a todos, ¿qué hará, qué será de usted cuando cesen las aclamaciones y deje de estar en la cima? Se derrumbará usted, porque ya no tendrá motivos para considerarse valioso.

La competencia es una de las principales causas de suicidio en los Estados Unidos. Sus víctimas primordiales son personas que siempre se sintieron importantes porque superaban al compañero. Al «fracasar» en eso, perdieron todo sentido de su propia valía y decidieron que no merecía la pena seguir una existencia mísera.

El índice de suicidios de niños en edades comprendidas entre ocho y doce años ha aumentado en un cuatro por ciento desde 1967. Imagínese: chiquillos que se quitan la vida, al «descubrir» que *su* existencia no merece la pena de vivirse, muchos de ellos porque consideran que, para que su persona valga lo suficiente, están obligados a hacer las cosas mejor que el vecino. Presiones para ingresar en equipos de la «Little League», alcanzar grados superiores, colmar las aspiraciones paternas y complacer a todos... no son ésos los valores existenciales por los que una persona sana arriesgará la vida, y mucho menos se la quitará voluntariamente.

Todos los seres humanos valen lo suficiente para vivir, y uno puede ser feliz y sentirse realizado, sin tener que volver la cabeza para mirar a otras personas en busca de autovalía. Lo cierto es que las personas que funcionan a pleno rendimiento no albergan el menor interés en hacer las cosas mejor que el prójimo; su mirada es introspectiva, se proyecta sobre los objetivos de su existencia, y saben que la competición no hará más que reducir sus esfuerzos encaminados a lograr su deseo único. Recuerde que, para encontrarse en el estado que se llama «competencia», uno debe tener a alguien más en el cuadro, para la correspondiente comparación. Y cuando uno tiene que mirar fuera de sí mismo, al objeto de establecer su propia situación o valía, entonces uno no dispone del control de su propia vida. Mire hacia su interior, en vez de preocuparse de cómo ha de valorar al vecino.

LOS RESULTADOS DE LA RIVALIDAD EXCESIVA

Aunque la competición puede verdaderamente preparar mejores ratoneras y, desde luego, mejorar la calidad de vida es una aspiración admirable, también hay otra cara en la moneda. La colaboración es un sistema mucho más eficiente para elevar el nivel de calidad de la vida de uno y de los demás. Cuando las personas se reúnen para ayudarse mutuamente, ello beneficia a todos cuantos intervienen en la operación.

En los centros pedagógicos, si los alumnos compiten entre sí para alcanzar unos cuantos «sobresalientes» que distribuyen irreflexivos maestros o profesores, el resultado total es un derroche. Los estudiantes se convierten en paranoides y empiezan a hacer trampas, a mentir y a llevar a cabo lo que haga falta para lograr «el premio». Por otra parte, las clases en grupo, cooperativas, producen niños saludables que desean compartir sus alegrías, en vez de guardárselas exclusivamente para sí.

En Norteamérica tenemos unos doce millones de alcohólicos. Se despachan al año más de cien millones de recetas de específicos antidepresivos y tranquilizantes, además de unos veinticinco millones de anfetaminas para adelgazar. Específicos para dormir, mantenerse despierto, aliviar la tensión, los dolores, los calambres, etcétera, se sirven y se consumen en cantidades incalculables. Nos hemos convertido en toda una nación de consumidores de píldoras y adictos psicológicos. Insomnio, impotencia y fases depresivas alcanzan proporciones astronómicas, y las personas buscan tratamiento terapéutico en contingentes de verdadera plusmarca. Se lleva masivamente a los niños ante asistentes sociales, psicólogos y psiquiatras. El alcoholismo entre los adolescentes es un problema de importancia capital y el suicidio, particularmente de personas de edad inferior a los veintiún años, se da con excesiva frecuencia.

Estos hechos son producto directo de una cultura que institucionaliza la competición a costa de la colaboración. Alvin Toffler, en El «shock» del futuro, analiza detalladamente los problemas y predice espantosos resultados, si no hacemos inventario en seguida de nuestras posibilidades. Pero uno no está obligado a caer víctima de esta mentalidad de competencia a ultranza, si las preferencias personales van por otro camino. A cualquiera le es posible actuar con plena efectividad en una situación de apremio y negarse a dejarse soliviantar. Uno está capacitado para anular todas las tensiones que surjan como parte de su vida. Pero, al igual que cualquier otro de los problemas que se mencionan en este libro, uno tiene que estar ojo avizor respecto a sus propias costumbres sojuzgadoras, aceptar algunos riesgos y trabajar sobre su comportamiento, si proyecta liberarse de esta clase de abuso.

UN EJECUTIVO DEMASIADO COMPETITIVO

Alex tendría unos cuarenta y cinco años. Acudió a mi consulta psicológica después de haber sufrido un ligero ataque cardíaco y dos úlceras serias. Era el prototipo del alto ejecutivo comercial que ha alcanzado el éxito a expensas de la salud mental, física y social. Su matrimonio se fue a pique porque la esposa se negó a tolerar seguir casada *in absentia*; la salud de Alex estaba en grave peligro, pero él continuaba exigiéndose a sí mismo más de lo que permitían los límites soportables, se había convertido en un crónico bebedor «social» (alcohólico) y tenía dos o tres asuntillos, igualmente vacíos, con mujeres más jóvenes que él.

Alex era un forzado que, durante su época universitaria, se afanó desenfrenadamente por obtener las máximas calificaciones académicas. Fue uno de los más jóvenes presidentes de una sociedad mercantil importante. Y, no obstante, cualquiera que charlase prolongadamente con él se daba cuenta con claridad de que Alex era un perdedor. Llevaba en la sangre la competición, lo que le había conducido peligrosamente al borde del suicidio, llevado a cabo directamente —a base de píldoras, de un arma de fuego o de lo que fuese— o indirectamente, mediante su estilo de vida desafiador de la muerte.

El tono de nuestras sesiones de orientación fue firme y directo. Le indiqué a Alex que estaba asesinándose, porque había colocado el triunfo en el mundo de los negocios por encima de todo lo demás, incluida su propia existencia. Había pasado por alto sistemáticamente todo lo que, según *dijo*, consideraba valioso para él. Se expresaba bien, pero como buen «ejecutivo», cosa que se le suponía, estaba poco dispuesto o temeroso de administrar su propia vida, en pro de su felicidad. Dijo que deseaba amor, pero ignoraba a las personas que le querían. Dijo que deseaba tranquilidad anímica, pero consumía todos los instantes enzarzado en atropellada actividad. Dijo que deseaba ser un buen padre, pero nunca pasaba más de unos minutos al día con sus hijos. Dijo que deseaba gozar de salud y seguridad, pero además del ataque al corazón y de las dos úlceras, se las había arreglado para que su presión sanguínea fuese anormalmente alta. De hecho, cuanto Alex decía estaba en contradicción directa con su comportamiento.

Empecé por alentar a Alex para que se fijase unos objetivos diarios, en vez de emprender una inmediata reorganización de su vida a largo plazo. Tendría que abandonar la oficina a una hora determinada del día, al margen de lo importante que pudiera ser una reunión. Eso no tardó en demostrarle que el negocio seguiría marchando, sin necesidad de que su persona estuviera presente en todas las reuniones. Se comprometería, de mutuo acuerdo con sus dos hijos, a pasar una tarde juntos, y consideraría ese pacto como un contrato legal de obligado cumplimiento.

Antes de que transcurriese mucho tiempo, Alex se había creado normas de conducta no competitivas ni aturdidoras. Aprendió a refrenarse, a dejar de exigirse a sí mismo cosas que requerían esfuerzo sobrehumano y a abstenerse de insistir en que sus familiares fuesen como él deseaba que fueran. Pudo efectuar una reconciliación procesal con su esposa y ambos acudieron juntos a una sesión de orientación psicológica. Alex fue aprendiendo poco a poco a tomarse las cosas con calma en la para él dura tarea de adquirir nuevas pautas mentales y de comportamiento para reducir el ritmo de marcha, dejar de comprometerse excesivamente con el trabajo y ceñirse a lo que establecía como objetivos de su existencia.

Al cabo de unos dos años, mucho después de que Alex y su familia suspendieran la asistencia a las sesiones de orientación psicológica, el hombre abandonó su empleo y el bullicio de la ciudad de Nueva York para dedicarse a la cría de animales en una granja de Montana. Aceptó los riesgos activos de renunciar a un empleo que le procuraba ingresos sustanciosos, a cambio de algo mucho más retributivo, o sea, un sistema de vida más tranquilo y una existencia personalmente más provechosa.

Ésta no es una historia mítica. Alex es una persona real, que dio un giro de ciento ochenta grados que le salvó la vida. Pero antes tuvo que reflexionar acerca de lo que le parecía inconcebible, cambiar de idea y aprender que la competencia no era lo fundamental de la vida. Comprendió una verdad básica expuesta por los filósofos a través de los siglos. A veces, *más es menos*.

LAS PERSONAS SON MÁS IMPORTANTES QUE LAS COSAS

En ocasiones, es preciso un fuerte puntapié en el fondillo de los pantalones, como el que Alex recibió, para darse cuenta de que las personas son más importantes que las cosas. Será usted una víctima de alto nivel si concede a la adquisición de artículos prioridad sobre la existencia humana, particularmente sobre su propia vida. Si se consagra a las cosas, acontecimientos y dinero, es harto probable que acabe desmoralizado.

Las personas orientadas hacia las cosas tienen un cúmulo de dificultades en sus relaciones con el prójimo. Hablan *con* las personas sobre una tarea, pero más que hablar *con*, hablan *a,* dan órdenes y utilizan a los interlocutores como medio para la adquisición de cosas. Las personas a las que se da órdenes se molestan ante las tentativas de otros para convertirlas en esclavos emocionales, de forma que optan por mantenerse distanciadas de las personas orientadas hacia las cosas, y esas personas se proyectan entonces todavía más hacia las cosas, y el ciclo se repite inacabablemente. Por último, la persona orientada hacia las cosas se queda con éstas para su consuelo. Pero las cosas no proporcionan consuelo, son estériles, objetos muertos que no irradian afecto. Las cosas no pueden amarse en sentido mutuo, de forma que la soledad y la frustración son en última instancia la recompensa del exceso de énfasis sobre el éxito y la adquisición.

Las personas y los seres vivos constituyen todo lo que importa. Sin la vida alrededor para compartir, dar y recibir, uno no tiene posibilidad alguna de alegría. De llevarse de aquí toda la vida, en el mundo no quedaría nada que tuviera o proporcionara significado. La vida es lo único que cuenta.

Cuando se sorprenda sacrificando diariamente relaciones humanas, a cambio de riqueza material, dinero o «status», pregúntese qué puede proporcionarle realmente poseer todo eso. Si no tiene personas a las que querer y que en justa correspondencia le faciliten cariño, si ha perdido sus consideraciones por la vida, entonces todas sus cosas se reducen hasta la insignificancia.

Ponga en tela de juicio la idea de que necesita cada vez más cosas para mejorar la calidad de su vida. La mayoría de los ricos suelen hablar nostálgicamente de los tiempos difíciles, de la época de vacas flacas, cuando podía confiarse libremente en que el afecto que se dispensaba era sincero y no conllevaba el símbolo del dinero.

No hace falta mucha riqueza material para ser feliz. Observe a esos niños que aún no se han estropeado. La realidad es que no necesitan dinero, ni juguetes, ni nada. Déjelos tranquilos y comprobará que disfrutan lo suyo, simplemente con el hecho de estar vivos. Lo mismo puede hacer usted, siempre y cuando esté dispuesto a reordenar su lista de prioridades y poner el acento sobre lo que realmente importa: la vida en sí misma.

Louise se encontraba a mitad de camino entre los cuarenta y los cincuenta años. Estaba en plena tramitación de divorcio. Su esposo le dificultaba las cosas al tratar de impedir que Louise consiguiera una adjudicación equitativa de propiedades. La mujer se quejó ante mí de la injusticia de todo aquel asunto y manifestó que se estaba volviendo loca a causa de la depresión y la preocupación por aquellos bienes: una casa, diversos muebles, un automóvil, varios miles de dólares y algunas joyas.

En las sesiones de orientación psicológica, Louise no tardó en reconocer que le consumía la idea del «gran valor» de aquellas cosas y que concedía una importancia mucho mayor a la consecución de las mismas que a su propia dicha personal. Hubiera sacrificado más o menos gustosamente su felicidad y, desde luego, su cordura, por unos cuantos bienes.

Louise siempre había sido una persona orientada hacia las cosas, lo mismo que su marido. Su divorcio tenía que ser un campo de batalla sobre el que la mujer estaba decidida a demostrar que era un guerrero porfiado, de lo que dejaría constancia obteniendo el máximo de cosas que pudiera. De niña, Louise había aprendido que tener más juguetes que los otros chicos constituía algo de suma importancia. El patrón dólar era un valor situado por encima de todos los demás. Sus pautas de lenguaje giraban en torno a costes, activos, ventajas y cifras, y siempre se refería a los artículos en función de su valor monetario. Tenía una personalidad basada en los dólares y ello se estaba convirtiendo en dueño y señor de su vida.

Louise aprendió en seguida a situar sus valores donde pudieran ser útiles y no donde sirvieran para esclavizarla. No tardó en colocar su propia satisfacción en cabeza de la lista. Le señalé que estaba sacrificando su propia felicidad en aras de la constante preocupación de «ganar» en el convenio de divorcio, cuando existían tantas alternativas más viables, entre las cuales figuraba la de ignorar los esfuerzos de su marido y dejar que fuese su abogado, el de Louise, quien llevara todo el asunto. La mujer estuvo de acuerdo en que su falta de paz interior estaba motivada por su necesidad de ganar las batallas por las cosas y accedió a intentar poner en práctica nuevos modos de conducta y pensamiento. Como resultado, comunicó a su abogado que hiciese cuanto legalmente pudiera por ella, pero que ella no deseaba conocer todos los pequeños detalles del caso. Se avino también a dejar de discutir el asunto con su ex-esposo y a no permitir que el hombre la avasallara en entrevistas regulares acerca de la cuestión. Delegó en un profesional la tarea de mantener en orden sus propiedades y proyectó su mente hacia otras ocupaciones más provechosas, como volver a estudiar, tomarse unas vacaciones del campo de batalla del divorcio, salir de nuevo con varones y, sobre todo, divertirse y disfrutar de la vida.

En el curso de una sesión, le había preguntado a Louise: «¿Qué ocurrirá si gana esa escaramuza de la adjudicación de bienes y consigue todo lo que desea? ¿Representará eso la felicidad para usted?». Antes de empezar a responder, Louise ya sabía la contestación y fue en ese punto donde la consulta se proyectó hacia el objetivo de ayudar a la mujer a cambiar radicalmente y dejar de lado esa actitud contraproducente susceptible de sojuzgar en todo momento a todo hijo de vecino. Recuerde: las personas son más importantes que las cosas.

SOBRE GANAR Y PERDER

Si uno pierde un partido de tenis, ¿qué ha perdido en realidad? Pues, nada. A uno no se le ha dado tan bien como a otra persona eso de golpear la pelota con una raqueta, hacerla pasar por encima de una red y conseguir que bote dentro de los límites establecidos en la pista. Pero es verdaderamente asombrosa la cantidad de norteamericanos que parecen considerar que los juegos no sirven de nada si se han «perdido».

La tremenda importancia que en nuestra cultura se da a la victoria en juegos y deportes produce tantas víctimas del posible «recreo» a que se aspira como el énfasis que se pone en la competición produce en los negocios y otras actividades. Pero, en este contexto, ¿qué es la victoria? Correr más deprisa, lanzar la pelota más lejos, conocer más ardides en un juego de naipes. ¿Y qué? Naturalmente, ganar puede ser *divertido*, incluso más divertido que perder. Pero si uno necesita ganar para sentirse «alguien», pierde de entrada toda perspectiva saludable. Si el juego cobra más importancia que la vida, en vez de ser una parte agradable de la misma, llamada *esparcimiento*, uno se encontrará inmovilizado, furioso, deprimido, etcétera, y se habrá sojuzgado a sí mismo. Por otra parte, lo que no deja de ser una ironía, cuanto menos énfasis se pone en el triunfo, más probabilidades hay de ganar.

Pero la absurda postura de que «batir» a otros hace que el juego merezca la pena constituye una enfermedad que se está extendiendo sistemáticamente por toda nuestra cultura. He visto a entrenadores dar pastillas estimulantes a atletas jóvenes, el día de competición, con vistas a que alcanzaran la victoria. He visto muchachos sometidos al ridículo más insultante y sonado, porque «perdieron un juego» o porque un pequeño fallo suyo había «costado el partido» al equipo. He observado conductas escandalosas por parte de individuos que se brindaban para comprar atletas, proporcionándoles prostitutas, primas ilegales y algunos otros momios, en nombre del triunfo.

Si ese es el precio que uno ha de pagar para convertirse en ganador, siempre preferiré estar con los que no ganan. No se necesitan victorias sobre otros seres humanos para ser dueño de sí mismo, desde el interior, y sentirse contento y satisfecho. Sólo los perdedores necesitan ganar, puesto que la necesidad de triunfo implica que uno no puede ser feliz a menos que derrote a algún semejante. Si uno no puede ser feliz sin que exista otra persona a la que debe derrotar, entonces uno está controlado por esa otra persona, que le convierte en perdedor en última instancia, dado que los que están controlados por otros son esclavos psicológicos.

No, entrenador, ganar no lo es todo *ni* lo único; es *sólo una cosa.* Puede ser divertido, e incluso algo maravilloso intentarlo, pero nunca al precio de la vida humana, que constituye el producto más precioso de todos. Si se tienen que tomar drogas, comportarse de manera insensata, abuchear o censurar a otros seres humanos, al objeto de lograr el triunfo, entonces esa victoria no merece lo que su aspecto de triunfador pueda dar a entender. El auténtico hombre sensato persigue la victoria como si le importase... pero cuando la partida ha terminado, no vuelve la cabeza para contemplar y recrearse en su victoria, considerándola algo que valga la pena recordar. Sabe que no puede volver a vivirse lo que ya ha concluido, de modo que selecciona otra experiencia y se apresta a actuar en ella con vigor.

Cuando nos enseñamos a nosotros mismos que debemos alcanzar la victoria a toda costa, nos convertimos en víctimas de nuestro ridículo sistema de creencias. No nos concedemos la alternativa de fracasar, pese a que el fracaso es una parte natural y necesaria del proceso de aprendizaje. El fracaso produce a menudo autodenigración y enfado con uno mismo y con los demás. Seguramente, uno puede considerar el triunfo como una hazaña cuya consecución representa algo tremendo, pero uno debería tener una certeza más absoluta de que su esencia como persona no depende del logro o no de esa gesta.

PARTICULARIDADES DE LAS VÍCTIMAS QUE SITÚAN LA LEALTAD A LAS COSAS POR ENCIMA DE LA LEALTAD A SÍ MISMAS

Como ya se ha dicho antes en este capítulo, las personas que colocan la lealtad a sus empleos y a las cosas por encima de la lealtad a sí mismas se avasallan típicamente a sí mismas y avasallan a sus seres queridos de mil formas distintas. Meyer Friedman, D.M. y Ray H. Rosenman, D. M., han consagrado un libro completo a los efectos de la «personalidad afanosa» sobre los ataques cardíacos. Su libro se titula *Type A Behaviour and Your Heart* (conducta Tipo A y su corazón).

Las personas de conducta Tipo A manifiestan hábitos tales como poner explosivo énfasis en palabras clave, cuando no necesitan acentuación, sentir siempre la imperiosa necesidad de decir la última palabra en las conversaciones y accionar, andar y comer siempre con rapidez. Son impacientes, apremian de modo continuo a los demás (y a sí mismos), instándoles a que se den prisa y «acaben de una vez». Tienen tendencia a irritarse desproporcionadamente ante situaciones como embotellamientos circulatorios y les resulta extraordinariamente difícil estar en una cola sin saltar de un lado para otro o quejarse en demasía. Son casi incapaces de hacer una sola cosa a la vez, como escuchar a alguien sin distraerse haciendo garabatos o excusarse cada dos por tres para llamar por teléfono. Para esas personas es prácticamente imposible atender lo que exponen los demás, sin intercalar sus propios puntos de vista y desviar la conversación para que gire en torno a sí mismas. Se sienten culpables en lo que afecta a relajarse o «no hacer nada». No pueden contemplar las cosas naturales y disfrutar visualmente de su belleza, porque están constantemente preocupadas. Viven su vida adaptándola a programas y calendarios. Apenas se permiten disponer de tiempo para contingencias imprevistas. Se sienten obligados a desafiar a otras personas de Tipo A, más que a compadecerlas. A menudo, aprietan los puños, emitan risitas nerviosas, tensan los músculos y utilizan gran cantidad de golpes con las manos y enfática conducta no verbal.

De acuerdo con la considerable y minuciosa investigación facultativa realizada, esas personas son candidatos de primera clase a las enfermadades cardíacas, la hipertensión y otras afecciones físicas. ¡Imagínese! Sus propias opciones y pautas de comportamiento como causa de ataques al corazón y otras enfermedades físicas, una causa tal vez incluso más significativa que el tabaco, el comer con exceso o llevar una dieta inadecuada. Friedman y Rosenman han demostrado, más allá de toda duda, que un índice superior al noventa por ciento de los varones por debajo de los sesenta años que sufren ataques cardíacos pertenecen a la variedad del Tipo A. Y gran parte del comportamiento autodestructivo de esas personas es consecuencia de sus inclinaciones de víctima, llevadas a la práctica al proyectar equivocadamente su lealtad sobre las instituciones y al valorar las cosas y el dinero por encima de las personas.

Los seis grupos que presentamos a continuación constituyen las más generalizadas categorías de comportamiento de víctima que en última instancia «acabarán con uno».

1. *Esfuerzo intensivo.* Ésta es la clase de comportamiento sin descanso en la actividad que se refleja en la novela *What Makes Sammy Run* («Lo que impulsa a Sammy a correr»): presión constante sobre uno mismo, desear más y no sentirse nunca satisfecho en ningún momento determinado. La acción afanosa no está necesariamente dirigida hacia un objetivo; se trata más bien de esfuerzo por el esfuerzo y constituye un empeño asesino, tanto física como mentalmente.

2. *Competitividad.* Intentar ir siempre por delante de los otros conduce a no dirigir nunca la vista hacia el interior de uno mismo, en busca de satisfacción, sino a juzgar la valía propia sobre la base de cómo ha actuado uno en comparación con otras personas.

3. *Plazos urgentes.* Regir la vida de uno sobre la base de un reloj y un calendario y andar siempre aceleradamente ajetreado para cumplir en las fechas u horas límite que uno mismo se ha impuesto, lleva a nerviosismos e intensas presiones, cuando el término del plazo se aproxima y la tarea aún no se ha completado. Estar constantemente pendiente del reloj, apresurarse para atender las citas programadas y gobernar la propia vida conforme a una «apretada» agenda de trabajo, le deja a uno sin tiempo para disfrutar de sí mismo o de su familia.

4. *Impaciencia.* Aquí, uno exige continuamente a los demás que se den prisa con las cosas, se impone a sí mismo normas que uno no puede siempre observar, lo que le lleva a acosarse por no haber cumplido el «trato» y a sentirse continuamente irritado ante circunstancias como embotellamientos de tránsito, personas que hablan despacio, niños «ingobernables», vecinos «carentes de ambición» y colegas «poco eficientes».

5. *Brusquedad en el hablar y en los gestos.* Pautas de expresión oral ásperas, entre las que figuran buenas dosis de muletillas «sí, sí, sí», «hum, hum, hum», «ya sabes», «o sea» y otras formas de hablar atropelladas que demuestran una actitud de precipitación, de meter

prisa al interlocutor, que a veces también aflora a la superficie mediante gestos que incitan a la premura. Asimismo, cabe citar el énfasis innecesario para hacerse comprender.

6. *Energía excesiva y supercompromiso con el trabajo.* Se trata de una conducta reseñada ya en anteriores apartados de este capítulo, en la que una persona concede más importancia a las tareas, empleos, dólares y cosas que a las relaciones con sus semejantes.

Si reconoce usted características de su propio comportamiento en estos mortíferos seis grupos que acabamos de definir, es muy probable que se avasalle a sí mismo, al destrozar sus relaciones personales, ejercer extraordinarias presiones emocionales sobre usted mismo y, lo que resultaría más neurótico, destruir su propio cuerpo.

CÓMO FUNCIONAN LAS INSTITUCIONES

Las instituciones comerciales existen con una finalidad: obtener beneficios. Pretenden sólo perpetuarse, así como devolver dólares a las personas que aceptaron correr el riesgo de financiarlas y manufacturar los productos o efectuar los servicios. No están en el sector de los negocios para desarrollar actividades caritativas, y tampoco fingen que sea ése su objetivo. Por lo tanto, cualquier opresión que sufra uno como resultado de sus relaciones con una institución, probablemente se producirá porque uno permite que suceda.

Si cree usted que una institución mercantil le debe alguna clase de lealtad y tiene que recompensarle como persona, derramando sobre usted abundantes gracias por los prolongados servicios que le prestó, entonces es usted un iluso enorme. La institución tratará con usted del modo más utilitario (para ella) que le sea posible. Le pagará a cambio de sus servicios, hasta que usted no pueda cumplir los servicios que ella necesita, y entonces procederá a despedirle de la manera o en las condiciones que a la institución le resulten menos onerosas.

Ésta no es una visión acerba de los negocios en nuestra cultura occidental; se trata simplemente del modo en que son las cosas. Cada vez que uno se convierte en empleado de una institución, ése es el acuerdo que lleva implícito el ingreso en la misma. Incluso aunque existan sistemas de jubilación, pensiones, reparto de beneficios, programas de incentivos u otros mecanismos dispuestos para retener a los empleados, subsiste el hecho de que, cuando a uno dejen de necesitarle, le sustituirán y se llevarán a cabo todos los esfuerzos para desembarazarse de uno con el menor gasto o indemnización posibles.

Las instituciones hacen sencillamente lo que tienen que hacer, según la función para la que se crearon, y en lo que se escribe en estas páginas no hay ningún lamento. Pero usted no es una institución. Usted es un ser humano que respira, siente y padece las experiencias de la vida. No tiene por qué afligirse a causa del modo en que opera el mundo de los negocios, ni tiene por qué comprometerse servilmente con las instituciones sólo porque le animan a hacerlo así portavoces institucionales que pretenden beneficiarse de la lealtad autosometedora de usted. El hombre que se jubila tras dedicar cincuenta años de infatigables servicios a una empresa y recibe un reloj de oro y una pequeña pensión a cambio de la entrega laboral de prácticamente toda su vida, no ha sido avasallado por la institución. Ésta no le debe nada, de modo que el hombre ha de sentirse agradecido por el reloj. Realizó su trabajo, le pagaron por él y la empresa recibió sus servicios. Teóricamente, así tiene que ser. Pero el pensionista jubilado puede justamente considerarse oprimido si se consagró a la firma hasta más allá de los requerimientos normales y sacrificó sus objetivos personales y sus actividades familiares, porque las instituciones no hacen sino seguir adelante, tanto si usted se mata por ellas como si se limita a considerarlas un simple medio a través del cual ganarse usted la vida.

ALGUNOS MECANISMOS INSTITUCIONALES CORRIENTES PARA CREAR VÍCTIMAS

1. PERSONALIZAR LA INSTITUCIÓN. Acaso el modo más significativo de sojuzgarse a sí mismo a través de su trabajo o asociación con una institución consista en concebirla como un ente humano y tratarla como podría tratar usted a un amigo o un amante.

Cuando uno piensa en la empresa como si fuera una persona que le necesita a uno, o que no puede funcionar sin uno, entonces uno se encuentra en dificultades. Los representantes de la institución le apreciarán porque piense de esa manera, porque saben que uno estará dispuesto a prestar sus servicios durante las veinticuatro horas del día, siempre que se le llame, y que se negará toda vida particular propia. Si usted cree de veras que la institución es un ente humano, pregúntese: «¿Continuará la institución si yo la abandono?», «¿Fallecería al día siguiente?», «¿Se afligiría o se vendría abajo?», «¿Lloraría?». De antemano conoce usted la respuesta a cada una de estas preguntas, en consecuencia ¿por qué no sitúa a la empresa o a la institución que sea en la perspectiva adecuada y empieza a tratarla, *en el mejor de los casos*, como un mecanismo a través del cual recibe usted un precio justo a cambio de una grata, estimulante, productiva y satisfactoria utilización de sus aptitudes? Porque no *existe* precio justo para pagarle el sacrificio del producto más importante que tiene usted: su vida.

2. PRESTAR JURAMENTO DE ETERNA FIDELIDAD. Otra forma de autosojuzgación la constituye el hecho de jurar lealtad imperecedera a «su» empresa y convertir tal circunstancia, que usted mismo se ha inventado, en una

obligación más importante que sus deberes respecto a sí mismo y a su familia. Esta clase de devoción es absurda en muchos sentidos, porque en nueve de cada diez ocasiones uno cambiaría de mil amores de empleo si recibiese una oferta mejor por parte de otra firma y, caso de no hacerlo así, la peor razón del mundo para tal abstención sería el que uno creyese que traicionaría alguna clase de ley no escrita de fidelidad. En el terreno del deporte profesional, donde el «espíritu de equipo» y la lealtad pueden resultar de vital importancia para el éxito, raramente se dan tales confusiones. Jugadores y atletas de las divisiones de honor se entregan en cuerpo y alma, sudan la camiseta por un equipo, al mismo tiempo que negocian la posibilidad de firmar un contrato más sustancioso. Si en otro sitio pueden lograr mejores condiciones para sí, se marchan al equipo que sea y automáticamente consagran su lealtad al cuadro que hasta entonces habían prometido borrrar del campo, la cancha, la pista de hielo o lo que fuere. Los gerentes de equipos profesionales giran en torno a una base regular y dan por supuesto que su fidelidad tiene la misma duración que su contrato. En su empleo, usted se encuentra en una situación análoga. Si se le presenta una oferta mejor, sería un necio si la dejara pasar. Si se considera incapaz de retirar su lealtad a un patrono, recuerde que la institución no tendrá tales escrúpulos ni problemas con usted.

3. OBSERVAR LAS REGLAS Y PROCEDIMIENTOS DE COMISIÓN COMO SI FUERAN SAGRADOS. Condescender con las normas de su institución y actuar como si se tratase de preceptos por los que regir su vida también puede sojuzgarle. Pero valdría más que considerase tales reglamentos y sistemas como dispositivos creados por personas que tienen poco que hacer.

Examine el modo en que se regentan colegios mayores y universidades. No se equivoque; estas instituciones son grandes negocios y están ahí para obtener beneficios económicos y perpetuarse a sí mismas. Las gobiernan administradores que sufren «neurosis de comité», que nombran comisiones para que estudien cuanto se relacione vagamente con la universidad. Hay comisiones encargadas de analizar el plan de estudios, para reestructurar el plan de estudios, para anular el plan de estudios, para investigar la viabilidad de iniciar un nuevo plan de estudios, *ad nauseam*.

Si el rompecabezas que hace la comisión es un camello, la cotidiana tarea de regir universidades viene a ser una infinita caravana de camellos desfilando solemnemente en círculos. Hombres y mujeres adultos se reúnen semana tras semana, para sentarse en torno a mesas redondas y debatir viabilidades, determinar «prioridades», reorganizaciones, acuerdos de promoción y tenencia, mejoras en instalaciones y edificios, necesidades de lenguaje, sistemas de calificación, evaluaciones, procedimientos alternativos, etcétera. Pocas veces se realiza algo sustancial. Los profesores, decanos y vicepresidentes continúan reuniéndose de manera invariable y precisa una semana tras otra. Cuando conversan en privado, reconocen lo estúpido que es todo ese juego y convienen en que las decisiones a las que se llega en los comités al cabo de veinte semanas de plenos podría adoptarlas fácilmente, en veinte minutos, una persona inteligente y ecuánime.

Pero, como sucede con tanta frecuencia con las instituciones, los procedimientos alcanzan más importancia que las personas encargadas del servicio. Y, en su mayor parte, las personas que se ven atrapadas en el laberinto de la neurosis de comisión parece que, irónicamente, lo adoran. Después de todo, si no tuvieran sus insignificantes reuniones de comité a las que asistir, sus actas que leer y releer, sus cuestiones de procedimientos y sus reglas de orden Roberts, de poca cosa dispondrían para entretenerse.

Las personas que se ganan la subsistencia sentados en torno a una mesa de conversaciones no suelen ser «hombres de acción». Se convierten en administradores enardecidos en sus propias palabras y personifican el principio de Peter: *la nata fermenta hasta que se agria*. Las personas que quieren que se hagan cosas se niegan a sentarse y charlar acerca de lo que *podría* realizarse si la gente levantara las posaderas del asiento, de una vez, y dejara de darle vueltas y vueltas a las posibles ramificaciones de lo que se propone.

Gail Thain Parker, antigua presidente de colegio universitario, en un trabajo publicado en *Atlantic Monthly*, definió así sus primeras reuniones de facultad, en Harvard, el año 1969:

> Era como presenciar un partido de baloncesto cuyo objetivo era pedir tiempos muertos más que completar los períodos de juego. El hombre más activo de todos los presentes era el parlamentario que saltaba repetidamente al estrado para conferenciar con el presidente, mientras éste, a su vez, permanecía sentado con toda tranquilidad delante de una enorme bandera roja en la que destacaba, escrita con letras llamativas, la palabra VERITAS.

Al haber cumplido mis obligaciones, pasando seis años de profesor en un colegio universitario, estoy en condiciones de dar fe de la veracidad de sus observaciones. Los profesores se reúnen en plan de camarilla y piden la palabra para que se les escuche respecto a algo de importancia secundaria. Sucede un debate de treinta minutos de duración, como resultado del cual se decide que ha de formarse una comisión *ad hoc* para que elabore un estudio de viabilidad, estudio que por lo menos tardará dos años en tocar fondo. A continuación, ese estudio se debate, en un derroche de horas y horas, se mastica, se digiere y se devuelve, proyectándolo hacia otra comisión. Cualquier cosa, con tal de impedir que el asunto se resuelva y se actúe de modo positivo, incluso aunque se trate de una cuestión tan intrascendente como para no requerir más que una oficinesca decisión razonable.

Los sedentarios obtienen su autodignidad de esta forma tan carente de sentido, conservan su *statu quo* estableciendo reclamos evasivos y tienden a calificar todo el proceso etiquetándolo de toma de decisiones a base de participación democrática. Las siguientes palabras del senador del estado de Dakota del Norte ilustran acerca del modo en que la inacabable e insensata serie de bobadas que sueltan los llamados cuerpos decisorios alcanza a veces las más excelsas cimas de sublime ridiculez.

> Lo que debemos hacer ahora, evidentemente, es suspender toda actividad hasta que pueda celebrarse un plebiscito para elegir un nuevo jurado que nombre una comisión autorizada que contraste un nuevo equipo de expertos que se encarguen de considerar la viabilidad de recopilar un índice de todas las comisiones que en el pasado inventariaron y catalogaron los diversos estudios y cuyo fin estará dirigido a averiguar qué ocurrió con todos los programas que se descartaron cuando alguna otra persona se inclinó por instituir un nuevo plan.

Si usted participa en esta clase de actividad, o se encuentra siquiera levemente afectado por ella, se está sojuzgando a sí mismo. Las charlas evasivas de este tipo han estado manteniéndose desde que el hombre creó consejos, comisiones, gobiernos, etcétera. Y continuarán, eternizadas, aunque alguien, sea quien sea, se ponga en pie y explique el modo y la conveniencia de eliminarlas. La única vía de escape es negarse a participar en el juego mostrándose discretamente efectivo y limitándose a encogerse de hombros ante las estupideces que se desencadenen alrededor de uno. Puede rechazar todos los nombramientos que le sea posible para formar parte de comisiones y, cuando no pueda eludirlos, sea un miembro mudo que, cuando no tenga más remedio que romper su silencio, se convierta en voz de la razón.

Puede usted despreocuparse de los trabajos de las comisiones y realizar sus tareas personales, reduciendo activamente al mínimo su participación en el desatino que a tantas personas ocupa. Sea usted mecánico, maestro, odontólogo, conductor de taxi o florista, nunca se verá libre de los esfuerzos que llevarán a cabo los grupos para imponerse a usted en nombre del progreso, la democracia o la eficiencia perfeccionada. Pero cuando atisbe la neurosis de comisión, siempre podrá usted optar por una postura discretamente efectiva que no le sojuzgará.

4. Dejarse embaucar por el laberinto burocrático sobre el que prosperan las instituciones. La magnitud institucional crea distancia entre las organizaciones y las personas destinadas a servirlas. Cuanto mayor es la organización, más ha de engrasarse la maquinaria burocrática para que la mantenga en funciones. El gobierno de los Estados Unidos es un ejemplo clásico. Está regido por una lista interminable de comités, departamentos, agencias, divisiones y otros subgrupos. Cada grupo tiene jefes de departamento, directores de agencia y otros burócratas que desean conservar el empleo y la situación de poder que ocupan. Además, el conjunto burocrático total da trabajo a miles de personas que ni por lo más remoto quieren echar el barco a pique y perder sus empleos. Y así uno tropieza con funcionarios temerosos que no están dispuestos a dar contestaciones claras y directas porque son fieles a unos superiores que podrían castigarles.

Uno se convierte en víctima cuando trata de obtener un servicio. Intente sacarle respuestas concretas a políticos que han sido burócratas durante toda su vida. Hablan con la boca llena de algodón y a preguntas sencillas, que sólo requieren sí o no, responden con contestaciones como: «He considerado las alternativas oportunas y he llegado a la conclusión de que debo realizar un estudio a fondo del asunto». «Me molesta dar un sí en firme, pero, por otra parte, no excluiría la posibilidad de una respuesta negativa, en el caso de que surgiesen otras contingencias de las que hasta el presente no se me haya informado.»

Los burócratas son expertos en el embrollo del papeleo que, por regla general, envían a sus víctimas de una oficina a otra, sin dar nunca una solución concreta. He visto personas que se pasaron un día entero yendo de un lado para otro, cuando lo único que deseaban era matricular su automóvil en un nuevo estado. Ya sabe usted lo que es tratar con el personal de la oficina de desempleo o de los hospitales regidos por el gobierno. Jamás se acaban los impresos que hay que rellenar y los funcionarios tienen un modo especial de someter despóticamente a quienquiera que desee que se le trate con dignidad y quiera prontitud en el servicio.

5. CAER EN LA TRAMPA DE LA JERGA. La jerga de las burocracias es verdaderamente algo que debe considerarse con especial cuidado. Los burócratas han inventado un lenguaje peculiar, que constituye toda una técnica para mantener a la acción a raya y perpetuar el refugio evasivo sobre cuya base funcionan las instituciones.

Los profesionales de la psicología hablan de los seres humanos en términos aterradores. Se apresuran a encasillar a las personas, aplicándoles terminología psicológica y se olvidan de que están refiriéndose a seres humanos. A las personas se les adjudican etiquetas de maníaco-depresivo, psicópata, sociópata, esquizofrénico, menoscabado mental (o cerebralmente disfuncional) u otros términos por el estilo. Estas etiquetas pueden ser útiles a los facultativos, pero resultan peligrosas porque a menudo perjudican a los seres humanos, a los que se deja de considerar personas, para reducirlos a meras colecciones de síntomas.

En cuanto se le pone la etiqueta a una persona, queda invalidada a todos los efectos como ser humano. Si llama «autista» a un niño, y cree usted que el autismo es incurable, entonces renuncia a la esperanza para un ser humano. *Son Rise*, de Barry Kaufman, cuenta la historia de dos padres preocupados que se niegan a aceptar la etiqueta de autismo asignada a su hijito y se entregan totalmente a él, hasta que logran sacarle de su misterioso coma andante. Cuando vuelven a llevarlo a los diversos médicos que le calificaron de «autista», los doctores manifiestan que el diagnóstico estaba equivocado, porque el autismo era incurable. Existe una lógica especial que los clasificadores emplean una y otra vez para proteger sus teorías y con negligencia respecto a las vidas humanas. Aunque pocos profesionales lo hacen, es sin embargo mucho más funcional *etiquetar el comportamiento*, en vez de clasificar a las personas... Por ejemplo: «Tiene un comportamiento tipo permanencia en la cama o tipo no pronunciar palabra», en lugar de etiquetarlo como depresivo o mudo.

El lenguaje legal es otro ejemplo importante. Los juristas han puesto buen cuidado en redactar nuestras leyes de forma que el hombre medio no tenga la menor posibilidad de desentrañar los términos de un contrato, a fin de que se vea obligado a contratar los servicios de descifradores expertos que interpreten documentos tales como contratos de arrendamiento, escrituras y pólizas de seguro. Todos los esfuerzos para simplificar nuestras leyes han topado con la feroz resistencia de los cabilderos legales. Los grupos de presión de ciudadanos que han intentado simplificar los trámites de divorcio o promover disposiciones sobre inculpabilidad en los seguros se encontraron siempre con que los legalistas bloquean el camino con la misma especie de oscuridades enigmáticas que los ciudadanos tratan de suprimir. Protegen los «intereses» de las personas que les permiten ganarse la subsistencia siendo los únicos en condiciones de hacer tales cosas, dispuestos, asimismo, a realizar lo necesario para mantener alejadas de su pastel a las manos «inexpertas».

Las agencias gubernamentales son especialistas en el empleo de lenguaje esotérico y, a la larga, sojuzgar a los contribuyentes que acuden en busca de servicio. Los militares constituyen un ejemplo clásico. El Pentágono, una de las burocracias más gigantescas dentro del gobierno, ha creado su propia e impenetrable subselva semántica, con regulaciones por cuadruplicado para toda contingencia que pueda presentarse, redactadas en un lenguaje tan inmensamente complicado y lleno de circunloquios que no existe posibilidad alguna de que una persona normal encuentre sentido o lógica a lo allí escrito.

Tras varios años de abrirse paso a hachazo limpio a través de las enmarañadas espesuras semánticas del Servicio de Salud Pública de los Estados Unidos, un funcionario de sesenta y tres años, llamado Philip Broughton, dio por fin con un método de éxito seguro para convertir la frustración en satisfacción: un procedimiento jergal. Denominado eufemísticamente «Proyector sistemático de frases transmitidas por señal», el sistema de Broughton emplea un léxico de treinta «palabras-señales» cuidadosamente selecionadas, del que da cuenta la revista *Times*, en la página 27 del número correspondiente al 9 de febrero de 1976, suplemento de *Army Times/Navy Times/Air Force Times* .

Columna 1	Columna 2	Columna 3
0. Opciones	0. Directivo	0. Integrado
1. Flexibilidad	1. Organizador	1. Total
2. Capacidad	2. Controlado	2. Sistematizado
3. Movilidad	3. Recíproco	3. Paralelo
4. Programación	4. Digital	4. Funcional
5. Concepto	5. Logístico	5. Sensible

6. Fase temporal	6. Transicional	6. Opcional
7. Proyección	7. Aumentativo	7. Sincronizado
8. Equipo	8. Tercera generación	8. Compatible
9. Contigencia	9. Normativo	9. Equilibrado

En su trabajo publicado en *Times*, W. J. Farquharson explica el procedimiento, mediante el cual los burócratas pueden simplificar su tarea de oscurecer los hechos. «Piense un número de tres dígitos, seleccione luego la correspondiente "palabra-señal" de cada columna. Por ejemplo, el número 637 produce "fase temporal recíproca sincronizada", frase que puede dejarse caer en prácticamente todo informe y que aportará un toque autoritario decisivo. Nadie tendrá la más remota idea de lo que uno está diciendo, pero lo importante es que tampoco nadie se mostrará dispuesto a reconocerlo».

Esta clase de juego lingüístico puede practicarlo virtualmente toda institución que posea su propia jerga: comercio en gran escala, medicina, derecho, psiquiatría, seguros, contabilidad, departamentos de servicios públicos, etcétera. El sistema para escapar al juego opresor de la burocracia consiste principalmente en evitarla siempre que sea posible; de no poder hacerlo, hay que aventurarse por ella comprendiendo a fondo y por completo cómo funciona. Uno puede evitar que lo que surja en su camino le amargue la vida y uno puede negarse a tratar con empleados administrativos, siempre que le resulte posible. Uno debe hacer caso omiso del lenguaje jergal y otras barricadas burocráticas, y no dejarse arrastrar al pozo de la misma clase de comportamientos absurdos.

6. No COMPRENDER LA SINRAZÓN DE LA LÓGICA BUROCRÁTICA. Además de emplear lo menos posible el lenguaje llano y claro, los burócratas no operan conforme a la lógica; se limitan a ceñirse a las normas y a los precedentes establecidos, incluso aunque carezcan de

sentido. He aquí dos ejemplos, ambos correspondientes a historias verídicas.

— *La camioneta del lechero.* Joe era un repartidor de leche que poseía su propio vehículo. Un día, ante su consternación, le robaron la camioneta. Sin embargo, la policía la recuperó y Joe fue a reclamarla a la comisaría. No contaba con ninguna otra fuente de ingresos, así que el hombre estaba desesperado. Pero en el cuartelillo le informaron de que tenían que retener la camioneta, como prueba que presentar en el juicio, y que podía volver a recogerla al cabo de unos tres meses.

Joe oyó la misma historia en todos los puntos de la burocracia a los que recurrió. No le era posible disponer nuevamente de su camioneta de reparto de leche, a pesar de que la necesitaba para ganarse la vida... ¡so pena de que retirase la denuncia contra el ladrón! Si seguía adelante con esa denuncia, no le quedaba más remedio que verse avasallado por la pérdida del vehículo durante tres meses.

Joe se negó a convertirse en doble víctima, de modo que retiró la denuncia y pusieron en libertad al ladrón. Así es cómo funcionan las burocracias del mundo, a costa de los ciudadanos a quienes en teoría deben servir. Todas las personas con las que Joe habló se manifestaron impotentes, carentes de atribuciones para hacer nada, y Joe anduvo deambulando de un lado para otro hasta que, al final, se cansó y decidió largarse de allí antes de que le contagiaran y le integraran en aquella locura.

— *La viuda.* El marido de Nancy murió inesperadamente. Y como sucede a menudo en tales casos, a Nancy se le prohibió tocar un céntimo de los fondos conyugales, incluido el dinero propio de la mujer, porque todo quedaba bloqueado, sometido a los procedimientos de herencia patrimonial.

Nancy aguardó cuatro largos años a que se arreglase el asunto de los bienes. Todos los burócratas que la sojuzgaban decían lamentarlo mucho, pero que así era cómo funcionaban las cosas. La propia cuenta bancaria de Nancy quedó congelada, así como todos los bienes comunes, simplemente porque los estúpidos burócratas embutidos en su trajes de paño gris deseaban pasar cuatro años debatiendo cómo tenían que manejarse los ingresos de Nancy. A causa de las prolongadas demoras y de los múltiples abogados que habían metido sus voraces dedos en la heredad, a cambio del sesenta por ciento de los bienes en concepto de minutas, Nancy tuvo que salir en busca de otro empleo para poder pagar las facturas.

El único sistema para hacer frente y superar esta clase de situaciones avasalladoras estriba en ser deshonesto y abstenerse de comunicar un fallecimiento, o bien ocultar los fondos para mantenerlos fuera del alcance y conocimiento de los burócratas ávidos de bienes de herencia. La ley, que se supone ha de estar al servicio de la gente, anima a las personas a burlarla, al objeto de sobrevivir.

Honoré de Balzac dijo una vez: «La burocracia es un mecanismo gigantesco manejado por pigmeos». Si uno no se anda con cien ojos, persevera y se muestra decidido, con un buen puñado de tácticas, a no permitir que abusen de él, se verá borrado del mapa por unos burócratas con tentáculos institucionales, devoradores de hombres, que se lo engullirán en un momento. Veamos a continuación algunos de los medios típicos a través de los cuales las instituciones y sus representantes intentan sojuzgarle a uno, así como diversas sugerencias específicas que uno puede poner en práctica para no caer en las garras de la burocracia.

ESTRATEGIAS PARA ELIMINAR
LAS ARBITRARIEDADES INSTITUCIONALES

— Esto es de suprema importancia: Tiene usted que modificar radicalmente su sistema de creencias, para desembarazarse de la idea de que usted es menos importante que la empresa o de que las instituciones del mundo son más significativas que sus individuos. Cada vez que observe en sí mismo un comportamiento abnegado, mediante el cual renuncia usted a su tiempo en provecho o beneficio de una institución, debe detenerse a considerar si es eso realmente lo que desea para usted. Le supondrá algunos riesgos suprimir cualquier *status* de víctima que pueda haberse ganado, pero ante todo debe usted efectuar ese crucial cambio de actitud que le permitirá, como persona, encabezar la lista de cosas que exigen su lealtad.

— Valore sus prioridades vitales con las personas que para usted son más importantes. Hable con sus familiares acerca de su conducta (la de usted) y de lo que busca. Pregúnteles qué opinan respecto a las responsabilidades laborales de usted y si se sienten desatendidos. Elabore una relación de las cosas que usted pretende alcanzar y por qué desea lograrlas. Luego eche un vistazo a su propio comportamiento. ¿Avanza usted hacia la realización personal que aspira conseguir o se va hundiendo en un hoyo cada vez más profundo? Uno sólo puede volver las cosas del revés cuando ha puesto todo el asunto en perspectiva y empieza a vivir su vida de día en día, lanzado en persecución de la felicidad y no de la neurosis.

— Aumente de manera gradual el tiempo que se concede para la tranquilidad, la intimidad y la posibilidad de hacer cosas que considere realmente importantes para usted. Puede que, al principio, le resulte algo ímprobo interrumpir su trabajo y tomarse tiempo para dedicarlo a su cónyuge y a sus hijos, descabezar un sueñecito, salir a cenar con un ser querido o charlar con alguien a quien tenía abandonado. Pero si al empezar se concede esos ratos mínimos de solaz, no tardarán en convertirse, a la larga, en una costumbre regular, saludable y satisfactoria.

— Ejercítese en la costumbre de ser discretamente efectivo aliviando su mente de las tensiones a que la somete la esclavitud institucional. No cuente a nadie su nueva actitud o programa; encárguese simplemente de que su cerebro trabaje de forma autorrealizadora. Elimine el exceso de tiempo que dedica a comisiones, viajes o a inspeccionar el negocio. Vaya acostumbrándose a dejar la tarea a su espalda, cuando abandone la oficina o la fábrica. Deje de repasar todo lo que sucedió durante la jornada y deje de preocuparse por el modo en que se desarrollarán sus asuntos profesionales durante el día siguiente o el año que viene. En vez de machacar continuamente sobre sus problemas laborales o comerciales, aprenda a hablar de los sentimientos de los miembros de la familia, de sus éxitos, de *sus* ambiciones. Calme su cerebro mediante el sistema de dejarlo en blanco durante unos minutos. Quítese de la cabeza los pensamientos relacionados con el trabajo cuando se sorprenda a sí mismo reflexionando acerca de la presión y la tarea. Durante las vacaciones, disfrute por entero, de punta a cabo, del período de descanso, lejos del mundo laboral, que tan duramente se ha ganado, y absténgase de perder el tiempo preocupándose del futuro o pasando revista al pasado. Una de las técnicas más saludables para alcanzar el éxito en la carrera profesional consiste en aprender a olvidarse de ella regularmente, lo que hace que, cuando uno vuelve a enfrentarse con el trabajo, llega estimulado, provisto de mayor eficiencia y en condiciones de contemplar su labor desde unas perspectivas nuevas y más favorables.

— Suprima de su vocabulario el término *retiro*. Hágase a la idea de que no va a retirarse nunca, de que cuando deje usted su actual empleo seguirá siendo útil y productivo y la vida estará rebosante de satisfacciones para usted. No piense en los años futuros y dedíquese a dignificar sus años presentes para que le resulten espléndidos. Al margen de su edad, si cree que algún día va a jubilarse y permanecer cruzado de brazos, limitándose a contemplar a los pájaros y a admirar las puestas de sol, se está engañando a sí mismo. Esa clase de existencia contemplativa hará que usted se considere un ser estéril, pese a que las comunidades de pensionistas la propaguen a base de entusiasta publicidad. Puede usted vivir plena y libremente hasta el último segundo que se le otorgue de permanencia en este planeta y la edad que usted cuente no será ningún factor de inhibición, a menos que permita que lo sea. Si usted vive ahora, todos y cada uno de los «ahora», nunca *habrá* un momento en que esté «retirado». De modo que quítese de la cabeza ese concepto. Y si desempeña ahora las tareas de un empleo que aborrece, y continúa en él para cumplir los requisitos que se le exigen con vistas a la jubilación, recapacite y compruebe si realmente desea que su vida se consuma de manera tan infructuosa. Deje de aplazar el goce de placeres. Recuerde que el futuro no se le promete a nadie. Puede usted morir en cualquier momento, después de haber acabado de sacrificar su vida entera a cambio del retiro.

— Si le desagrada un cometido institucional y le mortifica trabajar donde está trabajando, márchese. No se acobarde ante la idea de aceptar riesgos. Si es usted una persona diligente y deseosa de cumplir sus responsabilidades en un empleo que le satisfaga, entonces no soportará ningún otro, y en seguida habrá conseguido un nuevo puesto de trabajo. No tiene que permanecer eternamente donde está, sólo porque da la casualidad de que se encuentra hoy allí y resulta más cómodo continuar que trasladarse. Correr riesgos es algo que forma parte de la esencia del antiavasallamiento ejercido por instituciones y burocracias.

— Viva su vida como si sólo le quedasen seis meses de ella. Cuando uno reflexiona a fondo en el tiempo y sus infinitos miles y millones de años, la duración de la propia vida resulta de pronto breve como un suspiro entrecortado. Seis meses pueden parecer seis minutos. Si usted supiese que sólo le quedan seis meses de vida, ¿no procedería de un modo distinto a como procede? Formúlese entonces esta pregunta realista: «Por qué diablos no estoy haciendo las cosas de otra manera?» Ahora… ¡Hágalo!

— Deje de utilizar la excusa de «Tengo una obligación para con…» a fin de explicarse por qué no puede satisfacerse su propia vida. Y cuando los sojuzgadores traten de imbuirle la idea de que, en pro de la institución, debe usted sacrificarse más allá del tiempo o del esfuerzo por el que le pagan, ya que está obligado a demostrar su lealtad a la institución, recuerde, conscientemente o no, que está usted haciendo lo que *ellos* le pagan por hacer, que tiene que ser lo máximo que puedan sacarle. En casi todas las ocasiones puede usted dispensar sus legítimas responsabilidades y disfrutar de una existencia feliz, sobre todo cuando deja de racionalizar su infelicidad y procede a hacer las cosas de modo distinto.

— Dé un repaso a las características del comportamiento Tipo A detalladas antes. Asígnese y realice algunos ejercicios, con vistas a eliminar el apremio del plazo límite, la precipitación al hablar, etcétera. Modere su ritmo y, de vez en cuando, concédase un momento para disfrutar de la vida.

— No se deje seducir por accesorios o símbolos de poder, como títulos que le otorgarán si se afana en el trabajo, ascensos, galones, insignias, un despacho más amplio, su nombre en la puerta del lavabo, etcétera. Todos esos signos de prestigio se le balancean delante de los ojos para hacerle creer que usted valdrá mucho más cuando se los hayan otorgado. Si tiene presente que la dignidad y valía procede de su interior, no permitirá que le frustre la necesidad de ir coleccionando artilugios de poder que representarán cada vez más «aprobación instantánea» por parte de cuantas personas se tropiece. Si no está usted en paz consigo mismo, entonces ningún accesorio ni símbolo significará nada, porque habrá despilfarrado usted su vida y tendrá conciencia de ello.

— Niéguese de plano a participar en tareas de comisiones que le consta no sirven para nada. Decline cortésmente el dudoso honor de ser miembro de esos comités o, si le asignan un puesto en cualquiera de ellos, limítese a asistir a las reuniones, sin participar activamente. Le sorprenderá lo divertido que es evitar que le incluyan a uno en necios comités y grupos de estudio de trabajo y lo creativamente que puede eliminar de su vida esos pequeños fastidios.

— Aparte de sí las estúpidas exigencias que se hace a sí mismo de realizar a la perfección todo lo que emprende, y sus requerimientos de que los seres queridos obren de igual modo. Permítase el placer de hacer por hacer. Pinte un cuadro, para solazarse y nada más. No se preocupe por «no ser pintor»... limítese a disfrutar pintando. En todas las actividades de su vida que pueda, proceda de forma análogamente relajada, no competitiva, en vez de ejercer sobre usted mismo presión para hacerlo todo de forma insuperable. Pregúntese por qué tiene que ejercer tales presiones sobre usted y, cosa probable, también sobre sus familiares. Descubrirá que su arista competitiva es incluso más aguda en las zonas donde resulta útil o necesaria, cuando deje de competir en todas las zonas donde es innecesaria y destructora.

— Pruebe a prescindir ocasionalmente del reloj y del calendario. Compruebe si, durante un día completo, puede arreglárselas para vivir sin ceñirse a un programa establecido. Abandone la supuesta obligación de llevar una vida contra reloj, llevando a cabo los actos como comer, dormir, hablar, etcétera, cuando le apetezca y no cuando «se supone» que debe hacerlo.

OBSERVACIONES FINALES

Su trabajo puede constituir una importante fuente de deleite, pero también una fuente fatal de sojuzgación. Pocas personas mueren hoy en día como consecuencia del exceso de trabajo puramente físico, como sucedió con innumerables esclavos, hace un siglo, en diversos puntos del mundo, pero sí son muchos los que en la actualidad fallecen a consecuencia del exceso de inquietud y preocupación. Si en algún sentido es usted víctima de las instituciones, tanto si esa esclavitud se la inflige a sí mismo mediante el exceso de lealtad como si le viene impuesta institucionalmente por normas que le tratan a usted como si ellas fuesen dueñas y señoras absolutas de la tierra, usted puede hacer algo al respecto, prometiéndose cambiar de comportamiento y de actitudes. Sólo se vive una vez, así que ¿por qué vivir a merced de instituciones creadas por el hombre? Evidentemente, usted no debería hacerlo, y no lo hará en cuanto decida dejar de ser víctima.

8

DISTINCION ENTRE JUICIO Y REALIDAD

Cuanto existe en el mundo, está ahí independientemente de la opinión de usted sobre el particular.

JUICIOS CONTRA REALIDAD

Por extraño que pueda parecer a primera vista, muchas personas se avasallan a sí mismas al poner más intensidad en sus opiniones o actitudes respecto a lo que es real que en la propia realidad.

Antes de que usted niegue la aseveración de que puede ser una de esas personas, considere la evidencia de que casi todo el mundo emplea a diario palabras y frases que son *juicios* sobre la realidad, como si fueran reflejos de la misma realidad. Por ejemplo, las personas dicen a menudo: «Vaya día repelente (o estupendo) que hace hoy». Si bien esta frase puede parecer inocua, lo cierto es que no está «basada en la realidad». El día es sólo «repelente» o «estupendo» según el juicio u opinión que usted decida aplicarle. Si acepta que la lluvia es repelente, entonces formulará ese juicio respecto a todos los días lluviosos, y la mayoría de la gente (excepto granjeros, labradores, etcétera) coincidirán con el criterio de usted. Pero, en realidad, el día sólo *es* y si usted lo califica o no de repelente, ello carece de importancia en lo que se refiere al día en sí, porque el día va a seguir siendo exactamente lo que es, al margen de la etiqueta que usted le asigne.

Ahora bien, todas estas consideraciones acerca de juicios y realidad pueden parecer cogidas por los pelos en relación con los problemas prácticos del avasallamiento personal, y un poco desproporcionadas en cuanto a crítica cuando hablamos de comentarios tan aparentemente inofensivos como: «Es un día repelente». Pero adquieren una importancia vital cuando se aplican a zonas de la vida de uno en que las confusiones respecto a juicios y realidad pueden sojuzgarle... y considere usted por un momento las implicaciones de permitir que un poco de lluvia ensombrezca, sin una buena razón, toda una jornada de su vida. Si usted rige su vida de acuerdo con la creencia de que juicios y realidad son lo mismo, va a encontrarse con un almacén repleto de infortunios que usted mismo se impone. El conflicto se origina cuando usted espera que el mundo sea como usted quiere y se trastorna usted al descubrir que las cosas no salen como usted deseaba, como solían salir o, lo que aún es peor, como usted insiste en que salgan. Y el conflicto se resuelve solo, cuando usted contempla la realidad exactamente como es y deja de lastimarse a sí mismo por el simple hecho de que el mundo gira en el sentido en que lo hace.

He aquí un breve extracto de «La guerra es buena», poema escrito por Stephen Crane en 1899:

Un hombre dijo al universo:
«Señor, existo».
«Sin embargo», replicó el universo,
«Esa circunstancia no ha creado en mí
Sentido alguno de responsabilidad.»

Ésta es la esencia de la realidad. El mundo no le debe a usted sustento *ni* una vida feliz, y cuanto más se empeñe usted en pensar que sí se lo debe, más duro le resultará el esfuerzo por conseguir esas cosas. La realidad es lo que es y nada más, al margen de lo que usted exija o porfíe, o del modo en que le inmovilicen sus propios juicios acerca de la manera en que debería ser.

Ello no implica que usted deba abstenerse de trabajar para acabar con las injusticias, para cambiar las partes del mundo que usted considera nocivas, porque el cambio está en el corazón del progreso y el desarrollo. Pero uno puede aceptar las cosas que ya han ocurrido como algo que pasó a la historia y, por ende, sólo sirve para extraer enseñanzas de ello pero sobre lo que no merece la pena atormentarse. Y tampoco merece la pena que se atribule por lo que está sucediendo en el presente y que usted no puede modificar... así que no necesita juzgarlo como bueno o malo, sino simplemente considerarlo como algo que existe. Es posible que sucedan algunas cosas que usted haya profetizado, y acaso se esfuerce en mejorar otras en cuyo desarrollo pueda usted tener influencia... pero no *pida* que sean de otro modo a como son ni se sienta frustrado porque no cambian.

Las personas que echan pestes continuamente contra la realidad se condenan a una vida de innecesario enojo y frustración. Se encuentran en condiciones de sojuzgarse a sí mismas diciendo cosas como las que siguen.

— «*Esto no debería suceder precisamente ahora.*» Al decir que algo que *está* ocurriendo no debería ocurrir, uno puede acabar convertido en víctima, puesto que se altera y acongoja. Cuanto mayor es el trastorno que provoca en usted su exigencia de que la realidad sea distinta de lo que es, más se aprietan las cadenas de la neurosis en torno a su mundo. Lo que ha de decir, en cambio, es: «Esto sucede ahora mismo, pero voy a hacer cuanto esté en mi mano para que deje de ocurrir, o para que no se repita».

— *«El mundo es un lugar cruel.»* Las personas que juzgan cruel el mundo, en vez de aceptarlo, pasan por alto el hecho de que el mundo en sí mismo no es cruel; simplemente, es, como se ha dicho antes. «Cruel» es un calificativo creado por el hombre, que se emplea para culpar al mundo de no ser siempre del modo que nos gustaría que fuera. Uno puede llamar al mundo lo que a uno le plazca, y luego desasosegarse, pero el mundo continuará siendo lo que sea. Un pensamiento con más base en la realidad sería: «Hay cosas en el mundo que quiero cambiar, y voy a poner manos a la obra. En cuanto a las cosas que no pueda cambiar, y que me desagradan, dejaré de esperar que sean distintas, puesto que mis esperanzas se verán siempre defraudadas y, en consecuencia, eso me perturbará».

— *«La gente es perversa e insensible.»* Volvemos a las mismas: «perverso» e «insensible» son calificativos que utilizamos para desaprobar algún modo de comportamiento de las personas.

Lo cierto es que la gente hace a menudo cosas que uno nunca haría y que, en determinados casos, uno puede considerar censurables (o algo peor) por principio.

De forma que uno prefiere no hacer cosas de esa índole; se esfuerza en la tarea de no permitir que tal comportamiento pisotee sus derechos o los derechos de los demás. En tal caso, lo correcto es que usted intente hacer cuanto esté en su mano para impedirlo, pero no adoptar la postura negativa de limitarse a derrochar energías calificando a la gente y dejándose caer en la desazón y en el inmovilismo sólo porque la gente existe.

Y, sobre todo, no levante los brazos y diga que *la gente en general* es perversa e insensible, porque ello equivale a abandonar toda esperanza para todo el mundo —*incluido usted mismo*— y, por lo tanto, a renunciar a su propia vida. Esto es un ejemplo de por qué resulta más provechoso etiquetar comportamientos que aplicar calificativos a las personas. Las personas cambian y no siempre encajan limpiamente en una casilla. «Han emprendido una conducta a base de robos y agresiones, y no estoy dispuesto a tolerarlo», esta manifestación puede parecer extraña, pero no deja de ser mucho más eficaz que limitarse a mirar a la *gente* cuyo comportamiento uno considera censurable.

— *«Qué horrible fue aquello.»* Las cosas no son horribles, salvo en el cerebro de los hombres. «Horrible» no es nada físico que forma parte del mundo; sólo es un adjetivo que expresa el juicio de una persona sobre algo. Aunque a usted no tiene por qué gustarle lo sucedido, es inútil calificarlo de horrible y después aferrar su mente al horror como si *éste* hubiera cobrado realidad. Usted puede reconocer el incidente que le desagrada —un vapuleo, una quiebra, un accidente— como algo que ha sucedido y puede extraer del mismo alguna enseñanza. Nada tiene de malo cualquier etiqueta que pueda usted emplear para valorar los acontecimientos, *mientras el proceso de calificación no le sojuzgue*, pero tildar de horribles a las cosas no servirá más que para inmovilizarle, dado que le anima a recordar «el horror» y, si el suceso le hubiera ocurrido a usted, a conseguir grandes dosis de simpatía o condolencia, por parte del prójimo, que intensificarán su condición de víctima.

Los juicios u opiniones sólo son avasalladores cuando nos impiden disfrutar del momento presente o cuando nos proporcionan excusas prefabricadas para actuar de manera contraproducente. Todos los juicios sobre la realidad que no nos coartan, que nos suministran goce, desde luego son merecedores de que los emitamos, siempre y cuando nos demos perfecta cuenta que se trata de juicios y no de la propia realidad. Por ejemplo, la palabra *precioso* se emplea bastante en juicios sobre la realidad, y calificar una flor de preciosa, o agradablemente aromática, y proceder luego a disfrutar de ella, es estupendo para los sentidos. De modo análogo, tildar una conducta de buena, excitante, excelente, fabulosa, majestuosa, exquisita, adorable, emocionante o de cualesquiera de los miles de adjetivos que existen, no es sojuzgador en absoluto. Pero los juicios que nos mantienen inmovilizados, que se confunden con la realidad o que tienden a echar la culpa de lo que somos a los demás, a Dios o al mundo han de afrontarse y erradicarse.

NO SE DEJE NUNCA AVASALLAR POR LA REALIDAD

Ponga agudeza en sus ojos y lance una mirada al mundo y a la gente que lo habita. Observe cómo funciona el mundo, examine cuidadosamente todos los elementos que constituyen lo que llamamos realidad. Vea usted lo que vea, no permita que ello le convierta en víctima. Nuestro planeta funciona conforme a determinados sistemas fácilmente previsibles, como ocurre también con las personas que en él residen. Los verdaderos redimidos son aquellos que no se enzarzan en peleas inútiles, que circulan a favor de las corrientes, en vez de ir contra ellas, y que aprecian y disfrutan apaciblemente de su estancia aquí.

La realidad que uno ve parece muy apasionante cuando uno se detiene a gozarla. Cuando se está en el desierto, éste será caluroso y estará rebosante de arena. Ahora bien, uno puede combatir esta idea, si le place intentarlo, y puede quejarse de tales circunstancias, pero el desierto continuará siendo caluroso. A uno, sin embargo, también se le brinda la opción de mirar a su alrededor, con ojos nuevos, y empezar a disfrutar del desierto tal como es. Uno puede sentir el calor y dejar que se filtre a través de los poros del cuerpo. Uno puede vislumbrar y oír los pequeños lagartos que se escabullen por doquier, valorar una flor de cacto, contemplar el vuelo de un halcón que se remonta hacia las alturas. Hay centenares de maneras de deleitarse con el desierto, si uno no se inclina por calificarlo de aburrido, lamentarse del calor, arrepentirse de estar allí y toda la estupidez que se deriva del hecho de verse avasallado por la realidad.

Una tempestad puede proporcionarle un sinfín de experiencias, según el modo en que usted enfoque la vivencia. Uno puede temerla, esconderse para no soportarla, condenarla, maldecirla, y cada una de esas opciones le privará de experimentar ese momento de su vida de un modo satisfactoriamente excitante. Pero también puede uno desentenderse de todas las posibles preocupaciones o temores durante una tormenta, sentirla acariciando el cuerpo de uno, escucharla, olerla, acariciarla y recrearse en la incomparable singularidad que puede constituir una tormenta. Cuando la tormenta amaine, uno puede contemplar cómo los claros armonizan con las nuevas nubes que se formen, observar el modo en que los vientos las desplazan y disfrutar interminablemente de la realidad de cada instante.

De igual manera, uno puede optar por sentirse contento y satisfecho con la realidad de una fiesta, una reunión de comité, una velada a solas, un ballet, un partido de fútbol o una comida que se degusta.

Sea cual fuere la realidad —y uno puede considerar la mayoría de sus realidades como el resultado de sus opciones—, cualquiera puede hacer de ella una experiencia magnífica o puede amargarse no sintonizando con ella o juzgándola en términos irreales. Piense aquí en la lógica. Lo necio que sería que se dejara desazonar o inmovilizar por cosas en las que su desazón no influirá absolutamente nada. Sin desasosegarse lo más mínimo, uno obtendría idéntica reacción por parte de la realidad. Para una persona en su sano juicio, la conclusión parece ineludible. Si uno puede mortificarse o no mortificarse, a voluntad, respecto a la realidad, y en ninguno de ambos casos influirá en ella, entonces optar por la aflicción es sencillamente disparatado.

Henry David Thoreau escribió en Walden Pond: «Nunca ayudé al sol materialmente en su salida, pero, sin duda, lo único importante fue presenciarla». Ésta es la actitud del redimido. Estar presente y disfrutar con ello. Tranquilícese. Reconozco lo insensato de molestarse por cosas que sólo lo son. Deje de creer que existe algo como un día de perros. No se engañe a sí mismo. Los días son, existen y nada más. Al miércoles le tiene sin cuidado el que a usted le guste o no. Seguirá siendo miércoles. La opinión de usted lo convertirá en día malo *sólo para usted*.

CÓMO ACTÚAN LAS CREENCIAS EN CONTRA SUYA

Mantengo el criterio, querido Watson, basado en mi experiencia, de que las callejuelas más vulgares e infames de Londres no presentan un historial de pecado más atroz que el del hermoso y sonriente campo.

Sir Arthur Conan Doyle
Las aventuras de Sherlock Holmes

En esta cita, el famoso detective establece una verdad fundamental. Las cosas que aparecen bajo la rúbrica de creencias u opiniones como «pecado», son lo que *uno* considera que son. Uno peca sólo cuando se cree que está pecando y toda persona del mundo puede juzgar «pecado» cualquier cosa que decida hacer.

Sus creencias sólo pueden oprimirle si usted se abstiene, de un modo un otro, de operar con eficacia en sus momentos presentes. Aunque la mayoría de sus criterios acerca de la realidad son acertados y útiles en cuanto a mantenerle como persona que funciona a pleno rendimiento, no faltarán algunos, bastantes, que le lleven a conclusiones erróneas y que pueden ser destructivos. He aquí tres de las más típicas y generales creencias sobre la realidad susceptibles de resultarle sojuzgadoras, principalmente porque no reflejan la realidad tal como es.

1. Bueno frente a malo. Si usted cree que la realidad comprende cosas que son buenas y malas de igual forma que contiene cosas que son rojas y verdes, y dedica usted su tiempo a juzgar o determinar cuál es cuál, será usted firme candidato a la frustración innecesaria o algo peor. Bueno y malo son opiniones acerca de las cosas del mundo, basados generalmente en las preferencias personales. Lo que a uno le gusta o con lo que uno está de acuerdo le parece bueno, y todo lo demás es malo. En consecuencia, cuando tropieza con alguien que es distinto a usted, en vez de limitarse a calificarle de distinto, usted le cuelga el sambenito de malo y, por ende, justifica su antipatía o aborrecimiento hacia él, que lo combata o que se deje desasosegar por ese alguien.

La gente se pasa la vida practicando la costumbre maniquea de tildar a las cosas de buenas o malas y luego olvidarlas, en vez de experimentarlas plenamente. «Eso huele mal.» Reflexionemos un poco en el concepto de mal olor. A uno puede no gustarle un olor determinado, y ello puede deberse a que su organismo le advierte, por ejemplo, de que lo que está oliendo no sería bueno para comérselo. Pero, en realidad, el efluvio en sí mismo nunca tiene nada de malo. De forma similar, las personas dicen que su gato es malo porque acosa al pájaro. Pero los gatos no saben ser otra cosa que gatos. El adjetivo «malo» es un término sin aplicación a los animales, ya que éstos sólo hacen lo que saben hacer. Los gatos cazan por instinto, y aunque uno los califique de malos porque se· entregan a la caza, eso no cambiará absolutamente nada, salvo en que uno se sojuzgará a sí mismo con expectativas de una realidad que nunca va a producirse, pese al calificativo que uno emplee. Si la rutina de *bueno/malo* le está convirtiendo en víctima, cambie los conceptos y piense en términos de *sano/enfermizo*, *legal/ilegal*, *eficaz/ineficaz*, *trabajo/ocio*, que son dicotomías basadas en la realidad susceptible de tener significado real en la vida de uno.

2. JUSTO FRENTE A INJUSTO. Una vez más, el hombre inventa términos que dicen que esa conducta es correcta y aquella incorrecta, que este hecho es justo y aquel injusto. Pero tales juicios no le son útiles en absoluto a la realidad. Si alguien le convence de que está equivocado, moralmente o de cualquier otro modo, puede manipularle hasta que usted se comporte de manera adecuada, que es precisamente el comportamiento que a menudo practica la mayoría de la gente, pero que nunca está determinado por la «equidad» o «iniquidad» de la postura de usted. Cualquier observador objetivo comprobará en seguida que la conducta «apropiada» de una persona es «errónea» para otra, y viceversa. Se trata puramente de un criterio.

A muchas personas se les envió a morir en guerras estúpidas, porque aquello era «lo que había que hacer», lo justo, a pesar de que, cuando el conflicto hubo terminado, ambos bandos se estrecharon la mano. Con frecuencia, la gente cree que la lealtad a un país, a un equipo, a un colegio, etcétera, es siempre lo justo y que tener una opinión contraria constituye decididamente estar en el error. Las personas se sojuzgan recíprocamente al decir que la lealtad a los miembros de la familia es *siempre* lo correcto o que uno debe ceñirse siempre a la verdad, porque es la forma recta de proceder. De modo análogo, soltar tacos es incorrecto, lo mismo que bostezar, estornudar, contraerse nerviosamente o pellizcarse la nariz. ¿Por qué? Porque la gente ha decidido desaprobar tal comportamiento, no porque en esos actos haya algo innata o sempiternamente inadecuado. Es uno quien debe decidir por sí mismo, no si su conducta es correcta o incorrecta, sino si es eficaz o ineficaz en lo que se refiere al logro de sus objetivos legítimos. Un modo de poner al descubierto el juego del avasallamiento por el sistema de tildarle a uno de equivocado consiste en pedir al acusador que sustituya lo de «equivocado» por alguna explicación de la conducta de uno que demuestre que sojuzga a alguien. Si el acusador no puede hacerlo, sufre un error en lo que se refiere a «correcto» e «incorrecto» o trata de convertirle a uno en víctima.

3. BONITO FRENTE A FEO. Aplicados a las personas, estos juicios son pura irrealidad en su expresión más depravada. En la realidad, las personas no son más guapas o más feas unas que otras; son simplemente distintas. Una nariz voluminosa no es fea, a menos que uno quiera considerarla así. Ser velloso o peludo no es carecer de atractivo, como tampoco lo es ser bajo, alto, gordo, escuálido, negro o blanco. Cuando la belleza se convierte en algo que las personas tienen o no tienen, se pone al alcance de quienes pueden utilizarla para conseguir que una mayoría convenga en que ellos son hermosos, al objeto de reducir y sojuzgar a los demás. Pero uno no tiene por qué mostrarse de acuerdo con nada, si no quiere hacerlo, y mucho menos con el empleo de términos que no sirven más que para situar a una clase de personas por encima de otra, sobre la base de unos cánones subjetivos de «belleza» y «fealdad». Si usted se avasalla a sí mismo con opiniones erróneas

acerca de su aspecto, opiniones que a decir verdad son de otros, desembarácese de esas etiquetas, y estará apartando de sí una importante perspectiva «irreal» sobre el mundo que en casi todos los casos es destructora para usted.

Mark Twain escribió una vez: «El hombre es el único animal que se ruboriza o que necesita hacerlo». ¿Supone que Mark Twain sabía que el sonrojo era una reacción ante un juicio sobre la realidad y que, dado que los animales irracionales sólo saben aceptar la realidad como es, sin juzgarla, son incapaces de sentirse turbados por algo? Aunque no deseamos vernos reducidos a las limitaciones que afrontan los animales, sí podemos estar dispuestos a echar una mirada más atenta a su comportamiento y aprender lo que podamos en lo que se refiere a no dejarnos convertir en víctimas por nuestras opiniones acerca de la realidad.

UNA LISTA DE COSAS
QUE EN REALIDAD NO EXISTEN

Sólo para entretenerse, lance una ojeada a la siguiente relación de palabras y frases. Representan juicios que simplemente no existen en la realidad, pero sin los cuales a la mayoría de las personas les parecería imposible su propia existencia. ¿Cree usted de veras que necesita estas creencias?

desastres	una persona perfecta
suerte	un cabeza de chorlito
la «demanda popular»	una actitud normal
equivocaciones	una garantía
casi	un vestido fatal
un mal olor	un peinado maravilloso
el mejor vino	no debería usted haber...
perpetuamente	lenguaje espantoso

un día estupendo
una carrera afortunada
una mujer hermosa
una escena terrible
el camino recto
un buen muchacho
una persona estúpida
una muerte inmerecida
un accidente grave

gramática incorrecta
un magnífico ser humano
gusto excesivo
malos modales
un poquito encinta
un juego deprimente
una personalidad superficial
pan inferior
una exhibición repugnante

Recuerde: no estoy juzgando el empleo de estos conceptos, simplemente pongo en tela de juicio que puedan existir en realidad. Cada uno de ellos representa un juicio sobre la realidad, y si ese juicio no es contraproducente, propongo que siga adelante y juzgue, pero si eso le convierte en víctima de algún modo, por ínfimo que sea, entonces tenga presente que le es imprescindible poner en cuarentena sus opiniones y suscribir nuevas creencias que no sólo estén basadas en la realidad, sino que sean también autoenaltecedoras.

DESARROLLO DE LA SERENIDAD MENTAL COMO MEDIO PARA CONSEGUIR UNA PERSPECTIVA DE LA REALIDAD

Igual que su cuerpo necesita, para mantenerse sano y funcionar a pleno rendimiento, una idónea sucesión alternativa de ejercicio y descanso, a su mente le ocurre tres cuartos de lo mismo. Aprender el modo de sosegar la mente y permitir que se vea exenta de la función de pensar, analizar, imaginar y revivir constantemente el pasado, es un arte de la máxima importancia, que debe cultivarse mientras uno se esfuerza en la tarea de minimizar sus juicios autodesvalorizadores acerca de la realidad.

Pensar puede ser una enfermedad cuando se exagera.

He conocido muchos clientes que sufrían el «síndrome de la inquietud mental», que les incitaba a analizar el mundo hasta las últimas consecuencias, sin permitirles nunca la libertad de un instante apacible, con el cerebro en blanco. La realidad se disfruta infinitamente mejor cuando el pensamiento no anda de por medio, cuando simplemente se es y se experimenta.

Rememore la experiencia más hermosa que haya tenido. Mientras la examine, determine, ¿qué fue lo que la hizo tan especial? Que usted se encontraba tan inmerso en la experiencia en sí misma que ni siquiera tuvo conciencia de lo que pudiera pensar sobre ella *mientras se desarrollaba*. ¿Cuál fue la escaramuza sexual más formidable de su vida. Sea cual fuere esa ocasión, durante la experiencia, usted estaba tan entregado a la acción, a la práctica del amor, que su mente no se proyectaba sobre la circunstancia de pasar un rato gozoso, sino que el cerebro se mantenía ajeno a todo análisis y reflexión. Dejaba que el cuerpo hiciera lo que tenía que hacer, o sea, disfrutar de una experiencia amorosa y cuajada de deleite... sin cavilar acerca del cómo, del porqué o del cuándo, ni producir ninguna otra actividad mental «vibrante».

La enorme importancia que últimamente concede nuestra cultura a la meditación manifiesta el deseo natural que albergamos de aprender el modo de colocar nuestro cerebro en reposo, frente a la actividad frenética del mundo moderno, y que sin embargo continúe en condiciones de funcionar. La meditación no es una disciplina esotérica que conlleve la necesidad de destinar tiempo (y dinero) a las sesiones con un guru especializado que le proporcione a uno los secretos de los antiguos maestros. La meditación es un proceso sencillísimo que le permite a usted aliviar las tensiones, la ansiedad acumulada en su mente a causa del esfuerzo excesivo, mediante el sencillo procedimiento de hacer que el cerebro se relaje y permanezca en silencio. Para conseguirlo, uno puede reconcentrarse en un color, blancura absoluta, o repetir despacio un sonido único, con exclusión de todo otro pensamiento. Cada vez que uno se percate de que cualquiera de sus pensamientos dominantes se dispone a invadir el campo mental, uno se niega a dejarlo entrar... lo expulsa literalmente, diciéndole que puede esperar a que haya concluido el período asignado a la meditación. Este período puede ser de quince segundos para el principiante y llegar hasta los veinte minutos de duración, cuando uno haya practicado a lo largo de una temporada. Esta clase de relajamiento mental es tan importante para uno como el relajamiento corporal sobre una base normalizada, y cualquiera está capacitado para efectuarlo cada vez que lo considere oportuno.

SER FRENTE A PENSAR ACERCA DE SER

Aprender a ser constituye en realidad el proceso de aprender a *no* pensar. «Ser» significa simplemente permitirse tomar parte en una actividad, y hacer lo que es natural para uno, sin que le acucie ni acose el cerebro con sus actividades de revisión, análisis o planificación. Por ejemplo, una vez ha enseñado usted a su cuerpo el modo de realizar una tarea, el cerebro se inhibirá de la ejecución de la misma si usted está pensando en ella constantemente.

Considere una actividad cotidiana, como la de conducir un automóvil. Después de haber aprendido a hacerlo, mediante el pensamiento y el adiestramiento, a usted no le hace falta pensar en lo que lleva a cabo su cuerpo mientras conduce el vehículo. Simplemente le deja que haga lo que el cuerpo ya sabe hacer. Para girar, el pie se traslada del acelerador al freno, al objeto de aminorar la velocidad, y las manos accionan el volante de forma que el automóvil doble la esquina con suavidad, continúe en su carril, no roce con el bordillo, etcétera. Acto seguido, afloja usted el volante para que vuelva a su posición primitiva, acelera, etcétera. Si no deja de pensar y preocuparse de todos los movimientos que ejecuta, lo más probable es que rompa el curso uniforme de sus actos, pierda la coordinación y se haga un verdadero lío. Sería como volver a las fases iniciales, vacilantes e inseguras, de su época de aprendizaje. Es indudable que ha visto usted conductores que siempre están pensando en su conducción, que parecen no haber abandonado nunca por completo el acto torpe y titubeante de «ponerlo todo bien acoplado». Parecen dirigir el coche, lo «sobregobiernan» nerviosamente, como si el automóvil pudiera salirse de la calzada, por su cuenta, si se le brindase un asomo de oportunidad. A esos conductores les preocupa obsesivamente cada curva, el mantenerse en su carril, la velocidad... En resumen, no conducen con pericia porque no han aprendido a hacerlo sin tener que pensar en lo que están haciendo.

Lo mismo cabe decir, aplicado a cualquier deporte, como tenis, baloncesto o ping pong. Jugando al tenis, uno da los mejores golpes de raqueta cuando no piensa en ellos. Si uno tranquiliza la mente y deja que el cuerpo haga lo que sabe hacer, entonces conseguirá reveses impresionantes, voleas extraordinarias, y así sucesivamente. Ya sabe que al tenis se le ha llamado siempre juego mental y que los preparadores no cesan de aludir a actitudes mentales. Los tenistas de mayor destreza son aquellos que relajan el cerebro lo suficiente como para no experimentar el más leve nerviosismo en lo que se refiere al juego, y están en condiciones de dejar que el cuerpo haga lo que sabe hacer, porque se le ha adiestrado para ello.

He presenciado muchos partidos de tenis entre aspirantes y campeones en los que los primeros cobraban ventaja en seguida, principalmente porque no hacían más que salir y golpear la pelota. En su cabeza, ni siquiera había entrado la más remota idea de que pudiesen ganar, de modo que eso no les preocupaba. Se limitaban a devolver pelotas y a dejar que el cuerpo actuase. Luego, cuando la ventaja era sustanciosa, empezaban a pensar. Realmente, la victoria podía ser suya. Ahora tenían algo que proteger. Así que empiezan a exponer, a mostrarse agresivos; el cerebro toma las riendas; suben a la red, intentan «dejadas», tratan de «dirigir» la bola y antes de que haya transcurido mucho tiempo ya están perdiendo. De haber sido capaces de relajarse, con la mente tranquila, y dejar que el cuerpo siguiera jugando al tenis, probablemente habrían conservado la ventaja, nada más que actuando como lo iban haciendo. Como he dicho antes, para conseguir el triunfo es casi como si uno no pudiera pensar en que va a ganar.

Los grandes campeones de todos los deportes hacen las cosas con naturalidad, sin pensar en ello, porque han adiestrado el cuerpo para que responda automáticamente a las necesidades precisas del juego en un momento determinado, sin distraerse. Se dice que el camino está en la concentración, pero, si es así, concentración representa lo contrario de entretenerse pensando, analizar, perfilar todos los aspectos de un problema, y se parece más a la meditación que a la reflexión o a la sistematización teórica. Rick Barry puede encestar algo más del noventa por ciento de sus tiros libres, en un tenso ambiente de la cancha del baloncesto profesional, no porque piense en todos los movimientos que ha de ejecutar en cada instante, sino precisamente porque no *tiene* necesidad de pensar en la presión que soporta ni en ninguna otra cosa. Johnny Unitas no piensa en lo que debe hacer con el brazo, las piernas, los dedos, etcétera, cada vez que lanza un pase. Los grandes atletas no se conceden tiempo para «mirar al exterior», al objeto de discernir las posibilidades de fallo, como tampoco se molesta usted en hacerlo cuando arroja con indiferencia una bola de papel hacia el interior de la papelera.

Bueno, usted puede desarrollar la misma clase de

enfoque a base de sosiego mental para aplicarlo a los deportes que practique y, de hecho, a todos los juegos de la vida, grandes y pequeños. Si en tenis tiene usted un revés terrible, aunque de vez en cuando suelta un golpe «inconsciente» que envía la pelota con toda limpieza por encima de la red y la lleva a botar en el mismo ángulo de la pista que corresponde a su rival, lo que no permite a éste devolverla, entonces sabe usted que se trata de algo que su cuerpo sabe hacer, aunque usted le impide hacerlo continuamente. Al ser «inconsciente», deja usted que salga a la superficie su habilidad auténtica, real y natural. «Inconsciente» equivale a no pensar mientras se juega, a limitarse a dejar que sea el cuerpo quien juegue.

La actividad sexual es otro terreno en el que se necesita dejar en paz la mente, si uno quiere abrirse paso hacia la participación en la realidad, sencilla y sin complicaciones de juicios de valor. ¿Ha oído usted decir alguna vez que a un mozalbete de catorce años hay que enseñarle el modo de conseguir la erección? Claro que no. Pero sí es probable que tenga usted noticia de que a ejecutivos de cuarenta y cuatro años hubo que aleccionarles para que recordaran el modo de lograr que se les enderezase. La impotencia, como otros «retraimientos» de la conducta natural, la originan generalmente preocupaciones, distracciones, inquietudes, conflictos... tener en la cabeza algo que no deja que lo demás siga su curso, algo como problemas en el trabajo, lo que no permite al cuerpo hacer lo que sabe hacer mejor que cualquier otra cosa. Lo irónico de la mayor parte de la terapia sexual estriba en que se proyecta sobre la enseñanza a las personas para que dejen de pensar en y preocuparse de la ejecución del acto carnal, y liberarse así de la presión que han acumulado sobre el cuerpo, a través de la mente activa y vibrante que, por su parte, puede bloquear fácilmente la operatividad del cuerpo. Limitándose a estar con su pareja y disfrutar del sexo, en vez de dejar que el cerebro vaya en todas direcciones, uno gozará de las experiencias eróticas más sensacionales.

Se sabe perfectamente que, si no se da importancia a los síntomas de muchas enfermedades físicas, tales síntomas decrecen... siempre y cuando no se haga algo que los agrave. Para combatir los ciclos de «dolor-tensión-más dolor-más tensión» de las afecciones nefríticas crónicas, se emplea cada vez más la meditación, junto con la adecuada dosis de ejercicio, en vez de los fármacos. Consideremos el resfriado común. Al pensar en la posibilidad de resfriarse, al hablar del resfriado, al «permitirlo», lo que probablemente hace uno es fortalecer los síntomas del mismo, que el propio organismo suprimiría con toda naturalidad, si se le dejase actuar por su cuenta, sin injerencias mentales.

Howard iba a lanzarse en paracaídas por primera vez. Salió de casa con un resfriado bastante serio: tos, nariz tapada, mucosidad deslizante... Llegó al aeropuerto y la perspectiva del salto le ocupó súbita y totalmente. Tuvo que escuchar al instructor, repasar todos los preceptos, subir al avión, ponerse el paracaídas, contar los segundos, salir a la plataforma de lanzamiento, colocar el cuerpo en la posición correcta, y así sucesivamente. Pasó dos horas inmerso por completo en el estímulo y excitación del proceso del salto. Cuando, por último, volvió al automóvil para emprender el largo trayecto de regreso a casa, atrás ya el desafío y la actividad, se dio cuenta de pronto de que la nariz le goteaba de nuevo, por primera vez en dos horas. Durante el período en que estuvo totalmente abismado en las operaciones del lanzamiento en paracaídas, su mente dejó de estar proyectada sobre el resfriado, y el cuerpo, mientras seguía «combatiendo» el resfriado, «trataba» también los síntomas, naturalmente, del modo que imitan los medicamentos elaborados por el hombre.

Tuve una vez una paciente cuyo problema eran las «evacuaciones». La mujer no ignoraba que su caso particular era psicosomático, ya que sólo le sobrevenían los «ataques» cuando tenía que realizar tareas desagradables. Pero se veía obligada literalmente a hacer sus planes cotidianos en torno a los lavabos y le aterraba tener que cubrir en coche una larga distancia, por miedo a no encontrar uno a mano, llegada la urgencia. Al cabo de varios meses de aprendizaje con vistas a sosegar la mente, a dejar la obsesión y los intentos de combatir la diarrea, lo que sólo servía para incrementar su tensión y agravar el estado de la mujer, ésta superó el problema.

Esta clase de estrategia antipensamiento, cuando el pensamiento es contraproducente, puede resultar muy útil en la eliminación de numerosas enfermedades. Si bien salta a la vista que no puede ser un sustituto del tratamiento médico adecuado, cuando la causa del problema está puramente en la cabeza o cuando la cabeza puede agravar los síntomas de un problema físico, desproporcionándolo respecto a su seriedad real, aprender a relajarse, suspender la actividad del pensamiento y simplemente ser, puede constituir un poderoso antídoto contra las enfermedades físicas.

El régimen dietético y el comer en demasía aportan dos ejemplos primordiales de cómo el exceso de actividad mental puede sojuzgarle a uno. Su organismo conoce el modo de encontrar el peso normal del cuerpo. Si usted está más gordo de la cuenta, casi con toda certeza puede afirmarse que la culpa la tiene su cerebro, y que ello no se debe a deficiencias corporales. Si deja usted de idolatrar la comida y adopta la decisión de no tomar un bocado más en cuanto su cuerpo deje de tener apetito, ni siquiera deberá molestarse en pensar en dieta o régimen alguno. Por regla general, su *cuerpo* se sentirá saciado con unas cuantas cucharadas de comida. Los pinchazos físicos del hambre se disipan. Pero usted sigue comiendo porque tiene un cerebro activo, orientado hacia la comida. Puede decirse que se da por «supuesto» que debe ingerir todo lo que tiene en el plato, que es la hora de alimentarse, que si no consume ahora una tonelada de comida, dentro de veinte minutos estará hambriento, que el asado es exquisito, que el helado de chocolate está imponente, etcétera. Usted presiente que va a estar famélico; tiene un miedo irracional al hambre; incluso aunque su apetito está satisfecho, usted se está «muriendo de hambre».

Uno de los sistemas más eficaces para adelgazar consiste en ir depositando en el plato las cucharadas de comida de una en una. Después de cada bocado, pregunte a su *cuerpo* si todavía tiene hambre. Cuando la respuesta sea negativa; deje de comer y no tome nada más hasta que el *cuerpo* se lo pida. Aliméntelo sólo lo suficiente para saciarlo. Al cuerpo no le gusta estar sobrecargado, hinchado y barrigudo; le resulta penoso verse alimentado en exceso, y si usted apacigua la glotonería de su mente y sintoniza el cerebro de modo que capte las numerosas señales que envía el cuerpo para que suspenda usted su comportamiento atiborrante, llegará a una tregua con él y el cuerpo le recompensará ajustándose a su peso óptimo. Todos esos calambres y tirones, esa respiración jadeante cuando sube usted una escalera, esa depresión, esos dolores, etcétera, son señales de su cuerpo, que desea que le deje en paz y coma usted nada más que lo necesario para que él funcione. Acalle su mente en lo referente a la ingestión de alimentos y pronto será el físicamente apropiado especimen que en realidad es dentro de ese adiposo mental y contraproducente exterior.

El comportamiento balbuceante y tartamudeante proporciona un excelente ejemplo de lo que puede conseguir la técnica del sosiego cerebral. Este tipo de impedimento de la articulación física normal es un problema mental más que físico en prácticamente todos los casos. El tartamudeo es consecuencia de hablarse uno mismo de cierta manera que conduce a unas formas de comunicarse antinaturales.

Sheldon había sido tartamudo crónico toda su vida. Como muchos tartamudos profundos, tenía un *miedo a hablar inadecuadamente* que se remontaba a su juventud. Sus dogmáticos y «perfeccionistas» padres no le habían tolerado «errores» ni «memeces». De niño, siempre le estaban corrigiendo, de modo que él, a su vez, castigó a sus progenitores cultivando el tartamudeo. Lo único que *no* se les iba a permitir controlar era el habla del muchacho.

La costumbre de tartamudear había acompañado a Sheldon hasta la edad de cuarenta y dos años. En lo referente a su tartamudeo, era la clásica persona de cerebro vibrante, ruidoso, siempre pensaba antes de hablar y, en consecuencia, no permitía que el cuerpo hiciese lo que sabía hacer perfectamente, o sea, hablar de modo normal, sin fallos ni vacilaciones. Por ende, su primer propósito fue dejar de pensar antes de hacer uso de la palabra, y concederse el lujo de tartamudear si su cuerpo deseaba hacerlo, sin que la mente se preocupase de lo que pudieran decir los demás. Su objetivo era regalarse el don mental de tartamudear sin considerar esa conducta como un fracaso, como que había hecho algo mal. Tuvo que aprender que hablar, fuera de la forma que fuese uno, era más que eso: hablar, y que la idea de que tenía que hacerse «bien» era un juicio acerca del modo de hablar.

En cuanto Sheldon empezó a silenciar el cerebro y a permitir que saliera de su boca todo lo que fuese, sin traba alguna, realizó asombrosos progresos. Cuando dejó de preocuparse de su forma de hablar, comenzó paradójicamente, a eliminar el tartamudeo. Sosegar su cerebro le liberó también de la autodesaprobación que había constituido su estilo de vida desde los tres años de edad.

En prácticamente todas las situaciones de la vida, una vez se ha enseñado al cuerpo cómo tiene que comportarse, a través del proceso de pensamiento, reflexión, adiestramiento y corrección, llega la hora de atenuar la labor de la mente y dejar que el cuerpo haga lo que se le ha enseñado a hacer, sin la interferencia de las presiones que proceden del pensamiento insistente. Ese alivio, irónicamente, mejorará la ejecución práctica, en vez de permitir que se deteriore. Todos los grandes maestros comprenden que los seres humanos tienen que estar capacitados para hacer las cosas con naturalidad, para hacerlas con destreza. Cada vez que se ejerce presión sobre un organismo, desde dentro o desde fuera, el cerebro trabaja en contra de las mismas cosas que desea lograr. La «presión» es la propia «casa dividida contra sí misma» del organismo. El novelista inglés Charles Kingsley escribió estas oportunas palabras acerca del pensamiento como causa destructora y síntoma de la desdicha humana:

> Si quiere usted ser desdichado, piense en sí mismo; en lo que desea, en lo que le gusta, en el respeto que las personas deben tenerle, en lo que la gente opina de usted; entonces para usted nada será puro. Estropeará cuanto toque; convertirá en pecado y desgracia para su persona todo lo que Dios le envíe; será usted un ente tan lamentable como elija ser.

De nuevo aparece el término «elegir». Tiene usted plena capacidad para abstenerse de elegir, para dejar de inclinarse por un cerebro que labora activamente con el fin de impedirle que disfrute usted de la realidad.

VARIAS TÉCNICAS, BASADAS EN LA REALIDAD, PARA SUPRIMIR JUICIOS CONTRAPRODUCENTES

Tanto si decide como si no hacer algo respecto a sus creencias y opiniones, la realidad seguirá siendo exactamente como es. Si puede usted llegar a tener una conciencia más clara de lo que constituye un criterio acerca de la realidad, y si se percata de que sus opiniones le resultan perjudiciales en algún sentido, entonces puede modificar esas creencias y apreciar y aceptar lo que se deriva de ello, en vez de derrochar su vida valorando, juzgando y desazonándose. He aquí algunas medidas específicas que puede usted tomar para convertirse en su propio «experto en realidad».

— Empiece por convencerse de que está perfectamente capacitado para controlar sus actitudes respecto a todo. Si sus posturas son exclusivamente suyas, entonces las domina y no tiene por qué retener ninguna de las que se autosupriman. Si se aferra a la idea de que no puede evitar los pensamientos y sentimientos que alberga, y que éstos son principios de un programa establecido, entonces permanecerá usted estancado donde está. Resuelva adoptar decisiones respecto a sus actitudes, en vez de ser esclavo de ellas.

— En días determinados, asígnese cometidos de apreciación de la realidad. Pruebe a estudiar cuanto entra en su campo de percepción, en vez de limitarse a dejarlo pasar. Registre en su consciencia la máxima cantidad de detalles referentes al mundo que le rodea. No presuponga que tiene que *hacer* algo con ello, aparte de experimentarlo. Si va usted en automóvil, advierta el modo en que se desenvuelve el tránsito, quién está delante de usted, el interior del vehículo en que va usted, la configuración del terreno que está atravesando, etcétera. Examine al paso los guardarraíles, la arquitectura, las formaciones de nubes, la dirección del viento y todo lo que haya que observar. Señálese ejercicios de esa clase y, no sólo eliminará el aburrimiento, sino que también se creará hábitos que, a la larga, le permitirán convertir cada momento de su vida en algo que apreciar.

— Haga una nueva valoración de su vocabulario y formas de expresarse acerca de la realidad. Compruebe el número de veces que, en el curso de una hora, emplea frases que reflejan opiniones en lugar de realidad. ¿Cuántas veces dice cosas como «terrible», «hace un día de perros», «Fulano o Mengana son unos inútiles», «feo», «repulsivo»? Cuando se dé cuenta de que su comportamiento verbal es negativo en los juicios, dedique periódicamente unos instantes a tratar de corregirse. Al modificar su conducta oral, cambiará sus actitudes para dirigirlas en el sentido de aceptar la realidad tal como es y se encontrará eliminando de su vida muchos desasosiegos innecesarios.

— Cuando oiga a alguien decir cosas con las que usted está en violento desacuerdo, suprima la violencia de su reacción interna. ¿Por qué ha de sentirse molesto por la circunstancia de que ese alguien no vea el mundo como lo ve usted? La realidad es de tal manera que cada cual es distinto, y cuanto menos tiempo pase usted desazonado por ese hecho, más saludable se sentirá y más prolongadamente empuñará sus propias riendas. Si algo le perturba, y le consta que ese algo concluirá, dedique sus esfuerzos a acelerar esa conclusión. La técnica de la «reducción de tiempo» le ayudará a reprogramarse y a no permitir que le inmovilice lo que realmente ya ha terminado. Tarde o temprano, llegará un momento en que usted habrá adquirido el hábito de no trastornarse por las cosas que no puede modificar y aprenderá a emprender la acción adecuada, en vez de amargarse.

— Sea personal en lo concerniente a su realidad. Procure ver las cosas con perspectivas que los demás *no utilizan*. Si los demás prefieren acongojarse o molestarse a causa de lo que usted decide apreciar, déjelos que lo hagan. Que se revuelquen en su desdicha, si es eso lo que eligen, pero usted puede inclinarse por la elección consciente (que eventualmente se convertirá en elección inconsciente) de disfrutar de cada segundo de su vida.

Recuerde el famoso verso de Walt Whitman: «Para mí, cada hora de luz y oscuridad es un milagro. Cada centímetro cúbico de espacio es un milagro».

— Reduzca su tendencia a evaluar, calcular, analizar e interpretar el mundo, y sustituya esta actividad inútil por hacer, disfrutar, ser y amar. Hágalo de vez en cuando, durante un minuto, interrumpiendo su proceso de evaluación y manifestándose a sí mismo que no va a seguir con los cálculos, que muy bien puede limitarse a gozar del deleite de ese minuto.

Hace mucho tiempo, aprendió usted a promover, a conceder importancia a las notas y el proceso de calificación. De niño, en el colegio, le enseñaron que las cosas sólo tenían valor si los profesores les otorgaban una puntuación alta, de otro modo, no servían para nada. Pero, en realidad, el proceso de calificación es absurdo, puesto que no influye para que las cosas ocurran en condiciones mejores o peores. Siempre estará usted suspendido del sistema de calificación, en cuanto a cumplimiento o actividad, si acaba midiendo la vida en «términos escolares» como: «Concedería a esta jornada una B +», inconsciente o conscientemente. Olvide esa neurótica preocupación por las puntuaciones, que le inculcaron cuando era pequeño, y continúe haciendo cosas y ya está. Si se empeña en conservar el «sistema de calificación» como parte de su persona, elaborará para sí la pauta elusiva de mantenerse al margen de todo aquello en que no se considere capaz de conseguir la nota máxima y, en consecuencia, se perderá prácticamente cuanto de agradable presenta la vida. Puede que alguna vez haya albergado el convencimiento de que el sobresaliente en las asignaturas confería a las mismas su valor. Si tal es el caso, entonces se dejó usted embaucar, y probablemente se sintió atribulado cuando el sobresaliente no estaba allí... pero hoy no tiene por qué dejarse embaucar.

— Valore todas sus relaciones, no como entidades permanentes, sino como decisiones momentáneas, sucesivamente renovables hasta el presente. En esencia, olvídese de la palabra *relación*. Reconozca que sólo puede vivir con una persona el momento presente y que, como quiere que ese momento sea satisfactorio, va a hacer que se produzca ahora. Todo lo que diga acerca de perdurabilidad puede convertirse en humo en cuestión de un segundo con la muerte de la pareja o a causa de la determinación, adoptada por cualquiera de las dos personas, de no continuar con la otra. Sin embargo, ¿por qué mortificarse por el hecho de que no existe perdurabilidad «ideal», cuando uno puede lograr el goce feliz de esa permanencia en este momento?

— Acepte que siempre habrá esnobs, excéntricos, tipos raros, criminales, personas con prejuicios y toda clase de individuos que a usted le desagradan. En vez de considerarlos nefastos y maldecir al mundo por tolerar semejante «ruindad», recuerde que es muy probable que esas personas le conceptúen a usted como funesto y que si tuvieran sus veleidades (que no las tienen), es muy posible que les gustara encargarse de que a usted y a los de su clase se les eliminara de este planeta. Limítese a concederles su realidad y absténgase de permitir que la mera existencia de esas personas controle sus emociones.

— Deje de ser dueño y señor de otros en su cerebro. Desembarácese de la ilusión de que sus hijos, cónyuge, amigos, etcétera le deben algo simplemente porque viven con usted, trabajan con o para usted, etcétera. Nunca podrán ser de su propiedad y es de esperar que nunca pueda conseguir que piensen del mismo modo que usted, sólo porque los intimida. Provisto de este conocimiento, puede librarse de un sinfín de dolores de cabeza y del autoavasallamiento que se impone, con sólo *dejarlos* que sean ellos mismos. Puede brindar consejos a los jóvenes y puede ofrecer su ayuda a quienes les gustaría aprovecharla, pero lo que no podrá nunca es ser dueño de ellos, y por grande que sea el desasosiego que eso le produzca, no alterará la realidad.

— Niéguese a permitir que se le corrija y suprima cualquier tendencia que pueda usted tener de corregir a los demás: de obligarles a hacer las cosas «bien», tal como pueda usted definir el término «bien». La cuestión de corregir constantemente el lenguaje de las personas, por ejemplo, enmendar la plana a alguien que cuenta una anécdota o rectificarle la más mínima exageración o inexactitud, constituye una costumbre sojuzgadora y grosera. Cuando uno corrige continuamente a los demás, está enviando señales indicadoras de que sabe cómo tienen que comportarse y de que siempre deberían consultar con uno, antes de hacer algo. Cuando alguien le corrija su forma de hablar, párele los pies con: «Ya vuelves a corregirme sin una buena razón que lo justifique. ¿He de dar por supuesto que sabes cómo debo hablar?». O bien pruebe con: «¿Entendiste lo que estaba diciendo? Si es así, para qué crees que sirve el lenguaje? ¿Para comunicarse o para practicar entre nosotros continuamente el jueguecito del verdadero o falso?». Esta clase de postura demostrará que no está usted dispuesto a que los demás le gobiernen la vida y que no necesita que otra persona le evalúe su propia realidad. Como hemos visto en el ejemplo del tartamudeo, los niños a los que se corrige continuamente tienden a cerrar la boca y mantenerse callados, porque se sienten ofendidos por tales intrusiones vejatorias en su vida. He conocido muchos padres bienintencionados que creen que al corregir una y otra vez a sus hijos manifiestan preocuparse de la comunicación... pero la verdad es que ese celo corrector no pasa de ser un hostigamiento insistente que, eso sí, enseña a los pequeños a no pensar *ni* hablar por sí mismos.

— Lleve a cabo ejercicios de sosiego mental, como lapsus de meditación, especialmente durante sus jornadas de mayor ajetreo. Aleje de sí todo pensamiento y deje que su mente y su cuerpo en pleno se atemperen y relajen. Cuando se ha despreocupado del análisis hasta el punto de que ya ni siquiera lo observa, se convierte usted en un verdadero apreciador de la vida, un *connaisseur*, un entendido.

CONCLUSIÓN

La realidad existe y nada más. Esta máxima filosófica y su implícita actitud respecto a la vida son tan importantes para el intento activo de evitar caer en la condición de víctima como cualquiera de las más concretas lecciones de los capítulos anteriores. De hecho, constituyen su complemento, en cierto sentido. Aprender a apreciar la vida, sin maldecir constantemente a la realidad y aniquilar de ese modo la única oportunidad de dicha que se le ofrece a uno ahora, puede constituir a la vez el primero y el último paso en la búsqueda personal de la satisfacción completa.

9

MANIFESTARSE CREADORAMENTE VIVAZ EN TODA SITUACION

No hay camino hacia la felicidad;
la felicidad es el camino

Uno siempre tiene opciones. En toda situación, uno puede elegir el tratamiento que va a darle y el estado de ánimo con que la afrontará. La palabra *opción* es de suma importancia en este capítulo, dado que se le alentará a usted a la amplitud de miras, a la mentalidad abierta en cuanto a posturas que puedan muy bien mantenerle próximo a la vivacidad creadora. Dondequiera que pueda encontrarse en la vida, sean cuales fueren las circunstancias, nada le impide convertir la situación en una experiencia instructiva o engrandecedora, y siempre podrá optar por no verse emocionalmente inmovilizado. Tanto si se encuentra en la cama de un hospital, como en la cárcel, desempeñando un trabajo rutinario en una oficina, en Hogwart Junction, en los barrios bajos de la ciudad de Nueva York, en un villorrio de Missouri o en mitad de un largo viaje... el escenario carece de importancia. Puede usted andar lo bastante listo como para sacarle partido a la experiencia, del mismo modo que puede gustarle el lugar donde se encuentra o, si lo prefiere, trabajar con vistas a trasladarse a otro más satisfactorio.

EL CONCEPTO DE LA VIVACIDAD CREADORA

En este caso, no pretendo que el término «creador» tenga el sentido de dotado de especializada habilidad artística o de talento para la creación cultural. «Creador» no tiene aquí nada que ver con la música, la literatura, el arte, la ciencia, ni con ninguna de las definiciones típicas que se le asocian. Unido a *vivacidad,* el adjetivo «creadora» representa la capacidad individual para aplicarse uno a la realización de cualquier empresa del mundo. Si usted se consulta a sí mismo, en vez de consultar un manual o la idea de alguna otra persona, acerca de cómo deben hacerse las cosas, entonces puede ser creador en la elaboración de algo. El creativamente redimido actúa por sí solo en toda situación y se niega a dejarse avasallar por las circunstancias en las que, después de todo, él mismo optó por colocarse.

Vivacidad creadora significa mirar en torno, examinar el ámbito del lugar donde uno se encuentre y preguntarse: «¿Cómo puedo convertir esto en una experiencia sensacional? ¿Qué puedo decir, pensar, sentir o hacer que me aporte enseñanza y satisfacción?». Esta clase de actitud le corresponde a uno mismo adoptarla, si decide que lo desea y que está dispuesto a no dejarse sojuzgar por su propia persona o por los que le rodean.

Una fiesta triste, desanimada, proporciona el típico ejemplo de situación en la que las personas se transforman a sí mismas en víctimas, porque carecen de vivacidad creadora. La conversación languidece y se proyecta sobre algún tema trivial, como el color de las cortinas o el perro del jardín. La *mayoría* de las personas son víctimas que permanecen sentadas, mientras se quejan en su fuero interno de lo aburridos que son todos los demás, consternadas y acaso íntimamente furibundas. Pero el redimido tiene su cerebro en ebullición, devanándose las meninges para idear alguna medida que le permita cambiar las cosas o, por lo menos, no dejarse avasallar por el estado en que se encuentran los asuntos. Sabe que tiene centenares de opciones y empieza a imaginar algunas seductoras alternativas.

Tal vez se levante y se quede erguido en plan de estatua, mientras todos los demás continúan sentados, hasta que les pica la curiosidad o la perplejidad por aquella «conducta enhiesta». Quizá pregunte: «¿A qué distancia del techo llega una mosca, antes de dar la vuelta, puesto que no puede volar boca abajo?». O puede que invite a alguien a dar un paseo, incluso en plena noche. Puede sacar a alguien a bailar, al compás de la música que emita la radio o llevar a cabo una encuesta sobre los aromas favoritos de los asistentes. Puede que deje vagar la imaginación al albedrío de su propia odisea. Puede iniciar allí mismo la preparación de una novela. Hay miles de alternativas, aparte la de hablar de las cortinas, para una persona creadoramente vivaz que no esté dispuesta a ser esclava de la circunstancia.

EL PLACER DE ESTAR DONDE SE ESTÁ

¿Cuántas veces ha oído usted a las personas hablar de ciudades aburridas, acontecimientos sombríos, lugares donde es horrible estar? A los creadoramente vivaces les gustan todos los sitios, dado que su postura es: «Aquí es donde me encuentro ahora mismo. Puedo ver sus lados buenos y que me guste o hacer lo contrario, fijarme en lo que no me gusta y permitir que me sojuzgue el descontento».

La gente siempre está preguntando cosas como: «¿Te gusta Nueva York?». Naturalmente que a uno puede gustarle, sobre todo cuando está en Nueva York. Si uno va a Bismarck, Birmingham o Bethseda, también puede que le gusten. Los puntos geográficos son simplemente lugares, espacios de terreno con ciertas características que los distinguen... y, desde luego, recordará usted que en el Capítulo 8 se dijo que los lugares no son desagradables en sí mismos, sino que tal calificativo sólo es un juicio emitido por la gente.

Es lógico que a usted le guste la calle donde vive, su casa, la fiesta a la que asiste, los seres que le acompañan... especialmente una vez reconoce que los sitios donde está son en un noventa y nueve por ciento lugares elegidos por usted y sólo un uno por ciento puramente circunstanciales. Prácticamente siempre *decide* usted donde estar. Por lo tanto, ¿qué beneficio iba a sacarle a ir a sitios que no le gustarán? Si se encuentra en un punto donde preferiría no estar, pero del que no puede escabullirse así como así, como una cárcel o la reunión de un comité, ¿qué conseguirá entonces con amargarse porque no le gusta, si no tiene la opción de ir a otro lugar?

Esfuércese al máximo para eliminar la costumbre autoavasalladora de que no le gusten los sitios donde opta por estar. Infúndase oportunidades de ser creadoramente vivaz, en vez de lastimarse a sí mismo con lamentaciones que no le llevarán a ninguna parte, salvo a que le desagrade todavía más el escenario en que se encuentra.

MÁS QUE UNA EXPERIENCIA ÚNICA;
LA VIDA ES UNA SERIE ININTERRUMPIDA
DE EXPERIENCIAS

Muchas personas se colocan por su cuenta en la condición de víctimas al considerar la vida una experiencia a la que hay que juzgar en conjunto. Un conjunto que puede ser bueno o malo. Si una de tales personas sufre una serie de experiencias negativas, su criterio será que la vida es mala.

Pero la vida no es una experiencia única. La vida está en constante evolución y todos los días de la existencia de uno —cada momento del día— representan algo totalmente nuevo, que no había existido antes y que puede utilizarse en un número infinito de nuevas formas, si uno decide considerarlo así.

Los partidarios de la experiencia única raramente son felices, porque consciente o inconscientemente, no cesan de revisar y juzgar su vida, lo que ya les enfrenta a la realidad y les hace desperdiciar su tiempo. Característicamente, creen que algunas personas son lo bastante afortunadas como para disfrutar de una vida feliz, mientras que la que ellos han heredado es una existencia desgraciada. Permanecen estancados porque están convencidos de que no tienen dominio alguno sobre su propio destino.

Pero los adeptos de la experiencia en sesión continua están en otra tesitura. Consideran la vida como algo en continuo cambio y sobre lo que, por ende, puede ejercerse bastante control. Tienden a buscar nuevos sistemas y estilos de vida, en vez de mantenerse aferrados a los viejos. Los cambios no les asustan. A decir verdad, los acogen con los brazos abiertos.

Una de las coyunturas cruciales más importantes de mi vida se me presentó hace muchos años, cuando pasé cuarenta y cinco minutos supervisando una sala de estudio como profesor suplente. Detrás del tablón de anuncios de aquella pieza figuraban escritas las palabras: «El éxito es un viaje, no un destino".»

Consideré aquellas palabras durante los cuarenta y cinco minutos y dejé que calasen hasta el fondo de mi espíritu. Hasta aquella fecha, había contemplado mi existencia como una serie de destinos, de acontecimientos, si se quiere. Graduaciones, diplomas, títulos, matrimonio, nacimientos, ascensos y otros hechos similares, todos eran puntos de destino, y yo iba de un final de trayecto a otro final de trayecto, en vez de verme a mí mismo como un viajero.

En aquel momento y en aquella sala me prometí dejar de valorar la felicidad sobre la base de llegadas a puntos de destino, para contemplar la totalidad de mi vida como un viaje continuo, cada instante del cual estaba allí para que yo disfrutase de él. Aquel contenido clave en la sala de estudio dio a este veterano profesor una de las lecciones más importantes de la vida: No hay que evaluar la vida de uno por el patrón de los éxitos, triviales o monumentales, que jalonen su camino. De hacerlo así, uno se verá abocado a la frustración de estar emprendiendo siempre la búsqueda de otros destinos, sin permitirse nunca el lujo de sentirse satisfecho. Logre uno lo que logre, preparará de inmediato un nuevo plan para cumplir otra hazaña, de modo que dispondrá de una nueva norma de medida para calibrar lo afortunado y dichoso que uno es.

En vez de eso, despierte y aprecie todo lo que encuentre usted a lo largo de su camino. Disfrute de las flores que están allí para deleite de usted. Sintonice con el amanecer, los niños, las risas, la lluvia y los pájaros. Absórbalo todo, no aguarde a llegar a algún punto, siempre futuro, con la esperanza de que todo se encontrará allí para amenizarle el relajamiento. Lo cierto es que el éxito —incluso la misma vida— no es más que una sucesión de momentos para gozar, de uno en uno. Cuando usted comprenda este principio, habrá reducido inconmensurablemente su postura de víctima. Dejará de evaluar su felicidad sobre la base de proezas alcanzadas y, en cambio, considerará todo el viaje que represente la vida como un conjunto dispuesto para que uno le extraiga felicidad. O, resumiéndolo: *No existe camino que lleve a la felicidad; la felicidad es el camino.*

DAR EL ESQUINAZO A LA ADVERSIDAD

Su aptitud para mostrarse creadoramente vivaz en todas o casi todas las circunstancias de la vida dependerá en gran parte de la postura que decida adoptar. La prueba más crucial para el desarrollo de su actitud tendrá que afrontarla ante la adversidad, no cuando las cosas vayan sobre ruedas.

A usted puede parecerle mucho más fácil, aunque bastante más contraproducente también, ceder ante la adversidad y convertirse en víctima de sus destemplados sentimientos. Pero si usted es lo suficientemente efectivo como para no tener perspectivas de víctima, puede asimismo actuar con vistas a eludir el infortunio e incluso lograr que funcione a favor de usted. La piedra angular de su postura debe ser *estar alerta para sacarle ventajoso provecho a todas sus situaciones,* dándole la vuelta a sus perspectivas para emerger en plan de redimido y permaneciendo ojo avizor para percibir la clase adecuada de oportunidad en cuanto aparezca. Incluso aunque la oportunidad no salga a la superficie, usted puede conservar la actitud positiva, de forma que el abatimiento no le ciegue a la hora de distinguir la ventaja potencial.

De niño, usted no tenía idea de que la vida pudiera equivocarse en el reparto y usted saliera perjudicado, de modo que experimentó en darle la vuelta a la adversidad y hacerla trabajar para usted. Ni siquiera cuando una nevada le tiraba por tierra algún plan con el que se las había prometido muy felices, se dedicaba usted a perder el día considerando aquello como algo terrible. En vez de hacer tal cosa, aprovechaba la ocasión para jugar, construir fuertes y muñecos de nieve, organizar batallas con bolas de nieve, ganarse algún dinero quitando nieve con una pala, etcétera. Sencillamente, no tenía usted *tiempo* para entregarse al mal humor; se manifestaba creadoramente vivaz y seguía adelante.

En cualquier momento sabía cómo transformar una clase plomiza en algo tolerable, a base de inventar improvisadas diversiones. Podía sacarle partido lúdico a casi todo, porque estaba dotado de la predisposición natural a actuar con vivacidad creadora en todas las situaciones.

Puede que haya perdido a estas alturas una parte de esa inclinación, al dejarse dominar por una actitud de renuncia o abandono cuando las cosas no marchan como a usted le gustaría. En consecuencia, es posible que se considere acabado o poco menos, al no tener ya capacidad de rápida recuperación, en cuanto a su postura, que tenía en la infancia.

Buscarle las vueltas a la adversidad conlleva estar alerta para contrarrestar las excusas dilatorias especiales que los demás utilizan regularmente para hacerle creer a uno que está atrapado, de forma que muy bien puede someterse y aceptar el castigo que le corresponde por vivir. Si se puede persuadir a una víctima de que nada puede hacerse frente a la adversidad, dicha víctima podrá esperar eternamente a que la cosa se solucione. Algunos ejemplos de estas largas corrientes que se dan son:

1. *«Le atenderemos a su debido tiempo.»* Se trata quizá de la más pura de las estratagemas postergadoras. Le indica a uno lisa y llanamente que se haga a un lado y espere, y equivale a: «Lárguese y sea una buena víctima». Naturalmente, uno debe combatir tales

excusas dilatorias negándose a aceptarlas e ideando tranquilamente sus propias tácticas para alcanzar los objetivos que se ha propuesto. Tanto si ello representa acudir a encargados o jefes de sección, escribir cartas o dar un rodeo subrepticio y abrirse camino prescindiendo de los demás, uno seguirá adelante y se abstendrá de implantar en su mente las largas que le den, al margen de la cantidad de otras personas dispuestas a aceptarlas.

2. *«Se le envió el cheque por correo.»* Esta proverbial excusa dilatoria le asegura que ya está en camino lo que usted reclama... pero, naturalmente, si no lo recibe es porque el sistema de Correos no funciona como es debido, y eso es algo de lo que no se puede hacer responsable a los deudores. Y usted carece de pruebas para demostrar que «el cheque» realmente se envió. La estrategia en cuestión tiene por finalidad mantenerle a usted a raya, con la esperanza de que se aburra y renuncie. Si de veras se trata de un cheque que está en camino, usted puede combatir esa estrategia insistiendo en que le extiendan y le remitan otro (el pago de un cheque «enviado por correo» siempre puede anularse) y solicitando pruebas de que el tesorero o quienquiera que sea procedió a efectuar el envío, para lo cual tiene usted el recurso de hablar con un superior. Lo que no debe permitir es que tal excusa le mantenga a usted en una desfavorable situación.

3. *«No es culpa mía, ¿qué quiere usted que haga?»* Al ponerle a usted a la defensiva y en circunstancias adversas, y exculpándose sin más, el sojuzgador confía en obligarle a usted a la retirada. Pero uno puede arreglárselas para impedir que este subterfugio le afecte negativamente, con sólo exponer con toda claridad que no trata de averiguar quien tiene la culpa, sino que lo único que pretende es conseguir resultados.

4. *«Es cosa del ordenador.»* La gente siempre ha deseado «atenderle oportunamente»; algunos cheques llevan «en el correo» desde el principio de la historia;

y no cabe duda de que fue un hombre de las cavernas el que descubrió que, si no era «culpa suya», podía librarse de hacer algo para solucionar el asunto. Pero, literal y figuradamente, el ordenador electrónico, aportación del siglo xx, se ha convertido en proveedor de cabezas de turco automáticas para toda clase de comportamientos humanos chapuceros y avasalladores.

La gente tiende a olvidar que uno siempre puede soslayar al computador, acudiendo directamente a la persona que está a su cargo; por mucho que los «verdugos» se empeñen en hacernos creer que también ellos están a merced de sus monstruos crueles y febriles, cosa de la que quieren convencernos para sus propios fines, lo cierto es que ellos alimentan a las máquinas. «Basura adentro, basura afuera», como reza el dicho del ordenador, de modo que si un aparato de éstos le inunda de desperdicios, recurra a la persona que introduce la inmundicia. Recuerde que sigue teniendo la misma vigencia de siempre el hecho de que, si alguien le da un martillazo, la culpa no será del martillo.

Los anteriores son cuatro tipos comunes de excusas dilatorias y, naturalmente, cada uno de ellos puede desdoblarse, con aplicación a una amplia variedad de temas. Pero cuando las cosas se le manifiesten desfavorables, si uno está alerta, si anda listo y, lo más importante, si se muestra creadoramente vivaz y dispuesto a acometer la adecuada acción correctora, no tiene por qué aceptar ninguna de esas largas.

HAY MÁS DE UNA MANERA DE HACER LAS COSAS

El arte de ser creadoramente vivaz requiere eliminar la rigidez al máximo posible. Si uno cree que sólo hay una manera adecuada de hacer las cosas y que uno ha de proceder de un modo específico en toda situación, entonces uno carece de espontaneidad, lo mismo que de creatividad. Si uno «establece» que ha de hacer las cosas siempre de una forma determinada e impone a los demás esa norma de sentido único, se convertirá en víctima cada vez que varíen las circunstancias y se necesiten conductas alternas. Pero si uno carece de prejuicios y valora los diversos modos de realizar una misma tarea, puede conservar su preferencia en cuanto a hacer las cosas de una forma determinada, pero no la convertirá en verdad absoluta u orden terminante.

Stuart sólo cuenta veintiséis años y ya acusa los síntomas propios de esa actitud de «sentido único». Aunque en su profesión de contable posee una competencia excepcional, le resulta arduo llevarse bien con muchos de sus colaboradores, así como con su esposa.

En una de las sesiones de orientación psicológica, Stuart me confió su firme convencimiento de que nunca había excusa para hacer las cosas «inadecuadamente». La verdad es que en su vocabulario cotidiano surgía con profusión el empleo de los términos «adecuado», «correcto», «indicado», «recto», «preciso», etcétera, y estaba decidido a demostrar que su esposa y sus hijos hacían mal las cosas constantemente. Se me quejó de que a veces se pasaba horas enteras enseñando a su hijo pequeño el modo de llevar a cabo tareas sencillas, y luego se encolerizaba cuando el chiquillo las realizaba de modos completamente distintos, al parecer, «adrede». De manera análoga, su esposa daba la impresión de haber adoptado una postura casi desafiante en su desgana respecto a ceñirse a las reglas de Stuart acerca del modo en que debía llevarse la casa. No obstante, Stuart seguía empeñinado en obligarla a hacer las cosas conforme él propugnaba, *como era debido*. Incluso llegó a decirla cómo tenía ella que hacer las anotaciones en su talonario de cheques, y Stuart montaba en cólera cuando la mujer se equivocaba al extender un talón, lo fechaba mal o hacía alguna de las muchas cosas que Stuart permitía que le enloquecieran de rabia.

Nuestras sesiones de orientación psicológica se enfocaron hacia el objetivo de conseguir que Stuart examinara su propia rigidez, en lugar de echarle la culpa a su esposa, porque era obstinada. No tardó Stuart en descubrir toda su vida por el principio del sentido único y obligatorio, y se dio cuenta de que muy pocas personas se sentían contentas a su alrededor, debido a la pesadez de su insistencia en que todo había de realizarse conforme a la norma que él imponía. Era el único que siempre leía las reglas cuando se entregaban a juegos de puro entretenimiento, como el croquet, el «Monopoly» o incluso el «Cootie», y se empeñaba en que había que cumplirlas a rajatabla, hasta el punto de estropear la diversión a los chicos. De hecho, reconoció una vez que divertirse no tenía nada de malo, siempre y cuando se hiciese adecuadamente y según el reglamento, pero no le era posible admitir que pudiese ser divertido no respetar las reglas o incluso elaborarse uno sus propias reglas, de vez en cuando.

Stuart inició nuevas tareas con vistas a librarse de su rigor paralizante. Salía de sus trece muy despacio, como les ocurre a muchas personas de mentalidad rígida, lo que nada tiene de sorprendente, pero al cabo de unos meses emprendió el camino de la benevolencia y se fue permitiendo a sí mismo y a su familia mayor espontaneidad y más opciones. Sus posturas inflexibles empezaron a ser un poco más elásticas en el trabajo, al admitir la posibilidad de que las labores contables no siempre tenían que hacerse del modo en que él las realizaba... aunque cuando dio por concluidas las sesiones de orientación psicológica, cinco meses después, no estaba dispuesto a considerar cambio alguno en sus sistemas profesionales de contabilidad.

Friedrich Nietzsche dijo una vez:

Éste es *mi* camino...
¿Cuál es su camino?
El camino no existe.

Un lema adecuado para personas que deseen mejorar su vivacidad creadora y eliminar parte de la contraproducente rigidez que impera en su vida.

Si se relaciona usted profesionalmente con alguien que le sojuzga con una mentalidad cerrada, de sentido único, sería usted un insensato si no considera sus propias opiniones para poner fin a tal relación. Imagínese por un segundo los peligros de tener un abogado reacio a alterar su estrategia después de haberse descubierto nuevos datos, o un cirujano que, pese a haberse presentado nuevos síntomas o indicios, se negara a renunciar a la insistencia en que el problema de usted es el apéndice y procediera a operar «conforme lo previsto». Una personalidad obstinada nunca puede constituir un auténtico profesional y sí un desastre en potencia que uno puede y debe eliminar de su vida.

Consideramos la rigidez, que también puede llamarse «inercia anonadante», con más amplitud, en relación con el terreno crucial de la medicina. Mucho se ha escrito recientemente acerca de la aterradora cantidad de cirugía innecesaria que habitualmente se realiza en los Estados Unidos. Sobre todo, son innumerables las mujeres que todos los años se someten a histerectomías, operaciones de ovario y otras intervenciones ginecológicas superfluas y que podían haberse evitado. Si no cree usted que éste sea un problema grave, observe este anuncio de Cruz Azul/Escudo Azul del Gran Nueva York, que apareció en el número de *Newsday* correspondiente al 10 de noviembre de 1976. El encabezamiento del anuncio es: ANTICIRUGÍA. LA CURA QUE NO DEJA SEÑAL ALGUNA. La publicidad continúa debajo: «Anticirugía. La cicatriz que no se produjo porque el escalpelo no actuó sobre su carne. Anticirugía. El diagnóstico de un segundo cirujano, al que usted consultó y que dijo que no era necesario operar. Anticirugía. El dictamen quirúrgico que a usted le salió gratis, porque es la ventaja definitiva de Cruz Azul y Escudo Azul». El anuncio explica a continuación la forma de obtener el segundo y gratuito diagnóstico quirúrgico, y luego llega el remate... la evidencia absoluta de que muchos médicos están tan decididos a hacer las cosas a su modo que detestan los criterios de otro colega: *Y el primer facultativo que le atendió no tiene necesidad de enterarse nunca.*

¿Por qué diablos precisa una compañía de seguros médicos que correrá con los gastos de un segundo diagnóstico quirúrgico y evitará que esa información pase a conocimiento del primer doctor? Sencillamente, porque son numerosísimos los médicos tan rígidos en su criterio que no están dispuestos a considerar opiniones ajenas. Miran con visión de túnel, aunque *su* miopía pueda acarrearle a *usted* la pérdida innecesaria de algunos órganos.

Evidentemente, muchos cirujanos desean y buscan por sistema la consulta, el contraste de opiniones, y parece lógico que cualquier doctor capacitado esté dispuesto a admitir que es un ser humano y quiera que su diagnóstico de intervención quirúrgica reciba el refrendo del máximo número posible de profesionales competentes. Pero la gente necesita protección frente a los cerebros de la medicina de «sentido único» y, tras pasar revista a la literatura sobre el desarollo quirúrgico en los Estados Unidos, en *The Will to Live* («La voluntad de vivir»), el doctor Arnold A. Hutschnecker concluyó: «Hoy comprobamos que son legión las víctimas de diagnóstico quirúrgico precipitado».

Ninguna persona con mentalidad de antivíctima vacilaría en consultar y escuchar las opiniones que juzgase necesarias para sentirse satisfecha, antes de consentir que el bisturí entrara en funciones. Y si el médico insinuara desaprobación, el paciente redimido buscaría un galeno que colocase el bienestar y la vida del enfermo por encima de la vanidad facultativa y la rigidez personal. La rigidez predomina también en el sector de la enseñanza, con ejemplos que van desde maestros convencidos de que sólo existe un sistema para estudiar aritmética, cursar ciencias de laboratorio y preparar recensiones o análisis literarios hasta profesores de universidad que aplican rigurosamente manuales normativos para ejercicios de investigación. Indudablemente, usted estuvo expuesto a eso durante todos los años que asistió a centros pedagógicos y en la mayoría de los casos aceptó su lógica, o todavía la acepta, porque hacer lo contrario equivalía a ser víctima de malas notas, de quedar «atrasado», en una palafra, del «fracaso». Pero no tiene por qué aceptarlo hoy, como tampoco tiene por qué imponer a sus hijos una mentalidad de aprendizaje tipo «sentido único».

Cada vez que a la gente se le enseña que sólo existe un modo de hacer algo, se la prepara para la sojuzgación. Ningún creador literario consulta la gramática para decidir cómo empleará su propio lenguaje natural. Análogamente, no hay artista importante que crea que sólo exista una manera de pintar, esculpir o componer. La grandeza, en cualquier empresa, siempre es única; a uno no le recuerda a nadie más, ni ninguna otra persona puede imponerla, aunque sí pueden cultivarla otros. De modo que estimúlese y aliente a otros a ser flexible y a tener mentalidad abierta en cuanto a realizar cualquier tarea de mil modos distintos y a seleccionar el método más oportuno para un momento determinado, con el reconocimiento pleno de que mañana puede tomarse un rumbo más apropiado.

En su novela *Servidumbre humana*, W. Somerset Maugham incluyó esta concisa definición de un personaje «rígido»: «Como todos los hombres débiles, recalcaba exageradamente la importancia de que uno no cambiase de opinión».

Víctimas y verdugos enfocan la vida con esta misma estrechez de miras, lo que les impide desarrollarse y permitir el desarrollo en los demás.

LA IMPORTANCIA DE DESARROLLARSE

Las víctimas se entregan, principalmente a la parálisis emocional, tanto si ésta se deriva del miedo, de la cólera o de la frustración. Los que se niegan a ser víctimas perseveran, prescindiendo de esa inmovilización emocional. Si usted quiere ser un redimido, no una víctima, tendrá que abandonar su actitud capituladora y sustituirla por otra de tenaz perseverancia.

Como ya hemos señalado, gran número de sojuzgadores operan conforme a la premisa de que si uno le va dando largas a la víctima que reclama y alarga el asunto el tiempo suficiente, la víctima acabará por abandonar la lucha. Muchos pleitos se llevan precisamente de acuerdo con esta estrategia. Los abogados de los avasalladores saben que si el «pequeño» que ha presentado la demanda judicial no consigue obtener un fallo favorable este año, o incluso el que viene, es muy posible que se canse y diga: «¡Al cuerno con el asunto!». Y una de las bases principales de nuestro sistema jurídico parece consistir en desalentar a la mayoría de la gente dispuesta a buscar «la justicia de cada día», encargándose de que, en muy raras ocasiones, esa justicia valga lo que cuesta. De ahí que uno deba siempre decidir por su cuenta si el esfuerzo de perseverar merece la pena, tanto en el terreno legal como en cualquier otro, o si el empeño de seguir adelante no le avasallará a uno todavía más. Pero si usted es lo bastante imaginativo, en no pocas ocasiones podrá idear sistemas que le permitan perseverar sin muchos de los inconvenientes que ello supone, y, por otro lado, si usted cuenta con recursos, puede sencillamente contratar los servicios de otras personas para que lleven a cabo, por usted, esa perseverancia.

Demostrar que uno no está dispuesto a dejarse convertir en víctima es una empresa que generalmente implica la previa elección de las batallas que uno quiere afrontar, en vez de rehuirlas, para proceder luego a enviar señales de que está decidido a llegar hasta las últimas consecuencias para hacerse con la victoria. Raramente resulta ventajoso, y a menudo sale uno con las manos en la cabeza, proclamar que uno va a combatir por algo de una manera particular, si no está preparado para respaldar con hechos sus palabras. En la vida, como en el póker, los «faroles» no salen bien, a menos que uno tenga fama de no practicar el «farol». Ralph Charell, en su libro: *How I Turn Ordinary Complaints into Thousands of Dollars: The Diary of a Tough Customer* («Cómo transformo reclamaciones corrientes en miles de dólares: Diario de un cliente porfiado»), presenta lo que sobre todo es una crónica que explica cómo la perseverancia rinde dividendos, cómo la determinación y fuerza de voluntad del autor para llegar hasta el fin en la lucha le resultaron ampliamente positivas frente a los aspirantes a sojuzgadores del consumidor, de los que por regla general se piensa que figuran entre los más difíciles de vencer que existen en el mundo. Esto es algo posible por completo para usted, si de veras quiere evitar convertirse en víctima.

Tal vez la clave más importante para la perseverancia con vistas a eludir la condición de víctima resida en aceptar las tareas sin alterarse, sin animosidad u otra emoción destructiva susceptible de amargarle el momento y hacer polvo su paciencia y resolución. Considere los enfrentamientos como juegos en los que puede utilizar la imaginación y establecer, merced a ella, las reglas para alcanzar su objetivo, en vez de sentirse obligado a cumplir unas normas fijadas por alguna otra persona. Ralph Charell habla de los conflictos en que se vio im plicado frente a «Ma Bell», caseros, empresarios teatrales, banqueros y muchos otros. Su mensaje es de claridad meridiana: Si uno persevera y sigue adelante sin desmayo ni fatiga, sin que cruce siquiera por su imaginación la idea de que va a verse obligado a abandonar, entonces uno acaba casi siempre por salirse con la suya e incluso alcanza a menudo resultados que superan en mucho sus expectativas iniciales.

Lo cierto es que las empresas y los individuos que acostumbran a abusar de la gente no están bien preparados para plantar cara a los elementos perseverantes, principalmente porque se tropiezan con muy pocos y, cuando surge alguno —como es por naturaleza un sujeto que pertenece al tipo del valentón cargante—, los sojuzgadores suelen optar, porque les parece más cómodo y sensato, por retirarse y dedicar sus esfuerzos a víctimas más propicias. La mayoría de las personas se comportan como corderitos cuando se trata de reivindicar sus derechos. Se anonadan a sí mismas antes de empezar, a causa de esa misma actitud que adoptan, persuadidas de que son incapaces de vencer al coloso, a «la autoridad» o a «la casa consistorial». Pero usted sabe ya que ésos son mitos de los que no hace caso alguno la persona creadoramente vivaz. No sólo es posible, sino incluso muy probable que usted se lleve el triunfo, si rebasa los primeros escollos que aparecen al principio de la singladura y sigue conforme al plan. Esos obstáculos iniciales están allí únicamente porque la mayoría de las personas caen derrotadas por ellos. Pero una vez los ha superado, a menudo se sorprenderá usted de lo escasas que son las dificultades auténticas que quedan en su camino.

No es necesario ser testarudo para perseverar. Su determinación puede degustar el sabor de la sencilla y franca providencia, el firme propósito de no dejarse convertir en víctima. Hará usted lo estrictamente necesario para alcanzar los resultados que pretende, en vez de sojuzgarse a sí mismo con toda clase de confusiones y angustias. Henry Ward Beecher escribió una vez:

> La diferencia entre perseverancia y obstinación estriba en que, a menudo, la primera es hija de una voluntad firme y la segunda, de un rechazo decidido.

Los niños que han adoptado el comportamiento de la pesadez machacona saben que es el sistema más eficaz para conseguir lo que quieren, sacándoselo a sus padres. «Si persevero lo suficiente e insisto pidiéndoselo a mamá el número suficiente de veces, al final acabará por ceder y comprarme el chicle». Esos padres olvidan que enseñaron a sus hijos a no hacer caso del primer «no», del segundo y del tercero... en muchos casos porque «tiranizan» a los pequeños respondiendo automáticamente con la negativa a casi *todas* sus peticiones, con la esperanza de ahorrarse una pequeña molestia o simplemente para dejar bien sentada su patria potestad. Esos niños saben que si aflojan, aunque sólo sea durante un segundo, perderán el objetivo. Bueno, muchos autócratas, especialmente institucionales y burocráticos, tratan de ser como esos padres... y aunque luego está por debajo de la dignidad de usted acercárseles en plan de chiquillo pedigüeño y pelmazo, ellos se encargan de hacer evidente que usted debe aplicar la lógica del niño machacón cuando se les enfrente. Si bien no ha de considerarse este argumento como aprobación total de la machaconería, cualquiera puede comprender que, en ocasiones, esta conducta resulta extraordinariamente eficaz. Si usted no quiere ser pesado, deje de fortalecer ese rasgo. Por otra parte, uno puede convertirse en un impertinente insoportable, en una verdadera plaga, en una espina clavada en el costado de cualquier empresa mastodóntica. No sé dé por vencido. En cuanto flaquee o retroceda un paso, le meterán en cintura y pasará a integrarse en la lista de víctimas, como una más.

Me atengo a una doctrina, a la que no debo gran
cosa, salvo lo poco que he conseguido, y esa doctrina es que, con un talento normal y una perseverancia extraordinaria, todas las cosas son reali-
zables.

Sir Thomas Fowell Buxton

ACCIÓN CONTRA INACCIÓN

Ser creadoramente vivaz comporta abandonar la
postura de inactividad en circunstancias que tradicionalmente le han inmovilizado a uno. El quid del asunto se
llama acción. Hacer. Superar la inercia y *actuar* le proporcionará a uno toda una nueva opción en el proyecto
de ser creadoramente vivaz.

La acción constituye el único antídoto eficaz contra
la depresión, la ansiedad, la tensión, el miedo, las preocupaciones, la sensación de culpabilidad y, naturalmente,
el inmovilismo. Es virtualmente imposible estar deprimido y activo al mismo tiempo. Aunque quisiera, a usted le resultaría muy difícil seguir abatido, quejumbroso,
entregado a la melancolía y sumido, revolcándose, en la
autocompasión si se mostrara activo e hiciese algo. ¡Cualquier cosa! Hacer algo representa una parte importantí-
sima en la condición de persona que funciona a pleno
rendimiento.

Uno debe comprender también que la ausencia de
actividad no es efecto de la depresión; es la causa. Y,
casi siempre, la inactividad es más una preferencia que
una circunstancia ineludible de la vida. La acción es
también un medio seguro de evitar verse avasallado por
uno mismo y por los demás. Si uno decide hacer algo
respecto a su problema, en vez de limitarse a rezongar,
se encontrará ya en el buen camino para dar personalmente la vuelta a las cosas.

Si se le ocurre preguntar: «Sí, ¿pero qué puedo hacer?», la respuesta es realmente sencilla. *Algo, cualquier cosa* siempre es infinitamente más efectivo que nada.

Julia era una cliente mía que no paraba de quejárseme, con amargura, de que estaba constantemente deprimida. Defendía su depresión como si fuese su aliado más leal y no su peor enemigo. Las reacciones de Julia ante mis esfuerzos para que se mostrase más activa siempre tenían el mismo tono: «¡Ah, ya lo he intentado y no resultó» o «Eso es una tontería, mi problema es mucho más profundo y mostrarme activa no cambiará las cosas».

Julia deseaba encontrar explicaciones psicológicas profundamente arraigadas que justificasen su comportamiento depresivo. Pero las respuestas no eran tan hondas ni tan complejas. Sencillamente, la mujer se había acostumbrado a sentirse lástima. Tenía sesenta y siete años y no podía sobrellevar eso de «envejecer», de forma que intentaba la huida quedándose en la cama la mitad del día, negándose a salir de casa, lamentándose ante sus hijos y preocupándose aprensivamente por cierto dolorcillo en el estómago, que temía fuese una úlcera.

Julia ponía en cuarentena mis palabras, cada vez que le sugería la actividad como medio más efectivo para desembarazarse de la condición de víctima que se imponía a sí misma. La expliqué que entregarse con intensidad a cualquier ocupación le resultaría beneficioso, pero primero había que entendérselas con la actitud adoptada por la mujer, para que Julia pudiese siquiera empezar a ponerse en acción. Tenía que renunciar a su deseo de comportamiento depresivo y comprender que, como resultado de sus opciones, ella era la única que sufría. Nadie más iba a verse afectado seriamente y, desde luego, nadie iba a unírsele en sus abismos psicológicos.

Cuando por último reconoció que se estaba haciendo todo aquello a sí misma, dijo encontrarse dispuesta a emprender un rumbo activo que la ayudase a ser vitalmente creadora, pero, ya de entrada, comenzó a caer de nuevo en sus baches depresivos, cuando la animé a elegir algunos actos específicos. Se quejó de que no sabía qué hacer y, en consecuencia, no haría nada. De forma que le entregué la siguiente lista de actividades potenciales, todas las cuales podría llevar a cabo.

Dar una vuelta a la manzana, con paso vivo.
Jugar con una pelota.
Ir a una biblioteca y charlar con la bibliotecaria.
Presentarse a cinco desconocidos.
Tomar lecciones de yoga.
Aprender pasos de baile.
Seguir un curso educativo para adultos.
Prestar servicio voluntario en una casa de reposo.
Ir a un aeropuerto y observar la conducta de los que se despiden.
Organizar una tómbola vecinal, un grupo teatral, etcétera.
Montar en bicicleta.
Ir a la YWCA a nadar.
Someterse a masaje.
Ver diez películas y redactar la crítica de cada una.
Dar una fiesta e invitar a veinte personas.
Practicar cualquier juego.
Escribir una poesía o un cuento.
Solicitar diez empleos.
Montar un negocio en su propio domicilio.
Crear un periódico de barrio, un servicio de anuncios o una peña.
Hacerse vendedora de cualquier producto.
Aprender a jugar al backgammon, las damas, la canasta o algún otro juego de naipes.
Cuidar animales heridos.
Escribir diez cartas.
Dedicarse a la ocupación de «canguro» o niñera remunerada.

Ir a un club de solteros.

Asistir a conferencias que se pronuncien en la localidad.

Visitar todos los museos de la ciudad.

Entregarse al aprendizaje de una nueva afición, como tapicería, arreglo de flores, mecánica automovilística, etcétera.

Visitar una nueva ciudad.

Iniciar su autobiografía escrita.

Atender niños enfermos.

Cualquier persona con vivacidad creadora puede proponer una lista de opciones análoga a la anterior, susceptible de transformar el ocio en actividad desencadenada.

Julia pronto captó la idea. Al emprender alguna de esas nuevas actividades, en vez de tratar constantemente de explicar por qué le resultaba imposible realizarlas, comprobó que desaparecía su estilo de vida depresivo. Al final, se liberó de su dependencia de los fármacos contra la depresión, de los que llevaba siendo esclava cerca de tres años. Cada vez que se sorprendía a sí misma resbalando hacia las antiguas pautas deprimentes, se hablaba de una forma nueva. Sus pensamientos cambiaron del «Pobre de mí, me temo que soy vieja y voy a quedarme sumida sin remedio en este estado depresivo» al «No permitiré que la autocompasión se adueñe de mí, voy a emprender algo para asegurarme de que no permaneceré aquí, cruzada de brazos, sintiendo lástima de mí misma». No fue el arte de magia lo que sacó a Julia de sus hábitos depresivos; fue la acción.

Las personas que se inclinan por la actividad muy raramente se convierten en víctimas. La gente orientada hacia la acción consigue a la larga que se reparen las injusticias, mientras que la persona inactiva, el observador pasivo, se verá avasallado en gran escala, se lamentará ante todos y se llevará las manos a la cabeza, lleno

de consternación. El viejo proverbio encierra mucha
verdad:

> Aunque vayas por buen camino, te atropellarán
> si no te mueves.

LA LÓGICA DE LAS PERSONAS QUE
NO SON CREADORAMENTE VIVACES

Las dos frases que exponemos a continuación expresan criterios que, si se lo permite, le impedirán a usted ser creadoramente vivaz en casi toda situación. Ambas proporcionan sendas excusas carentes de base para que uno se dé por vencido frente a cualquier experiencia frustrante, por pequeña que sea, en vez de reaccionar pensando o actuando de inédita manera creadora.

1. ¡REALMENTE NO PUEDO HACER NADA! Una vez se ha dicho usted eso, estará sentenciado por ello mientras continúe creyéndolo. *Siempre hay algo* que uno puede hacer, y su tarea como antivíctima consiste en experimentar, probar y desarrollar alternativas. Vuelva la frase del revés y dígase: «Aunque no sé bien qué, sí estoy seguro de que voy a hacer algo, antes que quedarme aquí quieto y acabar convertido en víctima». Con esta clase de actitud, al menos uno aborda el problema y se crea un hábito nuevo de acción, en vez de abandonarse a la pasividad y la indiferencia. No se exija a sí mismo una solución acertada en seguida o en todos los casos. Es preferible que insista en mantenerse activo y que siga experimentando. A fuerza de probar y probar, acabará dando con algo que resulte. Pero nunca tendrá la oportunidad de acertar con algo positivo si desde el principio se confiesa a sí mismo que no hay nada que pueda hacer.

2. Así son las cosas y nada más. Esta clase de resignación deriva de la idea equivocada de que, por el hecho de que las cosas son de cierto modo ahora, uno carece de facultades para cambiarlas. Pero la mayoría de las circunstancias que sojuzgan a los seres humanos las han producido otros seres humanos y pueden modificarse, de una manera u otra. Y si existe alguna posibilidad de cambiar las cosas, usted la invalidará al decirse que las cosas son «así y nada más». Si usted se pasa una hora de plantón en la cola, ante la caja del supermercado, y se limita a pensar: «Así van las cosas y nadie puede hacer nada para arreglarlas», entonces garantiza usted mismo su propio avasallamiento. Pero si usted dice: «¡Basta ya! ¡Soy cliente de este establecimiento y no tengo por qué dedicarle una hora de mi precioso tiempo por el privilegio de comprar en él! Me importa un rábano que esas otras personas lo aguanten; voy a ver si puedo solucionar algo», entonces toda clase de estimulantes alternativas se abrirán ante usted. Puede dirigirse al gerente, decirle que usted no puede esperar y pedirle que le cobre él mismo los artículos que usted ha comprado. O puede advertirle que va a perder mucha venta y clientela, si no pone en servicio nuevas cajas registradoras. En el caso de que el gerente no le dé la debida satisfacción, puede usted decirle que va a dejar el carrito donde está, va a salir del local, va a escribir una carta a la oficina central acerca de las colas que se organizan en el establecimiento e instará a otros clientes a hacer lo mismo. O incluso puede llegarse a la cabeza de la cola y ayudar a sacar las bolsas de provisiones, para que la fila avance más deprisa. Pero nunca llegará a considerar siquiera ninguna de estas alternativas, ni cualquier otra, si se dice: «Bueno, así es justamente como funcionan las cosas hoy día». Una vez cambie usted esa actitud, se encontrará usted en condiciones de pasar a la acción y conseguir que sucedan cosas.

ALGUNOS EJEMPLOS DE CONDUCTA
CREADORAMENTE VIVAZ

Expongo a continuación algunos ejemplos concretos, proporcionados por clientes, amigos, fuentes literarias y por mis propias experiencias vitales, en los que la conducta creadoramente vivaz permite vencer a la sojuzgación. Facilitan una panorámica de situaciones de la vida real y son aplicables a quienquiera que decida abandonar el abandono y aprestarse a conseguir que las cosas funcionen.

Búsqueda de empleo. Éste es un terreno en el que, especialmente en la época actual de alto índice de paro, mucha gente termina apabullada porque su horizonte imaginativo es muy estrecho y buscan trabajo siguiendo los métodos tradicionales, confiando exclusivamente en *curriculum vitae*, preguntas por teléfono, innumerables visitas a los mismos sitios y solicitudes e instancias en ingentes cantidades. No son ésos los mejores sistemas para que le adjudiquen a uno un puesto de trabajo, sencillamente porque se trata de caminos trillados, recorridos por la mayoría de los que andan en pos de un empleo y quienes se comportan como «todos los demás» pocas probabilidades tienen de distinguirse como algo singular o fuera de serie.

Sandra era una cliente que acudió a la orientación psicológica animada por el designio expreso de aprender el modo de presentarse a patronos potenciales y conseguir un empleo. Relató la larga y triste historia de su envío de cientos de historiales profesionales, de cómo se las arregló para que la recibiesen algunos entrevistadores, muy pocos, y de su fracaso absoluto a la hora de lograr que alguien mostrase interés por la oferta de servicios. A Sandra le interesaba el sector laboral de las relaciones públicas, pero no tenía idea acerca de la manera de actuar con efectividad en la bolsa de trabajo. Le expliqué que la búsqueda de empleo es una habilidad mensurable, lo mismo que la de realizar el trabajo una vez se ha conseguido. La alenté a renunciar a sus ideas tradicionales sobre la forma de encontrar ocupación y empleo y a emprender una nueva y completa estimación de sus objetivos y de cómo actuar para alcanzarlos.

En noviembre, Sandra me habló de una plaza, que quedaría libre a últimos de marzo, de director de relaciones públicas de unos grandes almacenes, pero dijo que aún no iba a presentar la solicitud porque el director actual no se retiraría hasta febrero y ella no deseaba ofenderle. La apremié a que tirara al cubo de la basura aquella actitud de víctima escrupulosa y elegante, a que empezara a pensar en sí misma y a que analizase la situación. Como resultado, Sandra se lanzó a correr el primer riesgo, durante la segunda semana de orientación psicológica; fue a los grandes almacenes y charló con el director de relaciones públicas acerca de la posibilidad de sucederle en el cargo.

El hombre se quedó muy sorprendido, no dio a Sandra ninguna clase de alas y, en nuestra siguiente consulta, la mujer manifestó que había comprometido sus posibilidades al mostrarse demasiado intrépida.

No era así. El próximo paso de Sandra consistió en entrevistarse con el jefe de personal, rellenar el impreso de solicitud e informar al hombre que no sólo estaba interesada, sino decidida a conseguir el empleo. Los trámites finales de aquella poco ortodoxa vía de acceso al puesto de trabajo fueron escribir al presidente de la empresa una carta en la que Sandra detallaba, no sus títulos y aptitudes, sino lo que pensaba hacer para mejorar la imagen del establecimiento dentro de la comunidad, e incluir un dinámico anexo con los planes de relaciones públicas para el año inmediato.

Además de obtener el empleo, Sandra consiguió también un salario que sobrepasaba sus aspiraciones más optimistas. Se puso a prueba, triunfalmente, y alcanzó su objetivo, abandonando el que le parecía «camino recto» de la búsqueda de empleo y emprendiendo en cambio un comportamiento creador e individual que le dio óptimos resultados.

SE OFRECEN MÁS ALTERNATIVAS QUE LA DEL TRABAJO ASALARIADO. Existen miles de formas de ganarse la vida sin que a uno le emplee otra persona o una firma. Generalmente, las víctimas laborales permanecen atascadas porque sólo pueden imaginar muy pocas maneras de obtener ingresos. Si usted ha trabajado siempre a cambio de un salario, tal vez debería considerar nuevos procedimientos de ganarse la subsistencia, particularmente si le disgusta que los patrones tiren de los hilos de usted o verse obligado a regir su vida conforme a los planes de alguna otra persona. Usted puede desembarazarse de la forma de pensar estereotipada y elaborar una lista de alternativas, valorar los factores de riesgo, elegir la mejor apuesta y *pasar a la acción*, en vez de hablar interminablemente de «¿y si...?», «quizás» y «no estoy seguro». Nadie puede estar seguro de nada hasta que lo lleva a cabo. Pero si usted *cree* que no puede hacerlo, entonces olvídelo, porque su opinión se impondrá sobre la realidad.

La técnica más eficaz para librarse del avasallamiento laboral consiste en convertirse uno en especialista «mercadológico» de su propia idea. Usted puede envasar una idea y vendérsela a alguien, si puede demostrar que dará resultado. O acaso pueda usted convertir su ocupación accesoria en vocación profesional.

CONVIERTA SU PASATIEMPO EN NEGOCIO. He aquí varios ejemplos de enfoque creador, relativos a actividades para ganarse la vida y cuya índole permite a cualquiera acometer su puesta en práctica, en pos de la recompensa de llegar a ser su propio jefe.

— Marilyn era aficionada a las labores de macramé. Las estuvo haciendo en plan de entretenimiento hasta que se le presentaron oportunidades para realizarlo remunerativamente. Sus amistades deseaban adquirir aquellas labores especializadas y estaban dispuestas a pagarlas. Al cabo de un año, Marilyn había convertido su pasatiempo en una actividad de plena dedicación y obtenía sustanciales ingresos.

— Louise estaba dotada de talento artístico y le encantaba pintar camisetas de manga corta. Sus amigos le pedían constantemente que les decorase tales prendas, con vistas a cumpleaños, acontecimientos señalados, etcétera. Louise decidió transformar su afición en negocio. Sus amistades se encargaron gustosamente de buscarle pedidos. En seis meses, Louise empezó a ganar dos mil dólares mensuales pintando camisetas de manga corta. Ahora ha abandonado ya su antiguo empleo de cajera, ha triplicado los ingresos y vive en la gloria.

— Joel estaba loco por el tenis y salía disparado a jugar en cuanto quedaba libre de su odiado trabajo en una fábrica. A medida que mejoraba y mejoraba en el deporte de sus desvelos, empezó a dar lecciones a sus amigos. Posteriormente, a sugerencia de su mentor, anunció clases y entrenamientos de grupo los sábados por la mañana. Tres meses después, había establecido su propio negocio y se había despedido de la fábrica. Su clientela ha ascendido ya a centenares de pupilos. Joel disfrutaba todos los días de su vida, porque ha sabido combinar su afición con la capacidad para obtener beneficios crematísticos y ha conseguido duplicar sus ingresos en un año.

— Ben volvió de la segunda guerra mundial reducido a la condición de inválido. Estaba confinado a una cama, pero decidió que no iba a pasarse allí la vida, limitándose a compadecerse de sí mismo. Así que inició su propio servicio de recortes de prensa. Se suscribió a veinte periódicos, recortó artículos y noticias y los remitió a las personas, empresas, etcétera que se citaban en tales escritos, junto con la petición de pequeñas remuneraciones, si deseaban pagarlas. En seguida tuvo clientes regulares y, antes de que hubiese transcurrido mucho tiempo, Ben se encontró dirigiendo una gran empresa, desde su lecho. Se hizo literalmente millonario, todo por adoptar un enfoque creadoramente vivaz para superar el infortunio y ganarse la vida por sí mismo.

— Sarah era una violinista sin trabajo, sin dinero y desesperada. Se apostó a la puerta de un teatro de Nueva York y se puso a tocar música bonita para los clientes de la sala de espectáculos que iban, venían o esperaban en la cola. En quince días, Sarah recaudó en el estuche del violín más dinero del que había ganado en los seis meses anteriores. De nuevo, una aproximación creadora al empleo, en vez de un enfoque resignadamente airado.

Si es usted un empecinado del no, se dirá que las orientaciones imaginativas, como éstas, pueden salirles estupendamente a los demás, pero que nunca le darán resultado a usted. Pero *cualquier cosa* puede salirle bien a usted si está dispuesto a correr riesgos, a anular sus propias dudas sojuzgadoras y a *actuar*. Si considera que necesita permisos especiales para realizar lo que quiere o que los impedimentos son demasiado importantes, vuelva a mirar desde un punto de vista creadoramente perspicaz. Siempre hay excepciones a las reglas generales del empleo. Algunas de las personas más prestigiosas en el terreno de la psicología no tuvieron formación especializada. Dos ejemplos contemporáneos son Gail Sheehy, que escribió un «best-seller» sobre el desarrollo del adulto, basado en sus aficiones periodísticas, y Werner Erhard, fundador y director del movimiento *est* en Norteamérica. En otros terrenos, las personas que alcanzaron el éxito en esferas de actividad «ajenas» forman legión: Larry O'Brien, con sus credenciales de presidente del Partido Demócrata, que se convirtió en director de la Asociación Nacional de Baloncesto; profesores de física que escriben novelas de gran venta; abogados que se desdoblan en cronistas o locutores de radio, etcétera. Si quiere usted trabajar en algo y está dispuesto a ignorar el modo en que «se supone que ha de hacerlo» o la forma en que «todos los demás lo hacen» y seguir adelante con *su propio* sistema, con la expectativa de que a la larga triunfará, entonces conseguirá salirse con la suya. De otro modo, permanecerá estancado donde está y no hará más que defender su situación de víctima, al decir que no puede evitarlo.

ENFRENTARSE A LA ADMINISTRACIÓN UNIVERSITARIA. A Gordon le impusieron un recargo de veinticinco dólares en los derechos de matrícula en la universidad, por haberse retrasado en la inscripción. En vez de callar y pagarlo, Gordon adoptó un enfoque creador para evitar ese recargo. Recurrió al jefe de su departamento y le hizo escribir una carta en la que se indicaba que Gordon no había tenido la culpa del retraso de su matriculación y se solicitaba la anulación del importe del recargo, cosa que se hizo de inmediato.

COMBATIR LA CARTA DEL ORDENADOR. A Nick le robaron de su habitación del motel cheques de viajero por valor de doscientos dólares. Los había adquirido tres años antes en un banco de Alemania, así que ignoraba el número de los talones y tampoco sabía con exactitud dónde compró los cheques. Escribió una carta a la compañía emisora de los cheques de viajero y recibió un comunicado, escrito por un ordenador electrónico, en el que se le informaba de que, caso de no proporcionar el número de los talones, no sería posible reembolsarle los doscientos dólares. Evidentemente, «el ordenador» no había leído con atención la carta de Nick. De forma que éste redactó otra, muy concreta, al presidente de la compañía, explicando las circunstancias especiales de su caso y dejando bien claro que no deseaba recibir una contestación en la que se le notificase que la compañía «lo lamentaba mucho, pero…». Nick quería que el presidente tomara cartas en el asunto de manera personal, ya que, de no recibir la debida satisfacción, encargaría a su abogado que presentase la correspondiente denuncia ante los tribunales. A la semana siguiente, Nick recibió un cheque de doscientos dólares, con una carta llena de disculpas. Al no estar dispuesto a dejarse avasallar por una «circular mecánica» y al afrontar la cuestión con un enfoque enérgicamente creador, Nick obtuvo lo que tenía derecho a recibir.

LOS HORRORES DE UN DÍA EN LA OFICINA JURÍDICA DE TRÁFICO. Eugene se vio obligado a pasar un día en el juzgado, donde esperó prácticamente una eternidad, fue enviado de un lado para otro, estuvo constantemente sometido a las desatenciones de «servidores civiles» poco considerados y, al final, se declaró culpable de una acusación que Eugene consideraba injusta. Se preguntó: «¿Qué posibilidades hay de transformar esto en algo positivo?». Y se le ocurrió la idea de escribir un artículo acerca de su experiencia, detallando los horrores de su jornada en el juzgado. Luego intentaría vender el trabajo. Hizo exactamente eso: Una revista nacional le pagó mil quinientos dólares a cambio de publicar en tres entregas el relato de su jornada en la oficina jurídica de tráfico. Además, otras casas editoras se pusieron en contacto con Eugene, para publicar también el trabajo, y aquel día pasado en los tribunales se convirtió en el punto de partida de una estimulante carrera de escritor por libre. Por el hecho de mostrarse creadoramente vivaz y lanzarse a la búsqueda de una oportunidad frente a la desventura de la prolongada estancia en las oficinas de tráfico, Eugene emergió como triunfador, en vez de víctima.

LARGA DEMORA EN EL AEROPUERTO. Wesley llegó al aeropuerto, donde se enteró de que el tráfico aéreo estaba suspendido y no se reanudaría hasta transcurridas seis horas. Al mirar a su alrededor, observó que todo el mundo se mostraba fastidiado y no hacía más que lamentarse por lo inoportuno de la nevada que parecía haberse desencadenado con el exclusivo fin de estropear sus planes de viaje. Wesley comprendió que no le quedaría más.

remedio que permanecer atascado en el aeropuerto, sin moverse de allí hasta la mañana siguiente, dado que al otro día necesitaba encontrarse en otra ciudad. Decidió sacar el máximo partido de la situación, en vez de dejarse atropellar por el giro de los acontecimientos. Divisó a una mujer a la que, se dijo, le gustaría conocer y, sin más, corrió el riesgo y se presentó a Penny, que también permanecía estancada en el aeropuerto. Cenaron juntos en el restaurante y pasaron las seis horas paseando por las instalaciones del aeropuerto. Wesley disfrutó lo suyo. Lo cierto es que Penny y él se hicieron amigos íntimos y, tres años después, aún seguían saliendo cada vez que les era posible. Casi todas las demás personas que aquella noche estaban en el aeropuerto esperando que se reanudasen los vuelos se dejaron inmovilizar, desazonar y sojuzgar por las condiciones climáticas, pero Wesley aprovechó las circunstancias para crear un nuevo lazo de amistad humana.

REDACCIÓN DE UN TRABAJO ESCOLAR. Elizabeth es una estudiante universitaria que comprendió no hace mucho que la mayoría de los trabajos que la asignaban carecían de importancia. Se veía obligada a redactar ejercicios de investigación sobre temas nada interesantes o a seguir las mociones de amables profesores, en lugar de cumplir cometidos de relieve con vistas a su objetivo de convertirse en oceanógrafa. Tras recibir la ayuda de un terapeuta competente, Elizabeth decidió probar si podía darle un vuelco a la situación. Al principio del siguiente semestre, concertó entrevistas con cada uno de sus profesores y ofreció alternativas específicas a los trabajos estereotipados que le asignaban, alternativas que no rebasaban los límites de los requerimientos del curso. A Elizabeth le sorprendió comprobar que cuatro de sus cinco profesores se mostraron de acuerdo y dispuestos a asignarle los trabajos individuales que la muchacha sugería. Gracias a haber adoptado un enfoque creador, Elizabeth pasó el semestre completo realizando las cosas

319

que le gustaban, convenientes para sus metas personales, y su esfuerzo durante el curso le valió grandes consideraciones.

UNA CENA DE CUATRO. Andrew y Barbara cenaban por primera vez con otra pareja en un restaurante. La otra pareja no cesaba de pedir cosas con profusión: bebidas antes, durante y después de la cena, hasta el extremo que la cuenta del bar subió a cuarenta dólares, y los platos más caros de la carta. Andrew y Barbara no beben y además pidieron platos ligeramente más económicos. Pero, al término de la cena, uno de los miembros de la otra pareja dijo con toda naturalidad (como se dejan caer siempre esas cosas): «Bueno, la cuenta sube a ciento cuatro dólares, más la propina. La pagaremos a medias. Sesenta dólares por pareja».

Durante muchos años, Andrew y Barbara habían guardado el silencio de la aceptación ante aquella clase de circunstancias, sin atreverse nunca a arriesgarse a provocar una situación violenta llamando al orden a los otros por semejante abuso. Pero en la ocasión que nos ocupa, Barbara anunció: «La parte que nos corresponde de la cuenta es exactamente de treinta dólares, y eso es lo que vamos a pagar. La vuestra es de noventa dólares». La otra pareja se quedó helada, pero ninguno de los dos protestó. A decir verdad, se apresuraron a convenir en que era el único reparto equitativo del importe de la cena.

COMPRA DE UN PRODUCTO DE CALIDAD INFERIOR. Kay compró un paquete de cigarrillos en los que abundaban las «estacas» de tabaco maloliente. No había forma de fumar aquellos pitillos, así que escribió a la compañía tabacalera para participarles lo que opinaba del asunto. En el plazo de diez días, recibió un reembolso, tres cartones de cigarrillos, como desagravio, y una carta de disculpa.

MANTENERSE CREADORAMENTE VIVAZ EN CIRCUNSTANCIAS DE SUPREMA EXACERBACIÓN. En la novela *Un día en la vida de Iván Denisovich*, Alexander Soljenitsin lleva al lector a través de un recorrido por la vida de una prisión de Siberia destinada a condenados a trabajos forzosos. Como indica el título, la novela relata un día en la existencia de Iván Denisovich Shujov y rebosa lances en los que la supervivencia se consigue a duras penas, así como atrocidades casi inconcebibles, que se abaten sobre los hombres recluidos en el campo de prisioneros ubicado en la yerma y helada vastedad. La actitud de Shujov rezuma palmaria vivacidad creadora, incluso en las peores condiciones. El libro concluye con estos párrafos:

> Shujov se fue a dormir satisfecho del todo. Hoy ha tenido muchos golpes de suerte; no le han encerrado en el calabozo; no han enviado su brigada a la «Ciudad Socialista»; en la cena ha podido zamparse un tazón suplementario de *kasha*; el jefe de brigada le ha valorado bien en su trabajo; ha levantado una pared y ha disfrutado haciéndolo; ha conseguido superar el registro sin que descubrieran el trozo de tierra; por la noche se ha ganado un favor de César, y ha comprado tabaco. Por último, no ha caído enfermo. Ha pasado un día feliz. Su condena consta de tres mil seiscientos días análogos al que acaba de terminar. Desde el primer tañido de raíl hasta el último tañido de raíl. Tres mil seiscientos cincuenta y tres días. Los tres suplementarios eran a causa de los años bisiestos.

La supervivencia en aquellos brutales campos de trabajo dependía de la adopción automática de un enfoque creadoramente vivaz para cada momento, de vivir el instante tal como se presentaba, sin detenerse a juzgar la experiencia o a aceptar el castigo de compadecerse a sí mismo y entregarse sencillamente en brazos del abandono.

Las historias de personas que han sobrevivido a experiencias inhumanas impuestas por tiranos son casi siempre idénticas. Tanto si se trata de prisioneros de guerra, de supervivientes de los campos de concentración nazis o de Papillon, según relata las pruebas a que se vio sometido en la isla del Diablo, todos hablan de su modo particular de emplear la imaginación para manifestarse creadoramente vivaces en contextos que exigían reacciones improvisadas. Aplique su propio sentido de autovalía y niéguese a dejarse derrotar por sus propias actitudes. Ésos parecen ser los ingredientes básicos para la supervivencia, en los campos de prisioneros y, aunque de forma menos dura, en la vida cotidiana, donde los barrotes de cárcel se los impone uno mismo en la mayoría de los casos.

EN RESUMEN

Uno es el producto de lo que elige para sí en toda situación de la vida. Uno ha de estar capacitado para inclinarse por las opciones saludables y esa capacitación se consigue cambiando la postura inerte por una actitud de viveza creadora. Permanecer en constante vigilancia para buscarle las vueltas a la adversidad y darle esquinazo, perfeccionar las actitudes y perspectivas personales y crearse opciones animosas, despreciando el riesgo, representará para uno la satisfacción de comprobar en seguida que su existencia puede cambiar de rumbo, hacia la mejoría. Viva plenamente mientras habite en este planeta; cuando lo abandone, dispondrá de toda una eternidad para entregarse a las experiencias que se le ofrezcan al otro lado de la vida.

10

¿VICTIMA O TRIUNFADOR?
SU ACTUAL PERFIL DE VICTIMA,
SOBRE LA BASE DE CIEN
SITUACIONES TIPICAS

*Una víctima típica se comporta
típicamente.*

Ahora que ya se ha imbuido en la filosofía y la práctica de la redención y, lleno de optimismo, ha empezado a *ejercer* su libertad personal, con la adecuada modificación de su comportamiento, querrá aprovechar la ocasión de cerciorarse por sí mismo si elige usted o no, típicamente, la actitud de víctima. El «test» que se incluye a continuación le ayudará a determinarlo. Se trata de una relación de cien situaciones sojuzgadoras, cada una de las cuales suele producirse en la vida normal, junto con dos reacciones distintas, por no decir antagónicas. Una de esas reacciones es la respuesta de víctima, la otra corresponde al «triunfador», reprimido o antivíctima. Compruebe cuál de las dos reacciones tipifica mejor la

323

respuesta normal de usted, o el modo en que probablemente reaccionaría en tales situaciones.

Esta relación no pretende, dar medida exacta de nada. Se ha elaborado más bien para que proceda usted a su propia evaluación, para ayudarle a determinar su *status* o sus progresos... y para suministrarle una lista de comportamientos de víctima que sin duda desea usted esforzarse en cambiar. Así que no se preocupe de ser totalmente «correcto» en las contestaciones. Simplemente lea en qué consiste la situación y «presuponga y conjeture» cuál sería su conducta normal. En los casos que no tengan aplicación a su persona, recurra a la hipótesis. Si se obsesiona con la prueba en sí y la expresión exacta de sus preguntas, no aplicará usted el enfoque creadoramente vivaz. De modo que limítese a pasar un buen rato.

ESTIMACIÓN DE SU ACTUAL
PERFIL DE VÍCTIMA

1. En un restaurante, observa usted que la calidad de la comida deja mucho que desear y que el servicio ha sido muy deficiente.
   Reacción de víctima
   — Da al camarero el acostumbrado quince por ciento de propina y, al salir del local, refunfuña acerca de la comida.

   Reacción de antivíctima
   — No deja propina e informa a la dirección de los motivos por los cuales está usted descontento.

2. Un familiar (madre, pariente político, hijo, etcétera) se empeña en hablarle por teléfono en un momento en que está usted muy atareado y no desea charlar.
   Reacción de víctima

— Habla con el familiar y se siente apremiado, hostigado y desasosegado.

Reacción de antivíctima
— Dice al familiar que tiene usted mucho trabajo y que no dispone de tiempo para charlar.

3. Suena el teléfono mientras usted está haciendo el amor u ocupado personalmente en alguna otra cosa.

Reacción de víctima
— Interrumpe su actividad personal y contesta al teléfono.

Reacción de antivíctima
— Deja que el teléfono siga sonando y, sin interrumpirse, continúa usted con lo que está haciendo.

4. Su cónyuge (pareja) cambia inesperadamente de planes, creándole a usted cierto conflicto.

Reacción de víctima
— Cambia usted también sus planes, sufriendo los inconvenientes correspondientes.

Reacción de antivíctima
— Sigue adelante con sus planes iniciales y ni siquiera considera el incidente como manantial de zozobras.

5. Está usted comiendo y se siente agradablemente satisfecho y lleno, aunque su plato sólo está vacío en una tercera parte.

Reacción de víctima
— Sigue comiendo hasta acabar el contenido del plato y se levanta de la mesa con la incómoda sensación de encontrarse atiborrado en exceso.

Reacción de antivíctima
— Deja usted de comer en el preciso momento en que se le acaba el apetito.

6. Alguien de la familia ha perdido algo y le echa la culpa a usted.

    Reacción de víctima
    — Se convierte en detective y dedica su tiempo a una búsqueda desesperada de algo que. pertenece a otro.

    Reacción de antivíctima
    — Se limita a seguir con sus asuntos, haciendo caso omiso de la manipulación que se proyecta sobre usted, en nombre de una culpa que se le achaca.

7. Le gustaría asistir solo a una reunión social.

    Reacción de víctima
    — Pide permiso para ir y deja la decisión. en manos de otros miembros de su familia.

    Reacción de antivíctima
    — Informa a su familia de que va a ir y, si es necesario, de que *va a ir solo.*

8. Observa usted que alguien dominado por el pesimismo trata de arrastrarle a su melancolía personal.

    Reacción de víctima
    — Escucha usted las lamentaciones de la persona en cuestión y, a la larga, se siente tan atribulado y fatal como ella.

    Reacción de antivíctima
    — Pide usted disculpas y se retira, o manifiesta que en aquel preciso momento no se encuentra de humor para tratar de cosas infaustas.

9. Un miembro de la familia se queja de que aún no está hecha la colada.

    Reacción de víctima
    — Se excusa usted y se brinda a hacerla de inmediato.

Reacción de antivíctima
— Se ofrece para enseñar al autor de las protestas el funcionamiento de la lavadora y deja que él mismo haga la colada, o simplemente pasa por alto las quejas y le indica que él ha de responsabilizarse de su ropa.

10. Tiene usted mucha prisa y observa que ante el mostrador de caja del establecimiento de comestibles hay una larga cola.
Reacción de víctima
— Espera en la cola, echando chispas por la falta de ayuda, la lentitud y la circunstancia de sufrir un retraso innecesario.
Reacción de antivíctima
— Insiste en que el gerente habilite otra caja o que le atienda a usted personalmente.

11. Llega usted a un restaurante que anuncia que su hora de cierre son las diez de la noche. Usted se presenta a las nueve y media y se encuentra con el restaurante cerrado, aunque los empleados todavía están dentro.
Reacción de víctima
— Da usted media vuelta y se va, molesto porque el dato falso del anuncio le ha inducido a error.
Reacción de antivíctima
— Porfía hasta que los empleados acuden a la puerta y, cortésmente, les comunica que es usted cliente de pago y que desea que le sirvan. Si no le atienden, informará a la dirección.

12. El aire acondicionado de la habitación del motel no funciona y usted se encuentra incómodo.
Reacción de víctima
— No dice nada, porque no quiere ser cargante.
Reacción de antivíctima

— Insiste en que arreglen en seguida el aparato o que le trasladen a otro cuarto.

13. En una entrevista de solicitud de empleo se le formulan preguntas espinosas o de doble sentido.
    Reacción de víctima
    — Se revuelve usted inquieto, actúa con timidez y pide excusas por su nerviosismo.
    Reacción de antivíctima
    — Considera tal interrogatorio como un intento de intimidación y responde con confianza: «Me hacen esas preguntas para observar mi reacción, no porque les interesen mis contestaciones. No hay respuesta claramente definida.»

14. Su médico le informa de la necesidad de que se someta usted a una intervención quirúrgica. Usted tiene sus dudas y, naturalmente, sus temores.
    Reacción de víctima
    — «Claudica» y se somete sin protestar a la operación.
    Reacción de antivíctima
    — Antes de prestar su conformidad, consulta usted con uno o dos especialistas más y escucha su diagnóstico. Informa usted a su médico de que desea efectuar tales consultas como procedimiento normal.

15. Se considera usted merecedor de un ascenso o un aumento de sueldo.
    Reacción de víctima
    — Aguarda hasta que el jefe considera oportuno hacer algo por usted.
    Reacción de antivíctima
    — Pide lo que cree usted que se ha ganado, exponiendo sus razones, mostrándose tranquilo y sin presentar disculpas en momento alguno.

16. Un pariente lejano ha fallecido y usted no quiere asistir al funeral.
    Reacción de víctima
    — Va usted a regañadientes, fastidiado por perder el tiempo de aquel modo.
    Reacción de antivíctima
    — No asiste al funeral.

17. Alguien a quien usted no quiere besar le acerca la cara, a guisa de invitación y esperando de que usted responda al gesto.
    Reacción de víctima
    — Da usted el beso y se siente atropellado.
    Reacción de antivíctima
    — Extiende la mano y se niega sencillamente a besar a la persona en cuestión.

18. Todos los miembros de la familia tienen apetito y piden que se les dé de comer, aunque usted no tiene hambre ni deseos de cocinar.
    Reacción de víctima
    — Agacha las orejas, se pone a guisar y se enoja con sus familiares.
    Reacción de antivíctima
    — Declara que esa noche no va a cocinar y se mantiene firme en el cumplimiento de sus palabras, dejando que los demás presenten una alternativa distinta para la cena.

19. Le piden que se encargue de preparar una fiesta para los compañeros de oficina, cuando usted preferiría no hacerlo.
    Reacción de víctima
    — Obedece, la prepara y se siente mortificada por tener que ser siempre el que realice las tareas molestas.
    Reacción de antivíctima

— Dice que no tiene interés alguno en ser el organizador y se niega en redondo a encargarse de la fiesta.

20. Ha de asistir a una fiesta en la que todo el mundo irá vestido de gala, pero usted no desea endomingarse.
Reacción de víctima
— Se viste usted de gala, se siente incómodo y se da a todos los diablos por llevar unas prendas que preferiría no vestir.
Reacción de antivíctima
— Lleva ropa normal, de diario, o no asiste a la fiesta.

21. Su casa está atestada de cosas que han dejado desordenadamente los otros miembros de la familia.
Reacción de víctima
— Se dedica usted a recoger todo lo que han tirado los demás.
Reacción de antivíctima
— Anuncia que no está dispuesto a convertirse en el encargado de recoger todo lo que los demás abandonen en cualquier sitio y deja el desorden tal como está.

22. No le apetece hacer el amor porque una hora antes ha sido maltratado, pero a su pareja sí.
Reacción de víctima
— Sigue adelante, hace el amor y se considera atropellado.
Reacción de antivíctima
— Informa a su pareja de que, cuando le tratan mal, a usted no le quedan ganas de darle gusto al sexo y, sencillamente, rechaza las insinuaciones carnales.

23. Alguien vocifera palabras malsonantes en presencia de usted.
Reacción de víctima
— Usted se indigna y se siente ofendido.
Reacción de antivíctima
— No hace caso de las palabrotas y se niega a permitir que controle sus emociones el comportamiento de otra persona.

24. Se encuentra en una fiesta, tiene que utilizar el lavabo y todo el mundo está dentro del campo acústico del aseo.
Reacción de víctima
— Se abstiene usted de ir a los servicios porque no desea sentirse violento por los ruidos que producirá en el retrete.
Reacción de antivíctima
— Utiliza sin reservas el cuarto de baño y no se preocupa de lo que puedan pensar los demás. Se dice que los lavabos están hechos para funciones normales del ser humano y que no debe avergonzarse de su condición de ser humano.

25. Se ve usted sometido a reglas tontas que carecen de significado, pero que son inofensivas, como el que se dé por sentado que uno ha de vestir de blanco en una pista de tenis, o rituales como el de sentarse en la sección nupcial de la iglesia.
Reacción de víctima
— Se enfurruña, protesta, se lamenta ante todo el mundo y, de todas formas, observa las tontas reglas porque tampoco tiene mucho donde elegir.
Reacción de antivíctima
— Se limita a encogerse de hombros y se aviene aparentemente al asunto, sin sentirse afectado

y sin sancionar las reglas. Es discretamente efectivo.

26. Un camionero le corta bruscamente en la autopista.
    Reacción de víctima
    — Se pone usted a echar chispas, chilla, increpa y se dispone a las represalias, intentando cortarle el paso a su vez.
    Reacción de antivíctima
    — Olvida el asunto y se recuerda que no le es posible gobernar el comportamiento de otro conductor, por el sistema de disgustarse.

27. Un compañero o colaborador le pide que realice una tarea que usted no quiere hacer y que tampoco es de su competencia.
    Reacción de víctima
    — Se aviene usted a llevarla a cabo, y se considera sometido y manipulado.
    Reacción de antivíctima
    — Se niega a realizarla, sin disculparse en modo alguno.

28. Descubre usted que le han cargado de más en una tienda.
    Reacción de víctima
    — Se calla, porque no quiere organizar una escena ni crearse una imagen de hombre abominable.
    Reacción de antivíctima
    — Anuncia que en la cuenta hay un error a favor de la casa y que quiere que lo corrijan.

29. Se inscribe usted en un hotel y el recepcionista entrega la llave a un botones, para que éste le acompañe a su habitación, a cambio de la corres-

pondiente propina, aunque usted no necesita los servicios del mozo.

Reacción de víctima

— No dice nada y se deja acompañar, porque no desea violentarse.

Reacción de antivíctima

— Dice al botones que no necesita sus servicios, pero que si realmente está obligado a acompañarle a usted, lo tendrá que hacer sin esperar que usted le pague por ello.

30. Sus hijos quieren ir a jugar a casa de un amigo y esperan que usted cancele sus propios planes y los lleve en el coche.

Reacción de víctima

— Anula o altera usted sus planes y lleva en el coche a sus hijos.

Reacción de antivíctima

Dice usted a los chicos que tendrán que idear alguna forma de trasladarse a donde quieren ir, sin contar con usted, puesto que tiene cosas importantes que hacer.

31. Se ve usted abordado por un vendedor que no para de hablar.

Reacción de víctima

— Escucha, cargado de paciencia, a la espera de que el vendedor se canse y le deje en paz.

Reacción de antivíctima

— Interrumpe al vendedor y le manifiesta que no va usted a aceptar compra alguna a la fuerza. Si la persona continúa, usted se limita a marcharse.

32. Va a dar una fiesta y tiene tres días para prepararla.

Reacción de víctima

- Dedica todo su tiempo a preparar, arreglar y preocuparse de que las cosas salgan bien.

Reacción de antivíctima

— Efectúa el mínimo de preparativos imprescindibles y deja que las cosas salgan como tengan que salir: nada de limpieza extraordinaria, ni medidas o tratamientos especiales, simplemente permitir que todo se desarrolle de manera normal, relajada y tranquila.

33. Alguien censura su trabajo.

Reacción de víctima

— Se pone usted nervioso, da excesivas explicaciones, se aturrulla y desazona.

Reacción de antivíctima

— O ignora la censura o la acepta sin considerarse obligado a defenderse ante el que le critica.

34. Alguien fuma junto a usted, y eso le resulta molesto y desagradable.

Reacción de víctima

— Sigue usted sentado y lo acepta resignadamente.

Reacción de antivíctima

— Ruega amablemente a la persona en cuestión que deje de fumar. Si se niega, entonces se retira usted o pide al fumador que lo haga.

35. En un restaurante, le sirven un filete muy hecho, cuando usted lo había pedido más bien crudo.

Reacción de víctima

— Se come el filete muy hecho, porque no desea crear problema alguno.

Reacción de antivíctima

— Devuelve el filete y dice que le sirvan otro,

pero que pongan buen cuidado en que esté *poco hecho*.

36. Alguien se cuela delante de usted en una cola.
Reacción de víctima
— No protesta y le deja seguir allí, pero usted se enfurece interiormente.
Reacción de antivíctima
— Llama la atención al individuo en cuestión y le advierte que no permite que nadie se cuele delante de usted.

37. Alguien le ha pedido un préstamo monetario y no se preocupa de devolvérselo.
Reacción de víctima
— Se angustia ante tan desconsiderada conducta, pero guarda silencio.
Reacción de antivíctima
— Manifiesta usted con firmeza al prestatario que quiere usted cobrar ya mismo.

38. Se encuentra usted en una reunión social, en calidad de extraño que no conoce a nadie.
Reacción de víctima
— Se mantiene un poco retirado y espera que alguien le invite a participar en la conversación. Se siente desasosegado.
Reacción de antivíctima
— Se dirige a los demás asistentes, se presenta a sí mismo y evita la inquietud desazonante de permanecer retirado.

39. Está usted a régimen y un amigo bienintencionado insiste en que tome un postre preparado especialmente para usted. O ha dejado usted de beber y alguien se empeña en invitarle a una copa.
Reacción de víctima

— Se toma el postre o la bebida, porque no desea herir los sentimientos de su amigo.

Reacción de antivíctima
— Rechaza la copa o la comida y dice que agradece mucho el detalle, pero que pese a la bondad del anfitrión, es imposible que le convenzan para que cambie de idea.

40. Le aborda en la acera un extraño, que trata de colocarle un producto o convencerle de su punto de vista.

Reacción de víctima
— Se para usted y escucha, con la esperanza de que el individuo se va a cansar pronto. O compra el producto para quitarse de encima al charlatán.

Reacción de antivíctima
— Da usted media vuelta y deja al sujeto con la palabra en la boca, sin darle explicaciones.

41. Alguien le pide que presente usted sus disculpas por algo que no lamenta.

Reacción de víctima
— Obedece usted, ruega que se le dispense y permite que le manipulen.

Reacción de antivíctima
— Expone su opinión y luego procede a pensar en su propia vida, sin acongojarse porque otra persona se niegue a comprender el punto de vista de usted.

42. Un agente de fincas le acosa implacablemente, dispuesto a enseñarle una propiedad que usted no desea ver.

Reacción de víctima
— Se deja convencer y va a echar un vistazo a la finca, porque se considera obligado a ser ama-

ble con una persona que se ha tomado tanto trabajo.

Reacción de antivíctima

— Dice usted francamente que no le interesa ver ninguna propiedad y se niega a ser arrollado por unas tácticas de venta apremiantes en demasía.

43. Pide usted un refresco en un restaurante. Le sirven tres cuartas partes de hielo y una cuarta parte de gaseosa.

Reacción de víctima

— Paga el vaso de hielo y no alude para nada a su desagrado.

Reacción de antivíctima

— Informa cortésmente a la camarera de que usted desea un poco de hielo y el resto del vaso, hasta arriba, de gaseosa, puesto que eso es lo que va a pagar.

44. Alguien le dice: «¡No te fías de mí! ¡Igual crees que soy capaz de estafarte!».

Reacción de víctima

— Usted niega que no confía en la persona, y cae en la condición de víctima, engañado porque su interlocutor finge que le ha herido usted los sentimientos.

Reacción de antivíctima

— Contesta que la posibilidad de ser estafado resulta muy real en el trato con personas y que, efectivamente, usted es escéptico. Si el interlocutor no acepta el escepticismo de usted, entonces tratará usted con otra persona.

45. Su médico le indica que vuelva a verle, porque tiene que observar cierto problema. Usted no de-

sea pagar una segunda visita y, además, se encuentra perfectamente.

Reacción de víctima

— Vuelve al consultorio en la fecha indicada por el galeno, manifiesta que no sufre molestia ni dolor alguno y paga la innecesaria visita.

Reacción de antivíctima

— Sólo vuelve a ver al médico si lo considera necesario. Tiene usted confianza en sí mismo, particularmente si se trata de una cuestión de escasa importancia, y sabe que esa segunda visita es más un rito que una necesidad.

46. Ha estado usted visitando a un terapeuta, pero desea poner fin a la terapia, porque cree que ya no le hace falta.

Reacción de víctima

— Le parece que debe usted una explicación al terapeuta, de modo que pasa varias sesiones hablando del asunto y pagándole por participar en el ritual de concluir la terapia. Se deja usted convencer para quedarse y continuar tratando el caso, y cada vez que usted presenta un argumento razonable, lo ve contrarrestado por contestaciones como: «Debe de estar irritado. Lo cual demuestra que aún es pronto para que lo deje». Al prestarse a debatir la cuestión, se coloca usted en una postura de perdedor.

Reacción de antivíctima

— Visita usted al terapeuta y le comunica que da por terminadas las sesiones, pero que le gustaría disponer de la opción de reanudarlas en una fecha futura, si lo creyese necesario. Se niega a pagarle por decirle que ya ha concluido el tratamiento, y comprende que no debe nada al terapeuta.

47. Solicita usted un préstamo bancario y el encargado de concederlo se comporta con desdén, con aire de intimidación y suficiencia.

Reacción de víctima

— Pronuncia usted la frase «Sí, señor» un montón de veces; está suplicando y actúa sumisamente.

Reacción de antivíctima

— Se apresura usted a solicitar una entrevista con otro funcionario del banco y anuncia que no piensa tolerar tácticas intimidatorias.

48. Le han extendido una receta, pero usted desconoce de antemano el importe o el contenido del específico.

Reacción de víctima

— Aceptar sin rechistar lo que le entrega el farmacéutico y paga el precio que le pide.

Reacción de antivíctima

— Interroga al médico y al farmacéutico acerca de los ingredientes, así como del coste del medicamento. Si le parece demasiado caro, recorre usted varias farmacias y compara los precios antes de decidirse a la compra. Si los ingredientes no le seducen, ruega al médico que le proporcione datos sobre la medicina, le pregunta por qué se la receta y qué resultados espera obtener.

49. Al volver a casa, comprueba usted que la prenda que ha adquirido en una tienda dista mucho de ser satisfactoria.

Reacción de víctima

— No devuelve la prenda. O lo hace, pero la cajera le desaira y se niega a aceptarle la devolución, por lo que sale usted muy disgustado del establecimiento.

Reacción de antivíctima

— Devuelve la prenda e insiste en recuperar usted su dinero. Si se niegan a atenderle como es debido, sigue adelante con el asunto hasta llegar, si es necesario, al presidente de la compañía.

50. Le invitan a un acontecimiento al que no desea asistir, y se espera de usted que haga un regalo, incluso aunque no vaya.
Reacción de víctima
— Sale, compra el regalo y se deja dominar por el resentimiento.
Reacción de antivíctima
— Envía una excusa cortés y no compra regalo.

51. Se enfrenta usted con el dilema de tener que remitir tarjetas postales de salutación, durante las vacaciones, cuando preferiría no hacerlo.
Reacción de víctima
— Compra las postales, escribe las direcciones, paga el franqueo y se amarga durante todos los segundos del proceso.
Reacción de antivíctima
— No remite ninguna tarjeta, ni da explicaciones.

52. Cerca de donde se encuentra usted, un aparato de radio o un tocadiscos estereofónico está puesto lo bastante alto como para molestarle.
Reacción de víctima
— Lo soporta usted en silencio. O protesta en voz alta y se enzarza en una discusión.
Reacción de antivíctima
— Baja personalmente el volumen del aparato o pide que lo haga a la persona que accionó el mando. Si ésta se niega, entonces abandona usted el local, notifica al gerente que no vol-

verá a poner los pies allí hasta que bajen el nivel de decibelios o lleva a cabo algo acorde con la situación.

53. El perro de un vecino ladra estruendosamente durante la madrugada y le destroza a usted el sueño.
Reacción de víctima
— Sigue usted acostado, cada vez más colérico.
Reacción de antivíctima
— Llama al vecino y le dice que su perro le está molestando. Si el hombre no hace nada para acallar a su can, usted procederá a llamarle (al vecino) cada vez que el animal ladre en plena noche. Si eso no da resultado, informa usted a la policía y presenta una denuncia.

54. En una reunión de venta domiciliaria, usted no acaba de entender los recargos extraños de los productos y tiene la impresión de que le están avasallando.
Reacción de víctima
— No dice nada, por temor a parecer estúpido, pero continúa con la sensación de víctima de abuso.
Reacción de antivíctima
— Retrasa la transacción hasta que le hayan dado una explicación completa y que le deje satisfecho. Se niega usted a dejarse intimidar por su ignorancia.

55. En una sala cinematográfica han apagado la calefacción y el frío hace presa en usted.
Reacción de víctima
— Continúa en la butaca y se hiela.
Reacción de antivíctima
— Pregunta por el gerente y exige que le devuelvan el importe de la entrada, porque usted no

está dispuesto a pagar para sentarse en un cine sin calefacción.

56. Observa que le han cargado unos centavos de más en el impuesto por la compra que ha hecho usted en la tienda de comestibles.
Reacción de víctima
— Pasa por alto el error y paga, porque la gente le consideraría un individuo ridículo si protestase por una cantidad tan mísera.
Reacción de antivíctima
—Paga usted lo que debe y nada más.

57. Está intentando poner una conferencia telefónica y tropieza con una telefonista malhumorada y nada predispuesta a colaborar.
Reacción de víctima
— Se enzarza en un prolongado diálogo con la telefonista y acaba agobiado por la frustración.
Reacción de antivíctima
— Cuelga el auricular y vuelve a intentarlo, a ver si le cae en suerte otra telefonista.

58. En una fiesta, un borracho patoso no deja de darle la lata con su charla sin sentido.
Reacción de víctima
— Sigue sentado, dándose cuenta de que están abusando de usted, pero limitándose a desear que el borracho se vaya.
Reacción de antivíctima
— Se aleja y se niega a permitir que el pelma se le acerque.

59. Se encuentra en una estación de servicio y el mozo de la gasolinera hace caso omiso del parabrisas del coche de usted.
Reacción de víctima

— No dice nada, si bien se enfada con el muchacho porque no cumple con su trabajo.

Reacción de antivíctima

— Le pide que limpie el parabrisas y olvida el hecho de que tuvo que pedírselo. El objetivo de usted es conseguir un parabrisas limpio, no un mozo de gasolinera reformado.

60. Le fastidia enormemente la perspectiva de abonar su césped y ni siquiera cree que deba hacerlo, pero todo el mundo, a su alrededor, tiene el césped precioso y espera que usted fertilice el suyo.

Reacción de víctima

— Se decide, compra el abono y dedica usted su tiempo al césped, mientras se aborrece a sí mismo por ceder a tan estúpidas presiones.

Reacción de antivíctima ·

— Sencillamente, no fertiliza su césped y prefiere abstenerse a los vecinos para tomar ejemplo y saber cómo tiene usted que comportarse. Si su césped no es tan verde como el de los demás, acéptelo tranquilamente, en vez de preocuparse de lo que los vecinos van a pensar.

61. Ha concertado usted una cita con su médico y, pese a que usted llegó a la hora convenida, el doctor le mantiene esperando.

Reacción de víctima

— No dice nada, porque comprende lo importantantes que son los médicos y lo atareados que están.

Reacción de antivíctima

— Le dice lo que opina respecto a que le haya hecho esperar y pide una rebaja en la factura para compensar el tiempo que perdió usted.

62. Recibe una nota académica que le parece injusta.

Reacción de víctima
— No hace nada, aparte enfurecerse con el profesor.

Reacción de antivíctima
— Concierta una cita con el profesor y le explica su criterio al respecto. Si no consigue nada, escribe una carta al director, al decano o a otro alto cargo. Sigue apelando. Insiste en recurrir.

63. Un director de pompas fúnebres trata de manipularle, aprovechando el dolor de usted, para que contrate unos servicios funerarios más caros.

Reacción de víctima
— Se deja convencer y encarga un funeral de más precio, porque no desea que el hombre piense que usted no quería al difunto.

Reacción de antivíctima
— Se da usted perfecta cuenta de la jugada del director de pompas fúnebres e insiste en recibir el tratamiento franco y honrado, en que el hombre se deje de sensibleros aires protectores.

64. Le han inscrito en una clase cuyo maestro o profesor es gris, aburrido y poco enterado de la materia. Comprende usted que está perdiendo tiempo y dinero.

Reacción de víctima
— Permanece en la clase y sufre en silencio.

Reacción de antivíctima
— Protesta ante el jefe de departamento o el superior administrativo. Insiste en retirarse y que le devuelvan el dinero y afirma que, en el caso de que no atiendan su petición, llevará el asunto a los tribunales, lo contará a la prensa e incluso escribirá un relato sobre el caso, con vistas a publicarlo.

65. Alguien no le envía una nota de agradecimiento por un favor que usted le hizo.
Reacción de víctima
— Se siente usted desasosegado y lamenta mucho mucho la actitud del ingrato.
Reacción de antivíctima
— Pasa por alto la desatención y se recuerda que no hizo usted el favor a aquella persona para que se lo agradeciese. Si el individuo no tiene el mismo criterio que usted respecto a modales, eso no significa que sea malo y, desde luego, no significa que tenga usted que mortificarse.

66. Usted sólo necesita una cebolla y en el supermercado sólo hay bolsas de kilo.
Reacción de víctima
— O se va usted sin cebolla o compra una bolsa de kilo, que no necesita.
Reacción de antivíctima
— Abre una bolsa y saca una sola cebolla, que es lo que quiere comprar.

67. Después de una comida opípara, tiene usted sueño.
Reacción de víctima
— Se mantiene usted despierto y padece lo suyo porque, según las normas de alguien, no debe descabezar sueñecito alguno.
Reacción de antivíctima
— Se acuesta tranquilamente sin sentirse culpable en absoluto por desear dormir un poco.

68. Su jefe le pide que se quede a trabajar hasta tarde y usted tiene una importante cita personal.
Reacción de víctima
— Para complacer al jefe, anula usted su compromiso y vela en el trabajo.

Reacción de antivíctima
— Dice usted al jefe que la cita personal es muy importante y que, en esa ocasión, le resulta imposible quedarse a trabajar hasta tarde.

69. Le gustaría hospedarse en un buen hotel, pero es demasiado caro.
Reacción de víctima
— Va a un sitio más barato, porque se considera incapaz de mostrarse dilapidador de vez en cuando. Hay que economizar siempre con todo.
Reacción de antivíctima
— Echa la casa por la ventana y no se preocupa. Por el contrario, decide disfrutar de ese lujo que se permite, porque usted lo vale y se lo merece.

70. Está usted a punto de hacer uso de la palabra y alguien le interrumpe para hablar por usted.
Reacción de víctima
— Se abstiene de protestar y deja que la otra persona hable por usted.
Reacción de antivíctima
— Declara que se le acaba de interrumpir y que preferiría hablar por sí mismo.

71. Alguien le pregunta: «¿Por qué no tienes hijos?».
Reacción de víctima
— Se lanza a una larga y embarazosa explicación y se siente sojuzgado.
Reacción de antivíctima
— Responde al que le interroga diciéndole que ése es un asunto personal y que no tiene por qué meterse en la vida íntima de usted.

72. Llega usted a un aeropuerto para hacerse cargo de un automóvil de alquiler y le informan de que el

vehículo que le prometieron no está disponible, o no lo está a la tarifa acordada.

Reacción de víctima

— Acepta un coche más caro y paga la diferencia.

Reacción de antivíctima

— Insiste en que le faciliten un automóvil al precio convenido o irá usted a la competencia. Después escribirá a la compañía y explicará por qué perdieron un cliente. Se muestra inflexible en lo que concierne a recibir un servicio adecuado.

73. Se le asigna y controla una cantidad para gastos de la casa y usted no tiene libertad alguna para gastar dinero en sí misma, sin pedir permiso.

Reacción de víctima

— Se lamenta mucho, pero se resigna a su condición de esclava financiera.

Reacción de antivíctima

— Deja que los artículos propios de la casa escaseen, cuando usted carece de dinero, y aguarda a que el mago de las finanzas idee la forma de reponerlos en el hogar. Abre usted su propia cuenta corriente, aunque sólo sea de unos pocos dólares, y se niega a rendir cuentas.

74. Cree que la compañía telefónica le ha cargado de más en el recibo.

Reacción de víctima

— Se encoge usted metafóricamente de hombros y paga el recibo para evitar follones.

Reacción de antivíctima

— Deduce la cantidad en cuestión e incluye una carta con su pago. Insiste en que le envíen una cuenta detallada de los cargos en cuestión y, si no se la remiten, usted no paga.

75. Es usted vegetariano, le invitan a comer y se sienta a una mesa en la que le sirven carne.
    Reacción de víctima
    — Se come usted la carne, para no ofender a sus anfitriones, o pide disculpas por los inconvenientes que ocasiona y después se siente disgustado por haber ejercido su opción de ser vegetariano.
    Reacción de antivíctima
    — Se come únicamente los vegetales, sin decir palabras o dando una leve explicación. No experimenta sensación alguna de culpabilidad y, con orgullo, se mantiene fiel al compromiso contraído consigo mismo de ser vegetariano.

76. En una cena de varias parejas, le pasan a usted la cuenta y nadie se brinda a pagar.
    Reacción de víctima
    — Abona usted el importe total de la factura y empieza a sentirse fastidiado porque nadie diga nada de pagar la parte que le corresponde.
    Reacción de antivíctima
    — Informa a cada persona de la cuota que le corresponde liquidar y les pide que la hagan efectiva.

77. Pierde su dinero en una ficha telefónica.
    Reacción de víctima
    — Se aleja, furioso.
    Reacción de antivíctima
    — Llama a la operadora, le dice que acaba de perder su dinero y exige que se lo envíen a su domicilio.

78. Alguien le pide insistentemente que le acompañe a un acontecimiento al que usted no desea asistir.
    Reacción de víctima

— Accede usted, pero de un talante de mil diablos.

Reacción de antivíctima

— Dice que no va a ir y no va. Y se mantiene en sus trece a base de conducta y no de palabras.

79. Llega usted a un restaurante que dispone de mozo de aparcamiento al servicio de los clientes, pero usted no quiere que ningún asistente conduzca el vehículo.

Reacción de víctima

— De muy mala gana, observa usted cómo el mozo se pone al volante del coche y se aleja con él; y Dios sabe lo que hará con el automóvil de usted.

Reacción de antivíctima

— Dice al mozo que se encargará usted mismo de aparcar el vehículo y, si el empleado rechaza la idea, lleva usted el asunto hasta el director del restaurante.

80. Le están colocando una conferencia que usted no desea escuchar.

Reacción de víctima

— Sigue sentado allí y la aguanta, mientras hierve por dentro, con la esperanza de que el conferenciante se decida a acabar pronto.

Reacción de antivíctima

— Informa usted cortésmente al sojuzgador de que no tiene ningún interés en oír conferencias y, si el hablante continúa hablando, usted se levanta tranquilamente y se va.

81. Nota usted los pinchazos del hambre, pero sigue un régimen para adelgazar.

Reacción de víctima

— Come algo y luego se siente fatal por haber caído en la tentación.

Reacción de antivíctima

— Se da unas palmaditas en el hombro, como premio por haber resistido esa tentación.

82. En su agenda de trabajo no caben todas las cosas que tiene usted que hacer con urgencia.

Reacción de víctima

— Se pone usted tenso, irritable, e intenta hacerlo todo, dedicando a cada cosa el mínimo espacio de tiempo y no concediendo a nada la debida atención.

Reacción de antivíctima

— Se tranquiliza y asigna responsabilidades a otros, distribuye entre los demás parte del trabajo y se otorga a sí mismo unos cuantos momentos de relajación.

83. Un pelma le está amargando la vida.

Reacción de víctima

— Continúa usted sentado, aguantando y hundiéndose en el fastidio.

Reacción de antivíctima

— Informa al inoportuno de que usted no desea oír aquello y, si el individuo insiste, le deja con la palabra en la boca y se retira usted, sin remordimiento alguno.

84. Sus hijos le piden que actúe usted de árbitro y mediador en sus disputas. Salta a la vista que lo que pretenden es monopolizar su tiempo (el de usted).

Reacción de víctima

— Mantiene una larga conversación con los chicos y actúa usted en plan de «hombre bueno», pero le molesta enormemente toda la cuestión.

Reacción de antivíctima
— Les dice que a usted le tienen sin cuidado sus diferencias y deja que sean los propios chavales quienes zanjen sus querellas.

85. Sus amigos le invitan a ir con ellos, pero a usted no le hace gracia la idea.
Reacción de víctima
— Se va por los cerros de Úbeda de la evasiva no comprometedora y, al final, acaba por dejarse convencer y los acompaña.
Reacción de antivíctima
— Responde: «No, gracias».

86. Alguien trata de fisgonear en la vida personal de usted, mediante el empleo de tácticas como: «Bueno, quizá no debiera preguntarlo, pero...».
Reacción de víctima
— Da usted la información requerida porque no quiere herir los sentimientos de su interlocutor.
Reacción de antivíctima
— Le acusa de estar cotilleando y añade que la información es confidencial y que así continuará.

87. Alguien le administra una dosis de consejos que usted ni pide ni desea.
Reacción de víctima
— Escucha el consejo, fastidiado porque le cuesta un trabajo ímprobo aguantar a aquel sujeto.
Reacción de antivíctima
— Informa al consejero de que usted está capacitado para regir su propia vida, aunque agradece mucho la preocupación del hombre por los asuntos de usted.

88. Alguien le dice cuánto ha de dar de propina, pese a que es el dinero de usted el que se va a gastar.
Reacción de víctima
— Sigue usted las indicaciones que se le dan, para que la otra persona no se ofenda.

Reacción de antivíctima
— Da usted la propina que considera justa y dice a la otra persona que puede dejar allí todo el dinero de su pertenencia que guste.

89. Recibe usted una factura por un servicio que considera sobrecargado en el precio.
Reacción de víctima
— Paga la factura y se siente enfadado.

Reacción de antivíctima
— Llama o concierta una entrevista con la persona que ha sobrecargado la tarifa y repasa una por una todas las partidas de la factura. Determina usted con precisión los cargos en los que no está conforme y manifiesta su deseo de volver a negociar cada uno de los mismos.

90. Rellena usted un impreso de solicitud de empleo, impreso en el que se formulan preguntas discriminatorias o ilegales.
Reacción de víctima
— Contesta a todas las preguntas, cumple todos los requisitos del formulario, y probablemente no consigue el empleo.

Reacción de antivíctima
— Pasa por alto los apartados discriminatorios o suministra información favorable para usted.

91. Le gustaría decir a sus hijos, cónyuge, padres, hermanos, que los quiere mucho.
Reacción de víctima

— Se contiene usted, por temor a sentirse tonto o cursi.

Reacción de antivíctima

— Se obliga a sí mismo a decir: «Te quiero» en la cara de sus familiares.

92. Sus hijos quieren que participe con ellos en juegos infantiles, pero la verdad es que usted no disfruta con tales juegos.

Reacción de víctima

— Se aviene a los deseos de los niños y, mientras juega a lo que ellos quieren, no para usted de consultar el reloj y de desear que aquello acabe cuanto antes.

Reacción de antivíctima

— Hace con sus hijos cosas que resultan placenteras para todos. Busca actividades en las que la diversión sea mutua y deja a un lado las cosas con las que usted no disfruta. Del mismo modo que los niños no quieren entretenerse con juegos de adultos y no les interesa jugar a ellos con usted, usted puede también elegir una opción similar.

93. Los miembros de su familia esperan de usted que cumpla funciones de camarero, o camarera, y cada dos por tres le piden que se levante y vaya a buscarles esto o aquello.

Reacción de víctima

— Acepta usted el papel de camarero.

Reacción de antivíctima

— Les dice que no está dispuesto a cumplir esas funciones y luego confirma tales palabras y tal decisión absteniéndose de levantarse cuando empiecen las señales de «¡Eh, camarero!».

94. Alguien le dice que no le entiende.

Reacción de víctima
— Intenta usted de nuevo explicarse o se desazona porque supone que es una calamidad en lo que se refiere a comunicación.

Reacción de antivíctima
— Deja automáticamente de tratar de explicarse, con plena consciencia de que, de cualquier modo, la persona a la que habla nunca le entenderá.

95. Alguien manifiesta que no le gusta el peinado, la forma de vestir, etcétera, de usted.

Reacción de víctima
— Se apura usted lo suyo y procede a un nuevo examen, para comprobar si le gusta aquello, basado en la opinión de la persona que emitió el juicio negativo. Cambia usted de peinado, de prendas de vestir o de lo que sea.

Reacción de antivíctima
— Hace caso omiso de los comentarios, porque comprende usted que todo el mundo no puede pensar igual y que el criterio del prójimo no tiene nada que ver con lo que usted deba sentir ni con su forma de comportamiento personal.

96. Ve usted su intimidad continuamente interrumpida.

Reacción de víctima
— Chilla a los intrusos y se acongoja por el hecho de que no le permitan disponer de un rato para sí mismo. Renuncia a intentar estar solo y en paz.

Reacción de antivíctima
— Coloca usted un pestillo en su puerta y descuelga el teléfono. Se niega a permitir que violen su intimidad, negándose a levantarse

ca da vez que a alguien se le antoja algo de
us ted.

97. Se dis pone a abandonar una fiesta. Su pareja está
borracha, pero insiste en conducir el automóvil.
Reacción de víctima
— Sube usted al coche y pasa un rato malísimo,
durante todo el trayecto de vuelta a casa.
Reacción de antivíctima
— Se empeña en conducir usted, avisa a un taxi o
se queda en la fiesta. En cualquier caso, se
niega en redondo en subir al coche, mientras
una persona ebria vaya al volante.

98. La temperatura rebasa los cuarenta grados centí-
grados.
Reacción de víctima
— Se queja usted, ante cuantos se presten a escucharle, del calor opresivo que hace, y sufre
una barbaridad.
Reacción de antivíctima
— Ignora el calor, se niega a hablar constantemente del mismo, y se hace el firme propósito
de disfrutar del día, en vez de andarse con lamentaciones.

99. Fallece un ser muy querido por usted.
Reacción de víctima
— Queda usted destrozado. Se encuentra fuera de
control, inmovilizado durante mucho tiempo, y
se niega a seguir viviendo. No cesa de decirse:
«¿Por qué tenía que ocurrir esto?».
Reacción de antivíctima
— Manifiesta usted su duelo, su profunda tristeza
por la pérdida de un ser querido y después pro-
yecta su pensamiento sobre la necesidad de vi-

355

vir. Se resiste a permanecer sumido interminablemente en la pesadumbre y la depresión.

100. Se percata de la inminencia de un resfriado, una gripe, unos calambres, etcétera, a punto de abatirse sobre usted.

Reacción de víctima

— Supone que va a verse inmovilizado y se apresta a dejarse dominar por la desdicha. Dice a todo el mundo que ya vislumbra lo que se le avecina y se queja amargamente, en voz alta y para sí, de la inminente enfermedad.

Reacción de antivíctima

— Deja de pensar y de hablar de las posibilidad de caer enfermo. Ni por asomo se permite imaginar algo tan negativo como una dolencia y enfoca todas sus ideas hacia cuestiones relacionadas con su vida cotidiana. Expulsa todo pensamiento «enfermizo» y crea pensamientos «vivos».

Aquí tiene cien circunstancias corrientes en las que las personas se desvían hacia la condición de víctimas. Si en este «test» alcanza usted una puntuación alta de víctima, no tendrá más remedio que esforzarse de veras para recuperar el dominio de sus propias riendas. La siguiente guía de puntuación le ayudará a determinar su índice de víctima:

90 víctima, 10 antivíctima   Las riendas se le han escapado de las manos. Es usted la víctima total.

75 víctima, 25 antivíctima   La víctima acosada a fondo, con unas cuantas excepciones de menor cuantía.

50 víctima, 50 antivíctima	La mitad de su vida está bajo la dictadura de otras personas... no tira usted de los hilos.
25 víctima, 75 antivíctima	Gobierna usted su propia vida en buena parte, una parte mayoritaria, pero todavía es usted propenso a permitir que los demás accionen mucho sus mandos (los de usted).
10 víctima, 90 antivíctima	Se encuentra al cargo de su propia existencia y raramente se deja avasallar por el prójimo.
0 víctima, 100 antivíctima	Ha asimilado y domina el contenido de este libro... Ahora bien, si era así antes de que lo comprase, entonces ha sufrido la sojuzgación inherente a gastar en él y, por lo tanto, su puntuación revierte a 1 víctima, 99 antivíctima.

En su interior, dispone usted de los poderes y la capacidad necesaria para reducir sensiblemente su índice de víctima. A usted le corresponde la elección: O acciona usted sus mandos personales y disfruta llevando las riendas de su existencia durante el breve paso de la misma por este planeta llamado Tierra o deja que sean otros quienes lo hagan y pasa usted su vida desazonado y dominado por los sojuzgadores del mundo. Si se lo permite, ellos se entregarán con entusiasmo y sumo gusto a tal labor, pero si usted se niega a consentírselo, la caza de la víctima se habrá terminado definitivamente en lo que a usted concierne.